编写人员

主　编： 樊哲军　胡　可　董浩晴

副主编： 刘　薇　张　侃　韩文伟

新时代司法职业教育"双高"建设精品教材

刑法原理与实务(上编)

樊哲军　胡可　董浩晴 ◎ 主编

华中科技大学出版社
http://press.hust.edu.cn
中国·武汉

内 容 提 要

本书是为适应司法警官类高职院校监狱学专业"刑法学"课程的教学需要而编写的,着重强调实践性和应用性。

本书将习近平法治思想和新时代政法队伍建设要求融入教材编写过程中,在吸收新的刑事立法和理论研究的基础上,围绕刑法论、犯罪论、刑罚论三个知识模块,系统地阐述了刑法总则的各项原理和制度,重点讲解犯罪构成及其要件、与犯罪相关的各种特殊形态以及刑罚适用和执行的一般原理和制度。

图书在版编目(CIP)数据

刑法原理与实务. 上编/樊哲军,胡可,董浩晴主编. —武汉:华中科技大学出版社,2023.9
ISBN 978-7-5680-9434-4

Ⅰ.① 刑… Ⅱ.① 樊… ② 胡… ③ 董… Ⅲ.① 刑法-中国-教材 Ⅳ.① D924

中国国家版本馆 CIP 数据核字(2023)第 082068 号

刑法原理与实务(上编) 　　　　　　　　　　　　　樊哲军　胡　可　董浩晴　主编
Xingfa Yuanli yu Shiwu (Shangbian)

策划编辑:张馨芳
责任编辑:殷　茵
封面设计:孙雅丽
版式设计:赵慧萍
责任校对:张汇娟
责任监印:周治超
出版发行:华中科技大学出版社(中国•武汉)　　电话:(027)81321913
　　　　　武汉市东湖新技术开发区华工科技园　　邮编:430223
录　　排:华中科技大学出版社美编室
印　　刷:武汉科源印刷设计有限公司
开　　本:787mm×1092mm　1/16
印　　张:18　插页:2
字　　数:342千字
版　　次:2023年9月第1版第1次印刷
定　　价:68.00元

本书若有印装质量问题,请向出版社营销中心调换
全国免费服务热线:400-6679-118　竭诚为您服务
版权所有　侵权必究

序　言

　　刑法学是司法警官职业教育人才培养的基础性课程，其本身所具备的理论知识、法治精神、伦理道德等都是司法警务人才职业道德和职业素养的重要组成部分。但随着《刑法修正案（十一）》的生效，现有的职业教育刑法教材已滞后于刑事立法的发展，且教材体例难以体现司法职业特性。为了适应司法机关对司法职业人才培养的需求，在职业教育"三教"改革不断深入推进和武汉警官职业学院教育改革高质量发展的重要阶段，为充分发挥教材建设在人才培养质量中的基础性作用，提升学科建设水平，我们启动了此次《刑法原理与实务》教材的编撰工作。

　　本教材以习近平新时代中国特色社会主义思想为指导，在编写过程中遵循以下基本原则。一是坚持立德树人，落实课程思政要求。教材内容有机融入社会主义核心价值观，保证编写的政治方向。二是以行业需求为导向，突出技能养成。在编排教材内容时，以培养学生法律实务能力为基本出发点。因此，本教材的刑法理论以刑法应用所必需为度，没有在理论上过多铺张。三是以标准为导向，服务专业课教学。本教材内容以司法类专业人才培养目标和刑法学课程标准为依据，与司法职业一线岗位任职标准相衔接，力求满足学生学习后续相关专业课程及日后从事警察工作所需要的知识储备和职业素质需求。四是紧跟时代变化，突出编写内容的时效性。教材内容吸收刑法学前沿理论，按照最新的立法成果和司法解释来进行编写。

　　为了更好地帮助学生理解学习内容，本教材在体例设计上进行了一些力所能及的尝试。全书共十六章，教材每章有以下栏目。一是目标任务，即在每章起首明确学生通过对本章内容的学习所应达到的知识目标与能力目标。二是案例导入，每一章正文之前设置与本章主要知识点或能力相关的案例，引导学生思考。三是思考练习与实务训练。每一章结尾都加上相关练习题，还设计了学生乐于接受的扫码即测即评，便于学生自我评测学习效果，也便于教师掌握学生的学习情况。

　　本教材由我校一批具有良好学术素养和丰富教学经验的教师担纲撰写，全书编写工作的分工为（以撰写章节先后为序）：

王俊杰（武汉警官职业学院教师）　　　第一章、第二章；
刘利利（武汉警官职业学院教师）　　　第三章；
张侃（武汉警官职业学院讲师）　　　　第四章、第五章、第六章；
刘薇（武汉警官职业学院讲师）　　　　第七章、第八章；
樊哲军（武汉警官职业学院副教授）　　第九章；
熊艳丽（武汉警官职业学院教师）　　　第十章；
董浩晴（武汉警官职业学院讲师）　　　第十一章、第十二章；
胡可（武汉警官职业学院讲师）　　　　第十三章、第十四章；
韩文伟（武汉警官职业学院教师）　　　第十五章、第十六章；

由于编者水平有限，教材中难免有疏漏之处，在此衷心希望学界同仁和读者提出宝贵的批评意见和建议，以便本教材不断修订完善，使之成为真正的刑法学精品教材！

编　者
2022 年 10 月 1 日

前　言

司法警官职业教育之法律教育是法学教育不可或缺的重要组成部分，其培养目标应当是为行业培养"基础理论知识适度、技术应用能力强、知识面宽、素质高的专门人才"。换言之，即培养适应行业社会需要的应用型人才。因此，司法警官职业法律教育的专业设置、办学模式和办学思想都应当主动适应区域经济和社会发展的需要。司法警官职业法律教育的落实，对于我国目前法治观念的普及、群体法律意识的提高以及正在进行的司法制度改革均具有非同寻常的意义。

鉴于司法警官职业法律教育与普通高职高专法律教育、高等院校法律本科教育的差异，司法警官职业法律教育教学科目的设置、教学体系的安排以及教学层次的选定均体现了培养目标的不同。但从目前看来，不少司法职业院校法律教育借用法律本科或普通高职教材，教材建设滞后于司法警官职业法律教育的发展需要。我们试图编写并出版适合司法警官职业法律教育的刑法学专门教材，期望能够既照顾到高职高专的教学层次，又能满足"高水准""高质量""特色明"的要求，体现出司法警官职业教育的特殊属性。本教材以习近平法治思想为指引，以体现司法警官职业教育属性为参照，结合最新的司法改革趋势，严格遵循《中华人民共和国刑法》及其基本精神，吸收刑法学研究的最新成果，是一部特色鲜明、规范简明、实用性强的刑法教材。全书共十六章：刑法概述、刑法基本原则、刑法的效力、犯罪概念和犯罪构成、犯罪客体、犯罪客观方面、犯罪主体、犯罪主观方面、故意犯罪停止形态、共同犯罪、罪数、正当行为、刑罚概述、刑罚的裁量、刑罚执行制度、刑罚的消灭制度。

本教材服务于司法警官类高职院校学生的学习，既要满足学生求知的渴望，又要做到高标准、严要求、重应用。编写人员都是多年从事刑法及相关法学教育的教师，教学经验丰富，理论水平较高，能够把握学生学习过程中的重点和难点问题，并在编写时力求做到体系完备、详略得当，案例编排合理且必要。

目 录

第一章　刑法概述 …………………………………………………… 1
　　第一节　刑法的概念和任务　// 3
　　第二节　刑法的体系和解释　// 4

第二章　刑法基本原则 ……………………………………………… 11
　　第一节　刑法基本原则概述　// 13
　　第二节　罪刑法定原则　// 14
　　第三节　适用刑法人人平等原则　// 16
　　第四节　罪责刑相适应原则　// 18

第三章　刑法的效力 ………………………………………………… 25
　　第一节　刑法的空间效力　// 27
　　第二节　刑法的时间效力　// 30

第四章　犯罪概念和犯罪构成 ……………………………………… 35
　　第一节　犯罪的概念　// 37
　　第二节　犯罪构成　// 40

第五章　犯罪客体 …………………………………………………… 45
　　第一节　犯罪客体　// 47
　　第二节　犯罪对象　// 50

第六章　犯罪客观方面 ……………………………………………… 55
　　第一节　犯罪客观方面概述　// 57
　　第二节　危害行为　// 60
　　第三节　危害结果　// 64

第四节　刑法上的因果关系　// 66
　　第五节　犯罪的其他客观要件　// 69

第七章　犯罪主体 ·············· 73
　　第一节　犯罪主体概述　// 75
　　第二节　刑事责任能力　// 76
　　第三节　与刑事责任能力有关的因素　// 79
　　第四节　犯罪主体的特殊身份（特殊主体）　// 84
　　第五节　单位犯罪　// 89

第八章　犯罪主观方面 ·············· 99
　　第一节　犯罪主观方面概述　// 101
　　第二节　犯罪故意　// 102
　　第三节　犯罪过失　// 107
　　第四节　犯罪主观方面的其他问题　// 111
　　第五节　刑法上的认识错误　// 115

第九章　故意犯罪停止形态 ·············· 125
　　第一节　故意犯罪停止形态概述　// 127
　　第二节　犯罪既遂　// 128
　　第三节　犯罪预备　// 130
　　第四节　犯罪未遂　// 131
　　第五节　犯罪中止　// 134

第十章　共同犯罪 ·············· 141
　　第一节　共同犯罪概述　// 143
　　第二节　共同犯罪的形式　// 147
　　第三节　共同犯罪人的种类及刑事责任　// 150

第十一章　罪数 ·············· 157
　　第一节　罪数形态概述　// 159
　　第二节　一罪的类型　// 160
　　第三节　数罪的类型　// 166

第十二章　正当行为 …… 173
　　第一节　正当防卫 // 175
　　第二节　紧急避险 // 179
　　第三节　其他正当行为 // 182

第十三章　刑罚概述 …… 189
　　第一节　刑罚的概念和特征 // 191
　　第二节　刑罚的种类 // 192
　　第三节　非刑罚处罚措施 // 208

第十四章　刑罚的裁量 …… 219
　　第一节　刑罚裁量概述 // 221
　　第二节　累犯 // 224
　　第三节　自首、坦白与立功 // 228
　　第四节　数罪并罚 // 236
　　第五节　缓刑 // 240

第十五章　刑罚执行制度 …… 251
　　第一节　刑罚执行的概述 // 253
　　第二节　减刑 // 254
　　第三节　假释 // 258

第十六章　刑罚的消灭制度 …… 265
　　第一节　刑罚消灭概述 // 267
　　第二节　追诉时效 // 268
　　第三节　赦免 // 270

参考文献 …… 276

第一章

刑法概述

◆ **知识目标**

　　1. 掌握刑法的概念和任务。
　　2. 掌握刑法的体系和解释。

◆ **能力目标**

　　1. 正确理解刑法的任务。
　　2. 掌握刑法的体系和结构。
　　3. 熟悉刑法解释的含义和分类标准。

◆ 案例导入

【案例一】

《劳动法》第93条规定:"用人单位强令劳动者违章冒险作业,发生重大伤亡事故,造成严重后果的,对责任人员依法追究刑事责任。"

问:某单位严重违反该条规定,其行为涉嫌构成犯罪,需要追究刑事责任,是否可以直接用这一条规定来作为定罪依据?

【案例二】

《刑法》第67条第2款规定:"被采取强制措施的犯罪嫌疑人、被告人和正在服刑的罪犯,如实供述司法机关还未掌握的本人其他罪行的,以自首论。"

问:被处以治安拘留的违法人员,在拘留期间如实交代司法机关尚未掌握的本人的其他罪行,属于自首吗?

第一节　刑法的概念和任务

一、刑法的概念

刑法，是以国家名义规定何种行为是犯罪和应负刑事责任，并给予犯罪人何种刑罚处罚的法律。简言之，刑法是规定犯罪、刑事责任和刑罚的法律规范的总和。

在我国，刑法有以下几种存在形式（表现形式、形式渊源）。

1. 刑法典

刑法典，即全面、系统规定犯罪及其法律后果的法典。现行刑法典是1997年修订颁布的《中华人民共和国刑法》（简称《刑法》）。《刑法》分为总则、分则和附则三个部分。其中，总则是关于犯罪和刑罚的通用性规定，不仅适用于刑法分则，也适用于单行刑法、附属刑法。分则明确规定了各个具体犯罪的构成要件及其法定刑。

刑法修正案是直接对刑法条文的修改和补充，与现行刑法具有同等法律效力，也属于刑法典的内容。《刑法修正案（十一）》自2021年3月1日起施行，至此我国目前共有11个刑法修正案。

2. 单行刑法

单行刑法，是指国家立法机关为补充、修改刑法典而颁行的，专门规定某一类犯罪及其刑事责任或者刑法的某一事项的法律文件。1998年12月29日全国人大常委会颁布的《关于惩治骗购外汇、逃汇和非法买卖外汇犯罪的决定》是我国第一部单行刑法。

3. 附属刑法

附属刑法，是指附带规定于民法、行政法、经济法等非刑事法律文件中的罪刑规范。之所以存在附属刑法，是因为刑法是其他法律的保障法，严重违反其他法律的行为都有可能构成犯罪，从而进入刑法的调整范围。目前我国所有的附属刑法只是重申了刑法典的内容，并没有新的犯罪与法律后果的具体内容。

案例一中，劳动法本不属于刑法，但其中涉及构成犯罪、追究刑事责任的条款，是附属刑法。劳动法的这一规定，只是一般性的规定，对行为人定罪处刑须用刑法典中有关强令、组织他人违章冒险作业罪的条文来定罪量刑。

刑法有广义和狭义之分。广义的刑法包含上述三种形式的刑法，狭义刑法特指刑法典。理论上，将刑法典称为普通刑法，单行刑法和附属刑法被合称为特别刑法。

二、刑法的任务

《刑法》第2条规定："中华人民共和国刑法的任务，是用刑罚同一切犯罪行为作斗争，以保卫国家安全，保卫人民民主专政的政权和社会主义制度，保护国有财产和劳动群众集体所有的财产，保护公民私人所有的财产，保护公民的人身权利、民主权利和其他权利，维护社会秩序、经济秩序，保障社会主义建设事业的顺利进行。"从这条规定可以看出，我国刑法的任务包括惩罚和保护两个方面。

惩罚任务是指用刑罚同一切犯罪行为作斗争。刑法惩罚犯罪的手段是刑罚，即用刑罚同犯罪行为作斗争。仅仅用行政处罚、经济处罚、民事赔偿等手段惩罚犯罪是不够的，对犯罪必须用最严厉的国家制裁方法即刑罚进行惩罚。没有刑罚，就不可能同犯罪作有效的斗争。

保护任务是指通过惩罚犯罪以保护国家和人民的利益。具体而言包括：① 保卫国家安全，保卫人民民主专政的政权和社会主义制度；② 保护国有财产和劳动群众集体所有的财产，保护公民私人所有的财产；③ 保护公民的人身权利、民主权利和其他权利；④ 维护社会秩序、经济秩序，保障社会主义建设事业的顺利进行。

总而言之，惩罚犯罪是手段，保护人民是目的。运用刑罚同犯罪作斗争，是为了保护国家和人民的利益；而为了保护国家和人民的利益，又必须正确有效地同犯罪作斗争。

第二节　刑法的体系和解释

一、刑法的体系

刑法的体系就是指刑法典的组成和结构。我国现行刑法分总则、分则和附则三个部分。其中总则、分则各为一编。在编之下，再根据法律规范的性质和内容有次序地划分为章、节、条、款、项等层次。

（一）编、章

总则、分则是两编，编下设章。总则共五章，包括刑法的任务、基本原则和适用范围，犯罪，刑罚，刑罚的具体运用，其他规定。分则共十章，分别规定了各种犯罪的罪状和法定刑，即危害国家安全罪，危害公共安全罪，破坏社会主义市场经济秩序罪，侵犯公民人身权利、民主权利罪，侵犯财产罪，妨害社会管理秩序罪，危害国防利益罪，贪污贿赂罪，渎职罪，军人违反职责罪。

（二）节

章下设节，但并不是刑法典的每一章下都设节。刑法总则除第一章和第五章外，其余章下均设若干节；刑法分则大多数章下不设节，但由于第三章破坏社会主义市场经济秩序罪和第六章妨害社会管理秩序罪涉及具体犯罪较多、内容庞杂，因而该两章下均又分设了若干节。

（三）条

节下是条，条是表达刑法规范的基本单位，也是刑法典的基本组成单位。

1. 刑法总则条文结构

刑法总则的条文主要内容是有关刑法的基本原则、适用范围、犯罪构成的一般要件、刑罚的种类、各种具体刑事法律制度及其适用条件的一般性规定。

2. 刑法分则条文结构

刑法分则条文通常由"罪状"与"法定刑"构成，其表述结构一般为"……的，处……"，前半部分作为罪状表述了一定的法律要件（构成要件、犯罪构成），后半部分规定了法定刑（法律后果）。例如《刑法》第236条第1款规定："以暴力、胁迫或者其他手段强奸妇女的，处三年以上十年以下有期徒刑。"该款规定中，前半句是罪状，后半句是法定刑。

（四）款、项

1. 款

条下是款。款没有编号，款的标志是另起一段。例如《刑法》第236条第1款：

"以暴力、胁迫或者其他手段强奸妇女的,处三年以上十年以下有期徒刑。"下面另起一段是第 2 款:"奸淫不满十四周岁的幼女的,以强奸论,从重处罚。"

2. 项

款(条)下是项。项的标志是另起一段且用带括号的基数号码编写。例如《刑法》第 34 条第 1 款:"附加刑的种类如下:(一)罚金;(二)剥夺政治权利;(三)没收财产。"该条款中有 3 项。

二、刑法的解释

刑法的解释就是对刑法规范含义的阐明。只有正确地了解刑法规范的真实含义,才能正确地加以适用。刑法规范之所以需要解释,主要是因为刑法条文具有一定的抽象性和稳定性,有的抽象用语具有多义性,难免使人们产生不同的理解,加之现实生活又是千姿百态和复杂多变的,为了统一理解,使抽象的法条适用于具体的案件,让司法活动能够跟上客观情况的变化,就需要对刑法规范进行解释。

(一)根据解释的效力,刑法解释可分为立法解释、司法解释和学理解释

1. 立法解释

立法解释,是指刑法的立法机关对刑法条文的解释。在我国,全国人大及其常务委员会对刑法条文的解释属于立法解释。

2. 司法解释

司法解释,是指国家最高司法机关对刑法条文进行的解释。在我国,最高人民法院、最高人民检察院对于具体应用刑法问题所作的解释,都属于司法解释。司法解释对于保障法律的统一适用、提高检察和审判工作质量,起着重要的指导作用。

3. 学理解释

学理解释,是指未经授权的机关、团体、社会组织、学术机构以及专家、学者对刑法条文含义所作的知识性、学术性的解释。学理解释没有法律效力,但对于刑事司法乃至立法活动具有重要的参考价值。

立法解释、司法解释有法律上的约束力，属于"有权解释"。学理解释没有法律上的约束力，所以又称"无权解释"，靠"以理服人"。立法解释与司法解释冲突时，由于立法解释效力更高，应按照立法解释处理。

（二）根据解释的方法，刑法解释可分为文理解释和论理解释

1. 文理解释

文理解释，是指根据条文的字面含义进行的说明。例如，持枪抢劫中的枪，根据字面含义是指以火药或者压缩气体等为动力，利用管状器具发射金属弹丸或者其他物质，足以致人伤亡或者丧失知觉的各种枪支，不包括玩具枪。

2. 论理解释

论理解释，是指根据立法的精神与目的对条文进行说明的解释方法。论理解释主要包括以下几种。

（1）扩大解释，指对刑法条文的解释含义大于条文字面的含义。例如，组织卖淫罪中的"卖淫"，不仅包括女性向不特定男性提供性服务，还解释为包含男性向不特定女性提供性服务、同性之间卖淫，属于扩大解释。又如，将重婚罪中的"结婚"解释为包含事实婚姻，属于扩大解释。

（2）缩小解释，指对刑法条文的解释含义小于条文字面的含义。例如，为境外窃取、刺探、收买、非法提供国家秘密、情报罪中的"情报"，仅指关系国家安全和利益、尚未公开或者依照有关规定不应公开的事项。

（3）当然解释，指刑法规范虽然没有明示某一事项，但依形式逻辑、规范目的及事物的当然道理，理所当然地由既定前提推理出某一结论。当然解释蕴含了两条规则：入罪时举轻以明重（轻的行为都是犯罪，性质相同的重的行为更应是犯罪）；出罪时举重以明轻（重的行为都无罪，性质相同的轻的行为更应无罪）。例如，既然"拐骗"儿童构成拐骗儿童罪，"抢劫"比"拐骗"行为更重，那么抢劫儿童更应构成拐骗儿童罪。

案例二中，根据刑法的当然解释，已被采取强制措施的犯罪嫌疑人、被告人和正在服刑的罪犯，如实供述司法机关还未掌握的本人其他罪行的，都以自首论，那么，举重以明轻，只是治安拘留阶段，这种如实供述行为当然也属于自首。

每章一练

一、单项选择题

1. 刑法有广义刑法与狭义刑法之分。广义刑法包括（　　）。
   A. 刑法典、单行刑法、附属刑法
   B. 刑法典、附属刑法、司法解释
   C. 刑法典、刑诉法典、司法解释
   D. 刑法典、单行刑法、立法解释

2. 狭义的刑法是指（　　）。
   A. 单行刑法
   B. 刑法典
   C. 附属刑法
   D. 刑事司法解释

3. 下列属于刑法的任务的是（　　）。
   A. 对人的行为进行规制或者约束
   B. 用刑罚同一切犯罪行为作斗争
   C. 向国民展示法律所不允许的行为
   D. 保障公民不受国家刑罚权的非法侵害

4. 根据解释的方法，刑法解释可分为（　　）。
   A. 文理解释和论理解释
   B. 立法解释和学理解释
   C. 司法解释和学理解释
   D. 立法解释和司法解释

5. 甲实施了抢劫国有档案的行为，由于《刑法》没有规定抢劫国有档案罪，只规定了盗窃、抢夺国有档案罪。律师乙认为，应采取举轻以明重的方法，依据《刑法》第329条规定的盗窃、抢夺国有档案罪对甲定罪处罚。律师乙采取的解释方法是（　　）。
   A. 类推解释
   B. 比较解释
   C. 目的解释
   D. 当然解释

6. 下列关于刑法解释的表述正确的是（　　）。

   A. 《刑法》规定的"审判的时候怀孕的妇女，不适用死刑"，这里的"审判的时候"是指从羁押到执行的整个诉讼过程。该解释属于文理解释

   B. 将强制猥亵、侮辱妇女罪中的"妇女"解释为包括男性在内的人。该解释属于扩大解释

   C. 将"奸淫被拐卖的妇女"中的"妇女"解释为包括不满14周岁的幼女在内的所有女性。该解释属于当然解释

   D. 抢劫罪加重构成中，"持枪抢劫"之"枪"指的是真枪。该解释属于缩小解释

7. 法官甲在审理一起劫持火车案件的过程中，将劫持汽车罪中的"汽车"解释为包含火车，法官甲的解释属于（　　）。

   A. 扩大解释
   B. 司法解释
   C. 类推解释
   D. 立法解释

二、多项选择题

1. 下列选项中，属于附属刑法的是（　　）。

   A. 《海关法》中有关追究刑事责任的条款
   B. 最高人民法院的司法解释
   C. 1979年《刑法》
   D. 《公司法》中有关追究刑事责任的条款

2. 下列选项中，属于特别刑法的是（　　）。

   A. 《刑法修正案（十一）》
   B. 《最高人民法院、最高人民检察院关于办理虚假诉讼刑事案件适用法律若干问题的解释》
   C. 《全国人民代表大会常务委员会关于惩治骗购外汇、逃汇和非法买卖外汇犯罪的决定》
   D. 《海关法》中有关追究刑事责任的规定

3. 《刑法》第99条规定："本法所称以上、以下、以内，包括本数。"该条规定的解释属于（　　）。

   A. 司法解释
   B. 文理解释

C. 立法解释

D. 论理解释

4. 《全国人民代表大会常务委员会关于〈中华人民共和国刑法〉有关信用卡规定的解释》中规定："刑法规定的'信用卡'，是指由商业银行或者其他金融机构发行的具有消费支付、信用贷款、转账结算、存取现金等全部功能或者部分功能的电子支付卡。"这一规定属于（   ）。

A. 立法解释

B. 扩大解释

C. 当然解释

D. 类推解释

第二章

刑法基本原则

◆ **知识目标**

1. 掌握刑法基本原则的概念。
2. 掌握刑法三大原则的含义和基本要求。

◆ **能力目标**

1. 了解适用刑法人人平等原则和罪责刑相适应原则的司法适用。
2. 了解罪刑法定原则在我国刑法中的立法体现和司法适用。

◆ 案例导入

【案例一】

农民王某办了一个私营建筑公司,做工程承包。成为村里的首富后,王某不再满足于只当一个普通农民。该村选举村委会主任前,王某让公司会计从银行提取12万元现金,自己通过亲友给全村每户村民送去内装1000～2000元不等的红包,请他们在选举村委会主任时"多关照"。结果王某在选举中以微弱多数当选。

问:王某以不正当手段当选村委会主任的行为是否构成犯罪?

【案例二】

某因受贿罪与滥用职权罪被追究刑事责任。有人认为应当在量刑时考虑他对单位作出的贡献,从轻量刑。

问:这种说法正确吗?

【案例三】

张三和李四一起行窃,共窃取了2万元的财物,经销赃后,赃款由二人平分。但张三在行窃中,瞒着李四偷偷地把一个价值3万元的戒指装入口袋,据为己有。案子最后被公安机关侦破,法院判决张三有期徒刑5年,判处李四有期徒刑3年。

问:本案主要体现了刑法的什么基本原则?

第一节 刑法基本原则概述

一、刑法基本原则的概念

刑法基本原则问题是刑事立法和刑事司法中一个具有全局性、根本性的问题。刑法基本原则是指刑法本身具有的、贯穿全部刑法规范、体现我国刑事立法与刑事司法的基本精神、指导和制约全部刑事立法和刑事司法过程的基本准则。刑法基本原则与社会主义法治原则、各个部门法的共同法则存在有机联系；刑法基本原则是社会主义法治原则在刑法中的具体体现，是各个部门法的共同法则在刑法中的特殊表现。然而，刑法基本原则又具有不同于上述法治原则、共同法则的独特特征。

首先，刑法基本原则必须贯穿全部刑法规范始终，具有全局性、根本性的意义。刑事立法中，为解决定罪量刑问题，需要制定不同的法律原则。刑法中存在许多原则，但并非任何原则都是刑法基本原则。例如，我国刑法规定的累犯从重处罚、区别对待、数罪并罚等，虽然都是刑法中不可或缺的原则，但不具有全局性、根本性意义，因而并非刑法基本原则。只有贯穿全部刑法规范始终，指导和制约刑事立法与司法，具有全局性、根本性意义的刑法原则才能成为刑法基本原则。

其次，刑法基本原则必须是刑法制定、解释与适用都遵循的准则，刑法基本原则必须得到普遍遵循。刑法的解释与适用必须遵循刑法基本原则，这是不言而喻的。但不要因为刑法基本原则由刑法本身规定，而认为它不制约刑法的规定。实际上，立法者在制定刑法时也必须遵循刑法基本原则。

最后，刑法基本原则必须体现我国刑事法治的基本精神。我国刑事法治的基本精神体现为坚持法治、摒弃人治，坚持司法公正、反对徇私舞弊，坚持平等、反对特权。刑法基本原则应当体现这一意蕴。

二、刑法基本原则的意义

刑法基本原则对刑事立法和刑事司法具有巨大的指导意义，这是由它们作为贯穿于全部刑法规范和刑法解释、适用中的准则的地位所决定的。刑法基本原则的指导意义体现在：① 刑事立法工作中，不得违背 1997 年刑法典确立和体现的刑法基本原则；②刑事司法工作中，要大力贯彻刑法基本原则，强化法制意识和司法公正观念，反对特权思想和徇私舞弊。

总之，刑法基本原则既有利于惩罚犯罪，又有利于保护人民；既有利于维护法律的公正形象，又有利于推进刑事法治进程；既有利于实现刑法预防犯罪的目的，又有利于达到刑罚的最佳效果。因此，它们必将完善我国的刑事立法，规范刑事司法，从而更好地为中国特色社会主义事业保驾护航。

第二节　罪刑法定原则

一、罪刑法定原则的基本含义

罪刑法定原则的基本含义是"法无明文规定不为罪，法无明文规定不处罚"。《刑法》第3条规定了罪刑法定原则："法律明文规定为犯罪行为的，依照法律定罪处刑；法律没有明文规定为犯罪行为的，不得定罪处刑。"这一规定无疑是从刑法典的高度确立了罪刑法定原则。

罪刑法定的最早思想渊源可以追溯到1215年英国大宪章第39条的规定："任何自由人将不受逮捕、监禁、没收财产、剥夺法律保护、流放或以其他任何方式受到伤害，朕亦不会对之施加暴力或派人对之施加暴力，除非通过其平等人士之合法裁决或通过英格兰法裁决。"这一规定奠定了"罪刑法定"的思想基础。17—18世纪，资产阶级启蒙思想家进一步提出了罪刑法定的主张，将罪刑法定的思想系统化为一种学说。资产阶级革命胜利后，罪刑法定学说在资产阶级宪法和刑法中得以确认。1789年法国《人权宣言》第9条规定："任何人在未经判罪前均应假定其无罪，如非拘禁不可，法律应规定对他采取的严厉措施不得超过为防止他逃脱而必须采取的措施。"在此指导下，1810年《法国刑法典》第4条首次明确规定罪刑法定原则。尔后，大陆法系国家纷纷在宪法和刑法中确立罪刑法定原则。目前，这一原则已深深植根于现代各国的法制意识之中，成为不同社会制度国家刑法中最基本的、最重要的一项准则。[1]

罪刑法定原则的确立具有重大意义。它不仅有利于维护正常的社会秩序，而且有利于保障人权。罪刑法定原则的派生原则包括排斥习惯法、排斥绝对不定期刑、禁止有罪类推、禁止重法溯及既往。

---

[1] 参见张明楷主编：《刑法学》，法律出版社2021年版，第53页。

罪刑法定原则的基本要求是：① 罪刑法定化，即犯罪和刑罚必须由法律事先加以明文规定，不允许法官擅断；② 罪刑实定化，即对构成犯罪的行为和犯罪的具体法律后果，刑法应作出实体性的规定；③ 罪刑明确化，即刑法的条文必须意思清楚，不得含糊其词、模棱两可。

二、罪刑法定原则的立法体现

我国 1979 年《刑法》没有明文规定罪刑法定原则，却在第 79 条规定了类推制度。对于当时我国刑法是否采用罪刑法定原则，理论上存在争议。事实上，我国刑法典在 1997 年修订之前基本上实行的就是罪刑法定原则，尽管对该原则的认识、重视和贯彻程度尚存在不足之处。1997 年《刑法》第 3 条明文规定了罪刑法定原则，这一原则的价值内涵和基本要求在 1997 年《刑法》中得到了全面、系统的体现。

（1）1997 年《刑法》实现了犯罪的法定化和刑罚的法定化。犯罪法定化具体体现在：明确规定了犯罪的概念，明确规定了犯罪构成的共同要件，明确规定了各种具体犯罪的构成要件。刑罚的法定化具体体现在：明确规定刑罚的种类包括主刑和附加刑，明确规定量刑原则是以犯罪事实为根据、以法律为准绳，明确规定各种犯罪的法定刑种与刑度。

（2）1997 年《刑法》废除了 1979 年《刑法》第 79 条规定的类推制度，为罪刑法定原则得到彻底贯彻实施扫除了障碍。

（3）1997 年《刑法》重申了 1979 年《刑法》在刑法溯及力问题上采取的从旧兼从轻原则。

（4）1997 年《刑法》在分则罪名的规定上相当详备。分则条文在 1979 年《刑法》103 条的基础上增加了 247 条，罪名个数由 1979 年《刑法》的 130 个增加至 413 个。

（5）1997 年《刑法》在个罪的构成要件以及法定刑的规定上增强了可操作性。在犯罪构成要件、罪状的表述上，尽量使用叙明罪状；在法定刑设置上，注重量刑情节的具体化，使立法更趋细密化、明确化。

三、罪刑法定原则的司法适用

刑事立法中罪刑法定原则的实现，有赖于司法机关的执法活动。从我国司法实践来看，贯彻执行罪刑法定原则，应当注意如下几个问题。

（一）正确定罪和量刑

对于刑法明文规定的各种犯罪，司法机关必须以事实为根据、以法律为准绳，认真把握个罪的本质特征和具体构成要件，严格区分罪与非罪、此罪与彼罪的界限，做到定性准确、不枉不纵。对具体犯罪的量刑，必须严格依照个罪法定刑及法定情节，参考酌定情节准确量刑。

（二）正确进行司法解释

为弥补刑事立法之不足，统一规范和指导司法实务，最高司法机关应适时颁布司法解释，对不够具体、明确的刑法规定进行解释，以指导具体的定罪量刑活动。但是，司法解释不能超越其应有的权限，不论是扩张解释还是限制解释，都不能有违于刑事立法意图，更不能以司法解释替代刑事立法，否则就会背离罪刑法定原则。

案例一中，王某以不正当手段当选村委会主任的行为虽然是违法的，但根据《刑法》第256条规定："在选举各级人民代表大会代表和国家机关领导人员时，以暴力、威胁、欺骗、贿赂、伪造选举文件、虚报选举票数等手段破坏选举或者妨害选民和代表自由行使选举权和被选举权，情节严重的，处三年以下有期徒刑、拘役或者剥夺政治权利。"因为村委会主任既非人大代表也非国家机关领导人员，按照罪刑法定原则，法无明文规定不为罪，所以王某的行为不构成破坏选举罪。

第三节　适用刑法人人平等原则

一、适用刑法人人平等原则的基本含义

《刑法》第4条明文规定："对任何人犯罪，在适用法律上一律平等。不允许任何人有超越法律的特权。"这就是适用刑法人人平等原则。

适用刑法人人平等原则的基本含义是：① 任何人犯罪，都应当受到刑法的追究；② 任何人不得享有超越刑法规定的特权；③ 对于一切犯罪行为，应一律平等适用刑法，定罪量刑时不得因犯罪人的社会地位、家庭出身、职业状况、财产状况、政治面貌、才能业绩的差异而有所区别；④ 任何人受到犯罪侵害，都应受到刑法的保护；⑤ 不同被害人的同等权益，应受到刑法的同样保护。

适用刑法人人平等原则是法律面前人人平等原则在刑法领域贯彻、实施的表现。强调适用刑法人人平等原则是因为我国司法实践中刑法适用不平等的现象在现阶段还较为严重。当然，适用刑法人人平等原则并不否定犯罪人或被害人的特定个人情况对定罪量刑的合理影响。在刑事立法、司法上，犯罪分子的主体情况以及被害人的个人情况，如果对犯罪的客观社会危害及犯罪人的主观恶性大小有影响，则要求在适用刑法上有所区别和体现。例如，对累犯基于其主观恶性及人身危险性而从重处罚，对未成年罪犯基于主体的个人情况而减免其刑事责任。由此可见，适用刑法人人平等原则并非孤立、机械、单一化的刑法准则，它必须与罪责刑相适应等刑法基本原则结合，共同指导刑法适用。

二、适用刑法人人平等原则的立法体现

适用刑法人人平等原则在我国刑法总则与分则中均有体现。首先，除刑法总则以第4条明文规定适用刑法人人平等原则外，这一原则的精神还体现在多个方面。例如，刑法对其适用范围的规定表明，凡在我国领域内实施犯罪的，除法律有特别规定外，都应适用我国刑法，而不论犯罪人具有何种身份。又如，刑法对单位犯罪的规定，只要单位实施了被法律规定为犯罪的行为，都应追究其刑事责任，而不论单位是公司、企业、事业单位还是机关、团体。其次，适用刑法人人平等原则在刑法分则规定中亦有体现。例如，将适用刑法人人平等原则具体化到各类各种犯罪中，规定了危害国家安全罪，危害公共安全罪，破坏社会主义市场经济秩序罪，侵犯公民人身权利、民主权利罪，侵犯财产罪，妨害社会管理秩序罪，危害国家利益罪，贪污贿赂罪，渎职罪和军人违反职责罪。此外，刑法所设立的罪名亦体现了适用刑法人人平等原则的基本精神。例如，《刑法》第276条规定的破坏生产经营罪是由1979年《刑法》第125条规定的破坏集体生产罪修改而成。该罪名的创设，体现了刑法平等地保护社会主义市场经济体制下各种经济成分的合法权益的精神。

三、适用刑法人人平等原则的司法适用

适用刑法人人平等原则具有三方面的内容：一是定罪上的平等，即对任何实施了犯罪行为的人，平等地认定犯罪；二是量刑上的平等，即对任何犯罪人，平等地裁量刑罚；三是执行上的平等，即对任何被判处刑罚的人，平等地执行刑罚。在刑事司法实践中贯彻适用刑法人人平等原则，应当着重解决以下两个问题。

第一，刑事司法公正。刑事司法公正包括定罪公正、量刑公正和行刑公正。刑事司法公正是适用刑法人人平等原则的必然要求，是刑事法治基本精神的体现。

第二，反对特权。在我国，受封建等级观念影响而滋生的特权思想在一部分人当中，特别是少数领导干部当中，仍然较有市场。此外，现实生活中多方面因素，如知识水平、法制意识和司法工作人员素质，对司法公正不可避免地产生了一些干扰。应当承认，我国司法实践中有违司法公正的特权现象仍然存在，甚至在某些时间、某些地方、某些案件中表现较为突出。因此，坚持适用刑法人人平等原则，就必须反对形形色色的特权思想，切实做到司法公正。

案例二中，该说法错误，违反了适用刑法人人平等原则。对任何人犯罪，在适用法律上一律平等，不允许任何人有超越法律的特权。

第四节　罪责刑相适应原则

一、罪责刑相适应原则的基本含义

罪责刑相适应原则的基本含义是：犯多大的罪，便应承担多大的刑事责任，法院也应判处轻重相当的刑罚；做到重罪重罚，轻罪轻罚，罪刑相称，罚当其罪。分析罪轻罪重和刑事责任大小，应结合考虑犯罪的社会危害性和行为人的人身危险性，从而确定刑事责任程度，适用相应轻重的刑罚。

罪责刑相适应原则的早期表现形式是罪刑相适应原则。罪刑相适应原则最早源于原始社会的同态复仇和奴隶社会的等量报复。"以眼还眼、以牙还牙、以血还血"是罪刑相适应原则最古老、最朴素的表现形式。17、18世纪的资产阶级启蒙思想家将这些原始的罪刑相适应观念发展为罪刑相适应的刑法基本原则。随着19世纪末以来刑事人类学派和刑事社会学派的崛起，行为人中心论和人身危险性论对传统罪刑相适应原则提出有力挑战，将之修正为现代的罪责刑相适应原则，既注重刑罚与犯罪行为相适应，又注重刑罚与犯罪人个人情况（包括主观恶性与人身危险性）相适应。

罪责刑相适应原则的基本要求是：首先，刑事立法对具体犯罪处罚的原则性规定，对刑罚裁量、执行制度及个罪法定刑的设置，不仅要考虑犯罪的社会危害性，而且要考虑行为人的人身危险性；其次，司法实践中的刑罚裁量，不仅要考虑犯罪行为及其危害结果，而且应结合分析整个犯罪事实，包括犯罪事实和犯罪分子各方面因素，力求刑罚个别化。

二、罪责刑相适应原则的立法体现

《刑法》第 5 条规定:"刑罚的轻重,应当与犯罪分子所犯罪行和承担的刑事责任相适应。"这一原则的价值内涵和基本要求在刑法中的具体体现如下。

(一)严密科学的刑罚体系

我国刑法确立了一个科学的刑罚体系。该刑罚体系依刑罚方法轻重次序加以排列,主刑包括管制、拘役、有期徒刑、无期徒刑、死刑,附加刑包括罚金、剥夺政治权利、没收财产以及针对犯罪的外国人适用的驱逐出境。各种刑罚方法既相互区别,又相互衔接,能够根据犯罪的不同情况灵活运用。这便为司法实践中罪责刑相适应原则的贯彻执行奠定了坚实基础。

(二)区别对待的处罚原则

我国刑法根据犯罪行为的社会危害性和犯罪人的人身危害性的大小,规定了轻重有别的处罚原则。例如对于因防卫过当、避险过当而构成犯罪者规定应当减轻或者免除处罚。在共同犯罪中,刑法规定对于组织、领导犯罪集团的首要分子应当按照集团所犯的全部罪行处罚;对于其他主犯应当按照其所参与的或者组织、指挥的全部犯罪处罚;对于从犯应当从轻、减轻处罚或者免除处罚;对于胁从犯应当按照他的犯罪情节减轻处罚或者免除处罚;对于教唆犯应当按照他在共同犯罪中所起的作用处罚。诸如此类规定,都体现了罪责刑相适应原则。此外,刑法总则还侧重于刑罚个别化的要求,规定了一系列刑罚裁量和执行制度,如自首制度、立功制度、缓刑制度、假释制度。

(三)轻重不同的量刑幅度

我国刑法分则不仅根据犯罪的性质和危害程度,建立了一套严密的罪名体系,还为具体个罪设置了具有弹性的、幅度较大的法定刑。例如,对于侵占罪,构成基本犯的,处二年以下有期徒刑、拘役或者罚金;构成加重犯的,处二年以上、五年以下有期徒刑,并处罚金。

三、罪责刑相适应原则的司法适用

贯彻罪责刑相适应原则,必须从罪责刑相适应原则的基本含义和要求出发,结合我国刑事司法实践,着重解决下列问题。

（一）定罪与量刑具有同等重要地位

长期以来，我国刑事审判机关一贯存在重定罪轻量刑的错误倾向。一些审判人员对于量刑的地位与作用存在错误认识，认为刑事案件定性准确是检验刑事审判工作质量的重要标准，至于多判几年或少判几年则无关紧要。基于此种错误认识，在处理上诉、申诉案件时，往往确属定性错误或量刑畸轻畸重的才予改判，而对于量刑偏轻偏重的，维持原判。只有把准确定性与合理量刑作为检验刑事审判工作质量好坏的统一标准，才能切实贯彻罪责刑相适应原则。

（二）强化量刑公正的执法观念

我国经历了长达两千多年的封建社会，作为封建刑法思想的重要表现，重刑主义传统对我国的刑事立法与司法还有着方方面面的影响。应当指出，重刑主义是一种封建社会遗留的人治刑法思想，与罪责刑相适应的刑法基本原则背道而驰。重刑主义的盛行，必然影响到罪责刑相适应原则的切实贯彻。我们必须排除重刑主义的干扰，强化量刑公正的执法观念，切实做到罚当其罪，不枉不纵。

（三）强调执法中的平衡与统一

罪责刑相适应原则在具体案件中的表现是：类似案件在处理轻重上应基本相当，不可差距过大。但在司法实践中，各级法官对类似案件的处理存在轻重有异甚至悬殊的现象，而且并不鲜见。究其原因，既有立法的粗疏，又有司法解释的不明确，同时还有法官个人素质和执法水平不均等多方面的因素。为解决执法不统一问题，可以考虑如下对策：① 及时完善刑事立法，健全刑事法制；② 进一步加强刑事司法解释工作，以明确司法实践中的若干具体问题；③ 系统编纂刑事判例，发挥刑事判例，尤其是指导性案例，在审判工作中的指导作用；④ 改进量刑方法，完善量刑指导意见，实现量刑的规范化、科学化和现代化。

案例三主要体现了刑法的罪责刑相适应原则。刑罚的轻重，应当与犯罪分子所犯罪行和承担的刑事责任相适应，"相适应"是指重罪重责重刑，轻罪轻责轻刑，罪责刑相称，罚当其罪责。

每章一练

一、单项选择题

1. 罪刑法定原则的要求是：① 禁止溯及既往（_____的罪刑法定）；② 排斥习惯法（_____的罪刑法定）；③ 禁止类推解释（_____的罪刑法定）；④ 刑罚法规的适当（_____的罪刑法定）。与题干空格内容相匹配的是（   ）。
   A. 事前　成文　确定　严格
   B. 事前　确定　成文　严格
   C. 事前　严格　成文　确定
   D. 事前　成文　严格　确定

2. 关于罪刑法定原则及其内容，正确的是（   ）。
   A. 罪刑法定原则禁止类推解释与扩张解释，但不禁止有利于被告人的类推解释
   B. 罪刑法定原则禁止司法机关进行类推解释，但不禁止立法机关进行类推解释
   C. 罪刑法定原则禁止适用不利于行为人的事后法，但不禁止适用有利于行为人的事后法
   D. 罪刑法定原则要求刑法规范的明确性，但排斥规范的构成要件要素

3. 以下关于罪刑法定原则的观点，（   ）。
   ① 罪刑法定只约束立法者，不约束司法者。
   ② 罪刑法定只约束法官，不约束侦查人员。
   ③ 罪刑法定只禁止类推适用刑法，不禁止适用习惯法。
   ④ 罪刑法定只禁止不利于被告人的事后法，不禁止有利于被告人的事后法。
   A. ①正确，②③④错误
   B. ①②正确，③④错误
   C. ④正确，①②③错误
   D. ①③正确，②④错误

4. 对于甲在新刑法生效以前实施的某一行为，新刑法认为是犯罪，而旧刑法不认为是犯罪。法院宣告甲无罪。这在本质上坚持了（   ）。
   A. 罪刑法定原则
   B. 罪责刑相适应原则
   C. 罪责自负原则
   D. 适用刑法人人平等原则

5. 《刑法》第28条规定："对于被胁迫参加犯罪的，应当按照他的犯罪情节减轻处罚或者免除处罚。"这一规定体现了（   ）。

   A. 罪刑法定原则

   B. 刑法适用人人平等原则

   C. 罪责自负原则

   D. 罪责刑相适应原则

6. 关于罪刑法定原则，正确的是（   ）。

   A. 罪刑法定原则的思想基础之一是民主主义，而习惯最能反映民意，所以，将习惯作为刑法的渊源并不违反罪刑法定原则

   B. 罪刑法定原则中的"法"不仅包括国家立法机关制定的法，而且包括国家最高行政机关制定的法

   C. 罪刑法定原则禁止不利于行为人的溯及既往，但允许有利于行为人的溯及既往

   D. 刑法分则的部分条文对犯罪的状况不作具体描述，只是表述该罪的罪名。这种立法体例违反罪刑法定原则

7. 下列选项中，体现罪责刑相适应的是（   ）。

   A. 刑法关于空间效力范围的规定

   B. 刑法关于怀孕的妇女不适用死刑的规定

   C. 刑法关于享有外交豁免特权的外国人的刑事责任的规定

   D. 刑法关于放火罪与失火罪构成要件及法定刑的不同规定

二、多项选择题

1. 我国刑法明确规定的基本原则包括（   ）。

   A. 罪刑法定原则

   B. 罪责刑相适应原则

   C. 罪责自负原则

   D. 适用刑法人人平等原则

2. 关于罪刑法定原则，正确的是（   ）。

   A. 刑法应当采取成文的形式，禁止习惯法

   B. 禁止绝对不定期刑

   C. 禁止重法溯及既往

   D. 在中国刑法中，罪刑法定原则还包括"法律规定为犯罪的应当定罪处罚"的内容

3. 下列关于罪责刑相适应原则的说法，正确的是（　　）。
   A. 罪责刑相适应原则要求刑法不溯及既往
   B. 罪责刑相适应原则要求刑事立法制定合理的刑罚体系
   C. 罪责刑相适应原则要求刑罚与犯罪性质、犯罪情节和罪犯的人身危险性相适应
   D. 罪责刑相适应原则要求在行刑中合理地运用减刑、假释等制度

4. 《刑法》第 4 条规定："对任何人犯罪，在适用法律上一律平等。不允许任何人有超越法律的特权。"其基本内容包括（　　）。
   A. 平等地保护法益，反对地方保护主义
   B. 平等地认定犯罪，不因当事人地位、身份、职业、金钱的不同而区别对待
   C. 对犯罪危害程度和人身危险性相同的犯罪行为，应依据行为人财产状况的不同而判处不同的罚金
   D. 平等地裁量刑罚，对实施了相同犯罪的人必须判处相同的法定刑

5. 体现出罪责刑相适应原则的有（　　）。
   A. 对累犯从重处罚
   B. 对自首、立功的从宽处罚
   C. 对中止犯的处罚要宽大于对未遂犯、预备犯的处罚
   D. 对不满 18 周岁的人犯罪，应当从轻或者减轻处罚

第三章

刑法的效力

◆ **知识目标**

1. 掌握刑法空间效力的概念和原则。
2. 掌握刑法溯及力的概念和原则。

◆ **能力目标**

1. 理解我国刑法关于属地管辖权、属人管辖权、保护管辖权和普遍管辖权的规定。
2. 正确判断何种案件应当或者可以适用我国刑法,以及具体案件应当适用何时的法律。

◆ 案例导入

【案例一】

甲、乙均系我国公民，受雇于美国的一艘轮船上工作。某年10月2日，轮船停泊在巴西某港口，二人在船上杀死同船的中国公民丙，又抢劫了其他船员的一些财物，逃到巴西某地藏身。后被巴西警方逮捕。

问：对甲、乙的犯罪行为，我国司法机关是否有刑事管辖权？

【案例二】

2021年2月28日晚上11点，某小区居民甲从自己所住3楼向楼下扔厨余垃圾，正好砸在自己家的汽车上。司法机关在2021年3月1日后处理本案。

问：甲的行为是否构成高空抛物罪？

第一节 刑法的空间效力

所谓刑法的效力,即刑法适用的效力范围,是指刑法在什么地方、在什么时间内、对什么人具有效力。刑法的效力范围分为刑法的空间效力与刑法的时间效力。《刑法》第 6 条至第 12 条对此作了明确的规定。

刑法的空间效力,指刑法对地域和对人的效力,以解决刑法适用于什么地域和适用于哪些人的问题。对刑法的空间效力,我国采取的是以属地原则为主,兼采属人原则、保护原则和普遍管辖原则的综合原则。

一、刑法空间效力的原则

(一)属地原则

刑法属地原则亦称犯罪地主义,即以地域为标准,凡是在本国领域内犯罪的,无论是本国人还是外国人,都适用本国刑法。

(二)属人原则

刑法属人原则亦称国籍原则,即以犯罪人的国籍为准,本国对本国公民在任何地方实施的犯罪都具有管辖权,适用本国刑法。

(三)保护主义

保护主义亦称保护原则,即以保护本国利益为标准,凡侵害本国国家或者公民利益的,不论犯罪人是本国人还是外国人,也不论犯罪地在本国领域内还是在本国领域外,都适用本国刑法。

(四)普遍管辖原则

普遍管辖原则,指以保护人类共同利益为标准,凡严重侵害人类共同利益的犯罪,不论犯罪人是本国人还是外国人,也不论犯罪地在本国领域内还是在本国领域外,都适用本国刑法。

二、我国刑法对空间效力的规定

（一）在中国境内犯罪

在中国境内犯罪，除法律有特别规定的以外，适用我国刑法，这是属地管辖原则的基本内容。

《刑法》第6条规定："凡在中华人民共和国领域内犯罪的，除法律有特别规定的以外，都适用本法。凡在中华人民共和国船舶或者航空器内犯罪的，也适用本法。犯罪的行为或者结果有一项发生在中华人民共和国领域内的，就认为是在中华人民共和国领域内犯罪。"

（1）"中华人民共和国领域内"，该领域包括领陆、领水、领空。一是领陆，即我国国境线以内的陆地及其地下层，这也是国家领土最基本和最重要的部分。二是领水，即国家主权管辖下的全部水域及其底土。领水中的"水"包含内水和领海两部分，其中内水包括河流及其河口、湖泊、港口、内海等水体，而领海指与海岸或内水相邻接的水域，包含海床和底土。三是领空，即指领陆、领水的上空。

（2）《刑法》第6条第2款规定，凡在中华人民共和国船舶或者航空器内犯罪的，也适用本法。这里指悬挂我国国旗的船舶与航空器，不论停放何处，都属于我国领域，是旗国主义的体现。

（3）根据《刑法》第6条第3款规定，属地管辖原则之"地"，包括行为地、结果地，二者不要求同时具备，只要犯罪的行为或者结果有一项发生在中华人民共和国领域内，就认为是在中华人民共和国领域内犯罪。

（4）属地管辖的例外。主要包括三种情形：① 我国港澳台地区适用本地区刑法规定；② 民族自治区人大依据本民族特点，针对刑法部分条文制定的变通性或补充性规定，适用该规定；③ 享有外交特权和豁免权的外国人在中华人民共和国境内犯罪的，通过外交途径加以解决。

（二）在中国境外犯罪

1. 我国公民在境外犯罪，按照属人管辖原则，适用我国刑法

《刑法》第7条规定："中华人民共和国公民在中华人民共和国领域外犯本法规定之罪的，适用本法，但是按本法规定的最高刑为三年以下有期徒刑的，可以不予追究。中华人民共和国国家工作人员和军人在中华人民共和国领域外犯本法规定之罪的，适用本法。"

根据本条规定，第一，我国公民在我国领域外犯罪的，无论当地法律是否认为是犯罪，不论罪行轻重或属于何种罪行，也不论其所犯的罪行侵犯的是哪国或哪国公民的利益，原则上都要适用我国刑法。即只要是我国公民在国外犯我国刑法规定的犯罪，原则上适用我国刑法；但按照我国刑法的规定，该犯罪的中国公民所犯罪行的法定最高刑为 3 年以下有期徒刑的，可以不予追究。"可以不予追究"也意味着可以追究。第二，中华人民共和国国家工作人员和军人在我国领域外犯罪的，不受最高刑为 3 年以下有期徒刑的限制，一律予以追究。

2. 外国人在境外犯罪，适用保护管辖原则

《刑法》第 8 条规定："外国人在中华人民共和国领域外对中华人民共和国国家或者公民犯罪，而按本法规定的最低刑为三年以上有期徒刑的，可以适用本法，但是按照犯罪地的法律不受处罚的除外。"

根据本条规定，外国人在我国领域外对我国国家或公民实施的犯罪，我国刑法有管辖权，但是管辖权受到一定的限制，要求具备：① 该犯罪针对的是我国国家或者我国公民；② 行为触犯的最低刑期在 3 年以上；③ 犯罪地的法律也认为该行为构成犯罪。

3. 国际犯罪，适用普遍管辖原则

《刑法》第 9 条规定："对于中华人民共和国缔结或者参加的国际条约所规定的罪行，中华人民共和国在所承担条约义务的范围内行使刑事管辖权的，适用本法。"

根据本条规定，适用我国刑法应具备以下条件：① 犯罪分子所实施的行为是国际条约所规定的罪行，且我国缔结或者参加了该条约；② 我国刑法也将此行为规定为犯罪；③ 该犯罪行为人在我国领域内出现；④ 必须是危害人类共同利益的犯罪。目前适用普遍管辖原则处理的犯罪范围，主要有跨国贩卖毒品、跨国拐卖人口、种族灭绝、海盗、洗钱、恐怖活动、劫持航空器等。

（三）对外国刑事判决的消极承认

《刑法》第 10 条规定："凡在中华人民共和国领域外犯罪，依照本法应当负刑事责任的，虽然经过外国审判，仍然可以依照本法追究，但是在外国已经受过刑罚处罚的，可以免除或者减轻处罚。"

根据本条规定，该条文的适用范围既包括我国公民在境外犯罪的情形，也包括外国人在国外对我国国家或公民犯罪的情形。本规定表明，我国作为独立自主的主权国家，法律具有独立性，外国的审判对我国没有约束力；但从人道

主义立场出发，为了使被告人免受过重的双重处罚，又作了在外国已接受过刑罚处罚的犯罪人，可以免除或减轻处罚的规定。这既是对国家主权的维护，又是人道主义立场的考虑，体现了原则性与灵活性的统一。同时，此条规定对于保护国家利益、保护我国驻外工作人员以及访问人员、留学生、侨民等的利益具有重要意义。

案例一中，根据属人原则，甲、乙均为我国公民，不管其在何地犯罪，犯罪后逃到何地藏身，我国刑法都有管辖权。且甲、乙两人杀死中国公民丙、抢劫其他船员财物的行为构成故意杀人罪和抢劫罪，其法定最高刑不属于3年以下可以不予追究的情形，我国刑法应该追究。但若是甲、乙二人在巴西已受过刑罚处罚，从人道主义立场出发，为了使被告人免受过重的双重处罚，我国刑法仍可以追究，但可以减轻或者免除处罚。

第二节　刑法的时间效力

刑法的时间效力，解决的是刑法何时起至何时止具有适用的效力，主要涉及刑法的生效时间、失效时间以及对刑法生效前所发生的行为是否具有溯及力的问题。

一、刑法的生效时间

刑法的生效时间与其他法律的生效时间类似，其主要方式有两种：一是自公布之日起生效；二是公布之日起经过一段时间后再施行。一般而言，法律颁布之后，需要留有一定的时间让公民等社会各界对法律有广泛的了解和充分的认知，为刑罚规范的实施做好准备。所以，刑法公布一段时间后施行也是世界上多数国家关于刑法生效时间的通行做法。

二、刑法的失效时间

法律的失效时间，是指法律终止效力的时间，通常需要由立法机关作出决定。从各国法律失效的情形看，其失效方式分多种，比如新法公布实施后旧法自然失效，立法机关宣布废止某一法律，或者某一法律在制定时明确规定了有效期限等情形。

我国刑法的失效基本上包括两种方式：一是由立法机关明确宣布某些法律失效；二是自然失效，即新法施行后代替了同类内容的旧法，或者由于原来特殊的立法条件已经消失，旧法自行废止。

三、刑法的溯及力

所谓刑法的溯及力，是指刑法生效之后，对其生效之前未经审判、判决尚未确定或者尚未裁定的行为是否适用的问题。若适用，即具有溯及力；若不适用，则没有溯及力。

（一）关于刑法溯及力问题的立场

关于刑法溯及力问题，各国所采立场大致分为：① 从旧原则。即不论新法、旧法轻重，只要行为跨越新、旧法，一律适用旧法。② 从新原则。即不论新法、旧法轻重，只要行为跨越新、旧法，一律适用新法。③ 从新兼从轻原则。即新法生效后对刑事犯罪的处理，原则上适用新法，例外是如果适用旧法处理，明显对被告人有利的情形下，可以适用旧法。④ 从旧兼从轻原则。即原则上适用旧法，即行为时的法律，但适用新法明显对被告人有利时，适用新法。

（二）我国刑法溯及力的规定及理解

《刑法》第12条规定："中华人民共和国成立以后本法施行以前的行为，如果当时的法律不认为是犯罪的，适用当时的法律；如果当时的法律认为是犯罪的，依照本法总则第四章第八节的规定应当追诉的，按照当时的法律追究刑事责任，但是如果本法不认为是犯罪或者处刑较轻的，适用本法。本法施行以前，依照当时的法律已经作出的生效判决，继续有效。"

根据本规定，对于1949年10月1日中华人民共和国成立至1997年10月1日新法正式实施前这一时期内发生的行为，应当根据从旧兼从轻原则，分别处理。第一，行为发生时的法律不认为是犯罪的，而修订后的刑法认为是犯罪的，适用行为发生时的法律。第二，行为发生时的法律认为是犯罪的，而修订后的刑法不认为是犯罪的，只要该行为未经过审判或者判决尚未确定的，则适用修订后的刑法。第三，行为发生时的法律和修订后的刑法均认为是犯罪的，且按照修订后刑法总则第四章第八节之规定应当追诉的，原则上依据当时的法律追究刑事责任。但是，若修订后的刑法较当时法律处刑较轻时，则应当适用修订后的刑法。由此可见，我国刑法关于时间效力所采的原则是从旧兼从轻。即原则上适用旧法，但适用新法明显对被告人有利时，适用新法。概括言之，法律原则上禁止溯及既往，例外是不禁止有利于被告人的溯及既往。

1. 从旧兼从轻的理解和适用方法

第一，"旧法"与"新法"的含义。"旧法"是指行为发生时有效的刑法（不是特指1979年颁布的旧刑法）；"新法"是指审判时有效的刑法，包括刑法修正案修正后现行有效的刑法。

第二，从旧兼从轻原则适用的对象是未决犯，即针对的是未作出生效判决的案件，也就是指案件发生在旧法时期，审判发生在新法时期。对于已经作出的生效判决，则不存在是否溯及既往的探讨，生效判决继续有效；按照审判监督程序重新审理的案件，适用行为时的法律；被重新审理的一审、二审案件当时的刑法规定较轻的，适用当时的刑法。

第三，连续犯、继续犯跨越新、旧法交替时，适用行为终了时、最后一次犯罪行为时的法律。若之前的刑法较轻，可以酌情从轻。

第四，轻法与重法的比较。认为行为无罪的法是轻法，认为行为有罪的法是重法；均认为行为有罪的，根据不同档次法定刑幅度进行比较，法定最高刑低的是轻法，若法定最高刑相同，则比较法定刑最低刑，法定最低刑低的为轻法。

2. 刑法修正案的时间效力问题

刑法修正案属于刑法。对于行为人在刑法修正案生效前所实施的犯罪行为，在修正案生效后才审判的案件，按照从旧兼从轻原则，比较适用旧法和新法哪一个有利于被告人予以处理。

案例二中，某小区居民甲从自己所住3楼向楼下扔厨余垃圾时，法律并未规定高空抛物罪，因为增设高空抛物罪的《刑法修正案（十一）》是2021年3月1日生效，所以按照从旧兼从轻原则，甲无罪。

3. 司法解释的时间效力问题

司法解释是对立法的进一步解释，不是创设了新的刑法规定，故原则上不受溯及力的限制。行为当时没有司法解释，审判时有司法解释的，该解释可以适用；若存在新旧两种司法解释，适用新的解释对被告人的处罚变轻的，可以适用新的解释。

每章一练

一、单项选择题

1. 我国刑法对空间效力范围的规定以（　　）为基础。
   A. 属地原则
   B. 属人原则
   C. 保护原则
   D. 普遍原则

2. 我国的一辆国际列车行驶到甲国境内时，甲国公民 A 与乙国公民 B 发生争执，A 将 B 打成重伤，则 A 的犯罪行为（　　）。
   A. 不能适用我国刑法
   B. 可能适用我国刑法
   C. 应当适用我国刑法
   D. 只能适用甲国或乙国刑法

3. 我国刑法规定，凡在我国领域内犯罪的（　　）。
   A. 一律适用我国刑法
   B. 除法律有特别规定外，都适用我国刑法
   C. 我国公民适用我国刑法，外国人不适用
   D. 我国公民适用我国刑法，外国人通过外交途径解决

4. 甲国公民从乙国劫持丙国的民航客机飞到丁国后逃至我国境内，我国司法机关适用中国刑法对该行为人追究刑事责任，体现的是（　　）。
   A. 保护管辖
   B. 普遍管辖
   C. 属地管辖
   D. 属人管辖

5. 我国刑法关于溯及力的规定采取的是（　　）。
   A. 从旧原则
   B. 从新原则
   C. 从新兼从轻原则
   D. 从旧兼从轻原则

二、多项选择题

1. 现行刑法有溯及力的情形有（　　）。

A. 1997年9月30日以前（现行刑法生效前）发生的犯罪，现行刑法与行为时的刑法对该犯罪行为的规定是完全相同的

B. 犯罪行为由现行刑法生效前持续到生效后，而现行刑法与行为时的刑法都认为是犯罪，但现行刑法处罚较重的

C. 犯罪行为由现行刑法生效前实施，审判时新刑法生效，现行刑法与行为时的刑法都认为是犯罪，但新法处罚较轻的

D. 行为发生在1996年10月6日，法院在1997年5月3日终审判决有罪，处有期徒刑10年。该案件在1997年12月6日提起再审

2. 刑法的时间效力解决（　　）问题。
   A. 刑法的生效时间
   B. 刑法的失效时间
   C. 刑法的溯及力
   D. 刑法对人的效力

3. 我国公民在我国领域外犯罪，依照我国刑法应当负刑事责任的，虽然经过外国审判，仍然可依据我国刑法处理，但在外国已经受过刑罚处罚的，可以（　　）处罚。
   A. 免除
   B. 减轻
   C. 免除或减轻
   D. 从轻

4. 属于在我国领域内犯罪的情况有（　　）。
   A. 犯罪行为地在我国，但犯罪结果地不在我国
   B. 犯罪行为地和犯罪结果地都在我国
   C. 犯罪行为地不在我国，但犯罪结果地在我国
   D. 犯罪行为地和犯罪结果地都不在我国

5. 某国公民张某曾在国外多次进行贩毒活动，并被其所属国家通缉。某日，张某到我国境内旅游被拘捕，张某以既非中华人民共和国公民也未在中华人民共和国国境内犯过罪为由提出抗议，而此时，张某所属国也向我国政府提出引渡请求。我国依法可以对张某采取（　　）的措施。
   A. 遣送所属国
   B. 立即驱逐出境
   C. 引渡回其所属国
   D. 由我国司法机关审判

第四章

犯罪概念和犯罪构成

◆ **知识目标**

1. 理解和掌握我国刑法中犯罪的概念和基本特征。
2. 理解和掌握犯罪构成的概念、特征和犯罪构成的共同要件。
3. 了解犯罪概念与犯罪构成的关系以及研究犯罪构成的意义。

◆ **能力目标**

1. 明确罪与非罪的界限。
2. 掌握犯罪概念和犯罪构成理论在定罪量刑中的作用。

◆ 案例导入

【案例一】

2011年10月13日下午5时30分，一位名叫小悦悦的两岁女童在广东佛山南海黄岐广佛五金城内的道路上行走，突然遭遇一辆面包车撞倒并前后轮两次碾压。由于事发地点光线较暗，面包车司机胡某停车通过后视镜没有发现异常，便离开了事发地。小悦悦遭到碾压后，7分钟之内有18位路人从她身边经过，可是都没有伸出援手。直到拾荒阿姨陈贤妹经过，将小悦悦搬离街心，在高喊声中惊动了小悦悦妈妈。可是由于伤势过重，小悦悦在2011年10月21日凌晨被宣布死亡！2011年10月23日，广东佛山280名市民聚集在事发地点悼念"小悦悦"，宣誓"不做冷漠佛山人"。2011年10月29日，没有追悼会和告别仪式，小悦悦遗体在广州市殡仪馆火化，其骨灰被带回山东老家。

问：

（1）本案中肇事司机胡某的行为是否构成犯罪？

（2）对18位见死不救的路人你怎么看，是否构成犯罪？

【案例二】

甲，1989年11月出生。小甲，殁年6岁，是甲的次女。小甲生前主要跟爷爷奶奶生活，后因上学搬来与母亲甲同住。2019年2月至4月间，甲在照顾小甲日常生活、学习中，经常因小甲"尿裤子""不听话""不好好写作业"等，以罚跪、"蹲马步"等方式体罚小甲，并多次使用苍蝇拍把手、衣撑、塑料拖鞋等殴打小甲。

2019年4月2日早7时许，甲又因小甲尿裤子对其责骂，并使用塑料拖鞋对其殴打。后甲伸手去拉小甲，小甲后退躲避，从二楼楼梯口处摔下，经抢救无效当日死亡。经检验，小甲头部、面部、背臀部、胸腹部及四肢等多处表皮剥脱，伴皮下出血。

问：本案中哪些事实特征是甲构成虐待罪所必需的基本事实特征？

第一节 犯罪的概念

一、我国刑法中的犯罪概念

犯罪概念是区分罪与非罪的根本标准，是犯罪论乃至整个刑法学体系的逻辑起点。《刑法》第13条规定："一切危害国家主权、领土完整和安全，分裂国家、颠覆人民民主专政的政权和推翻社会主义制度，破坏社会秩序和经济秩序，侵犯国有财产或者劳动群众集体所有的财产，侵犯公民私人所有的财产，侵犯公民的人身权利、民主权利和其他权利，以及其他危害社会的行为，依照法律应当受刑罚处罚的，都是犯罪，但是情节显著轻微危害不大的，不认为是犯罪。"这一规定是对我国社会上形形色色的犯罪现象所作的科学概括，是我们认定犯罪、正确区分罪与非罪界限的基本依据。

根据《刑法》第13条的规定，犯罪的概念可以被进一步概括为严重危害社会、触犯刑法并且应受到刑罚处罚的行为。从以上概念可以看出，犯罪具有以下三个基本特征。

1. 犯罪是严重危害社会的行为，即具有严重的社会危害性

严重的社会危害性是犯罪的本质特征。犯罪的本质就在于它危害了国家和人民的利益，危害了社会主义社会。某种行为如果根本不可能给社会造成危害，就不可能被规定为犯罪。行为的社会危害性是区分违法行为与合法行为的重要标准，而严重的社会危害性则是划分一般违法行为与犯罪行为的界限。例如偶尔小偷小摸，数额很小，不能当作盗窃罪；与邻居吵架，沉不住气，动手打了对方，若只造成对方轻微伤，也不构成故意伤害罪。由此可见，没有社会危害性，就没有犯罪；危害性没有达到相当的程度，也不能视为犯罪。

社会危害性的大小主要决定于以下几个方面：① 决定于行为侵犯的客体，即行为侵犯了什么样的社会关系。② 决定于行为的手段、后果以及时间、地点。如犯罪的手段是否凶狠、是否残酷，是否使用暴力，在很大程度上决定着社会危害性的大小。③ 决定于行为人的情况及其主观因素，如成年人还是未成年人，故意还是过失，有预谋或没预谋，行为人动机、目的的卑劣程度，偶尔犯罪还是累犯、惯犯等。

2. 犯罪是触犯刑律的行为，即具有刑事违法性

犯罪的刑事违法性是严重的社会危害性在法律上的表现。从立法角度看，国家制定和实施刑法的目的是禁止某些特定的行为，而之所以如此，是因为这些行为具有严重的社会危害性，运用道德舆论或者一些制裁性较弱的法律（如民法、行政法等）已难以对其进行有效规制。所以，犯罪不是一般的违法行为或不道德行为，只有违反刑法即触犯刑律的行为，才构成犯罪。从司法角度讲，刑事违法性是犯罪的严重社会危害性的唯一尺度，即达到犯罪程度的社会危害性只能以刑事违法性为载体，舍此便无法存在和表现出来。例如，盗窃、诈骗少量财物，只是属于违反《治安管理处罚法》的行为。

案例一中，肇事司机胡某在公共交通管理的范围外，驾驶机动车辆因过失致人死亡，根据《刑法》第233条之规定，应当以过失致人死亡罪追究其刑事责任。18位路人见死不救属于应受道德谴责的行为，不具有刑事违法性，故不属于犯罪。

3. 犯罪是应受到刑罚处罚的行为，即具有刑罚当罚性

犯罪的刑罚当罚性是犯罪的严重社会危害性在法律上的后果。刑罚作为最严厉的制裁方法，只能适用于犯罪这种严重危害社会并违反刑法规范的行为。一般的违法行为，比如故意伤害造成轻微伤，虽然也有一定的社会危害性，但不属于刑法调整，也不构成犯罪。犯罪是适用刑罚的前提，刑罚是犯罪的法律后果。因此，应受刑罚处罚也是犯罪的一个基本特征。

这里要说明的是，具有刑罚当罚性不等于实际上一定要判处刑罚。刑罚当罚性是指行为具有应当受刑罚处罚的性质，属于"应然"层面的问题，是对行为的评价，而事实上是否判处了刑罚，是对犯罪行为的实际处理，属于"实然"层面的问题。因此，刑法中规定的在一定情况下应当或者可以对犯罪行为免予刑事处罚与犯罪的刑罚当罚性特征并不矛盾。

二、犯罪的分类

研究犯罪的分类有助于加深对犯罪概念的理解。这里介绍犯罪的理论分类和法定分类。

（一）犯罪的理论分类

1. 重罪与轻罪

根据法定刑的轻重，可以将犯罪分为重罪与轻罪。一般认为，法定最低刑在 3 年以上有期徒刑的为重罪，其他为轻罪。

2. 自然犯与法定犯

自然犯是指违反人类基本伦理道德的犯罪，如杀人、放火、强奸、抢劫等犯罪。自然犯天然具有犯罪性，任何人类文明社会都会将其视为犯罪。法定犯在表面上并不违反人类的基本伦理道德，只是因为国家法律的规定才成为犯罪，如擅自设立金融机构罪。

3. 隔隙犯与非隔隙犯

隔隙犯是指在实行行为与犯罪结果之间存在时间、场所的间隔的犯罪。其中，实行行为与犯罪结果之间存在时间间隔的犯罪称为隔时犯，存在场所间隔的称为隔地犯。实行行为与犯罪结果之间没有时间、场所的间隔的犯罪，则是非隔隙犯。

（二）犯罪的法定分类

1. 国事犯与普通犯

国事犯又称政治犯，是指危害国家安全的犯罪。我国刑法分则第一章规定的"危害国家安全罪"即属于国事犯。普通犯是指危害国家安全犯罪以外的刑事犯罪。

2. 身份犯与非身份犯

根据是否以特定的身份作为定罪量刑的条件，可以将犯罪分为身份犯和非身份犯。身份犯是指刑法规定以特定身份作为定罪量刑条件的犯罪。反之，则是非身份犯。身份犯又可以分为真正身份犯和非真正身份犯。前者即定罪身份犯，该身份为特定犯罪的主体构成要件，不具有此身份的人不能单独构成该罪。例如，国家工作人员是贪污罪的主体身份。后者即量刑身份犯，身份是从轻或从重的处罚条件。例如，国家机关工作人员利用职权便利非法拘禁他人的，从重处罚。

3. 亲告罪与非亲告罪

亲告罪，是指告诉才处理的犯罪。根据《刑法》第 98 条的规定，告诉才处理，是指被害人告诉才处理，如果被害人因受强制、威吓无法告诉的，人民检察院和被害人的近亲属也可以告诉。亲告罪采用自诉的方式。我国刑法中规定的亲告罪包括：① 侮辱罪、诽谤罪（严重危害社会秩序和国家利益的除外）；② 暴力干涉婚姻自由罪（致使被害人死亡的除外）；③ 虐待罪（致使被害人重伤、死亡的除外）；④ 侵占罪。非亲告罪，是指刑法没有明文规定为告诉才处理的犯罪。对于非亲告罪，被害人就是否起诉通常没有处分权。

4. 基本犯、加重犯与减轻犯

基本犯是指刑法分则条文规定的不具有法定加重或者减轻情节的犯罪。加重犯是指刑法分则条文以基本犯为基础规定了加重情节与较重法定刑的犯罪。它又可以分为结果加重犯与情节加重犯。如《刑法》第 238 条规定："非法拘禁他人或者以其他方法非法剥夺他人人身自由的，处三年以下有期徒刑、拘役、管制或者剥夺政治权利。具有殴打、侮辱情节的，从重处罚。"减轻犯是指分则条文以基本犯为基础规定了减轻情节与较轻法定刑的犯罪，如《刑法》第 232 条规定："故意杀人的，处死刑、无期徒刑或者十年以上有期徒刑；情节较轻的，处三年以上十年以下有期徒刑。"

第二节 犯罪构成

一、犯罪构成的概念和特征

（一）犯罪构成的概念

犯罪概念揭示了犯罪的基本特征，所回答的系什么是犯罪的问题。犯罪构成则表明成立犯罪必须具备的条件，回答的是犯罪如何构成的问题。因此，一方面，犯罪构成必须以犯罪概念为基础，离开犯罪概念，犯罪构成就成为失去实质内容的纯粹形式；另一方面，犯罪概念所揭示的特征也需要通过犯罪构成来具体体现，离开犯罪构成，犯罪的基本特征就失去了赖以存在的载体，罪与非罪的界限也就无从把握。故犯罪构成是一个十分重要的概念。

所谓犯罪构成，是指依照我国刑法的规定，决定某一行为的社会危害性及其程度而为该行为成立犯罪所必需的一切客观要件和主观要件的有机统一。简单地说，犯罪构成就是犯罪成立的法定规格和标准。

（二）犯罪构成的特征

犯罪构成是对表明行为严重社会危害性的事实特征的抽象。任何一种犯罪都可以由许多事实特征来说明，但并非每一个事实特征都是犯罪构成的要件。只有表明行为的社会危害性达到犯罪程度的那些事实特征，才是犯罪构成的要件。

例如，案例二中的事实特征有很多，但真正对犯罪构成有意义的事实特征只有以下：行为人甲的年龄、精神状况，甲在2019年2月至4月间的多次虐待行为以及最后因虐待行为导致次女小甲因躲避而摔下死亡。因此，某种犯罪事实特征能否被选择为犯罪构成的内容，取决于其本身对表明行为的严重社会危害性是否具有不可或缺的意义。

犯罪构成是一系列主客观要件的有机统一。任何犯罪构成都是由若干要件组成的，这些要件可被归纳为客观要件和主观要件两大类。客观要件包括对社会关系的侵害或者威胁、危害社会的行为与结果等，主观要件包含实施危害社会行为的主体以及其实施危害行为时的主观心理状态等。犯罪构成的客观要件和主观要件是彼此联系、相互依存、有机统一的。我国刑法既反对只注意行为客观上的危害性而不考虑行为人主观心理状态的"客观归罪"，也反对只着眼于主观恶性而不考虑行为的客观危害性的"主观归罪"。

犯罪构成的主客观要件必须由刑法加以规定。案件的事实特征只有经过刑法的选择才能成为犯罪构成的要件。我国刑法分则规定了各种具体犯罪的具体构成要件，而刑法总则规定了各种具体犯罪的共同要件。只有把总则和分则密切结合起来，才能全面地把握犯罪构成要件，做到正确定罪。

二、犯罪构成要件和要素

犯罪构成要件分为犯罪构成的共同要件和犯罪构成的具体要件。犯罪构成的具体要件是指具体犯罪的成立必须具备的要件。每一个犯罪都有具体的犯罪构成要件，它由刑法总则和分则共同规定。犯罪构成的共同要件，是指一切犯罪的成立都必须具备的要件。它是从犯罪的具体要件中抽象出来的。根据我国刑法，任何一种犯罪的成立都必须具备四个方面的构成要件，即犯罪客体、犯罪客观方面、犯罪主体、犯罪主观方面的构成要件。

犯罪构成要件的要素是组成犯罪构成要件的基本事实，是构成犯罪构成要件的最基本单位。犯罪构成的共同要件中，犯罪客观方面要件的要素包括危害行为、危害结果、行为对象以及犯罪的时间、地点、方法等；犯罪主体要件的要素包括刑事责任能力、特定身份等；犯罪主观方面要件的要素包括故意、过失、目的等。

三、犯罪构成的意义

1. 对发展和完善刑法理论具有重要意义

刑法理论从大的方面可分为刑法总论和罪刑各论，其中的刑法总论又可进一步分为刑法论、犯罪论与刑罚论，且以犯罪论为中心。犯罪论的体系主要是依据犯罪构成建立起来的，因此，犯罪构成在整个刑法理论中居于核心的地位。刑法理论的发展与完善必须以犯罪构成为切入点。

2. 对刑事司法实践具有重要意义

在刑事司法实践中，刑事起诉、定罪或者量刑都必须以犯罪构成为指导。

（1）区分罪与非罪，犯罪构成是是否成立犯罪的标准。某一行为符合犯罪构成则认定为犯罪，否则，不以犯罪论处。

（2）区分此罪与彼罪。各种犯罪都有其独特的特点，也反映在具体犯罪构成中。运用各个具体犯罪构成进行分析，能够区分此罪与彼罪。

（3）区分一罪与数罪。区分行为构成一罪还是数罪，基本上是以行为符合的犯罪构成的个数为认定标准的。

（4）为量刑提供依据。尽管犯罪情节在裁量刑罚中起重要作用，但量刑的基础还是犯罪的性质，即首先还是应当依据犯罪构成相对应的犯罪的法定刑罚为基准。

每章一练

一、单项选择题

1. 《刑法》第 13 条规定,"情节显著轻微危害不大的,不认为是犯罪"。其含义是（   ）。
    A. 是犯罪但不以犯罪论处
    B. 不构成犯罪
    C. 表示宽大的刑事政策
    D. 构成犯罪,但可以免刑

2. 犯罪的本质特征是（   ）。
    A. 严重的社会危害性
    B. 刑事违法性
    C. 应受刑罚惩罚性
    D. 主观恶性

3. 下列犯罪中属于法定犯的是（   ）。
    A. 故意杀人罪
    B. 强奸罪
    C. 盗窃罪
    D. 非法经营罪

4. 犯罪构成实际上是（   ）。
    A. 什么行为是犯罪
    B. 犯罪成立的条件
    C. 犯罪的本质属性
    D. 犯罪的表现状态

5. 按照法定刑的轻重,在理论上可以将犯罪分为（   ）。
    A. 重罪与轻罪
    B. 自然犯与法定犯
    C. 隔隙犯与非隔隙犯
    D. 国事犯与普通犯

二、多项选择题

1. 下列犯罪中属于亲告罪的罪名有（   ）。
    A. 侮辱罪、诽谤罪

B. 暴力干涉婚姻自由罪

C. 虐待罪

D. 侵占罪

E. 遗弃罪

2. 下列犯罪中属于身份犯的是（　　）。

A. 玩忽职守罪

B. 刑讯逼供罪

C. 盗窃罪

D. 抢劫罪

3. 犯罪构成的共同要件是指（　　）。

A. 犯罪客体

B. 犯罪客观要件

C. 犯罪主体

D. 犯罪主观要件

E. 犯罪情节

4. 下列关于犯罪构成与犯罪概念的说法正确的是（　　）。

A. 犯罪概念从宏观上揭示犯罪的本质与基本特征

B. 犯罪构成是认定犯罪的具体法律标准

C. 犯罪构成是犯罪概念的基础

D. 犯罪构成是犯罪概念的具体化

5. 以下关于犯罪构成意义的说法正确的是（　　）。

A. 犯罪构成是犯罪的社会危害性的法律标志

B. 犯罪构成是认定犯罪的法律标准

C. 犯罪构成为区分此罪与彼罪提供了法律标准

D. 犯罪构成是区分一罪与数罪的法律依据

第五章

犯罪客体

◆ 知识目标
    1. 理解犯罪客体的概念、意义和分类。
    2. 掌握犯罪客体与犯罪对象的联系和区别。

◆ 能力目标
    1. 通过犯罪客体理论进一步认清犯罪的本质。
    2. 在具体案件中能分析认定犯罪客体的类别。

◆ 案例导入

【案例一】

全国首例袭警罪案件。2021年3月2日上午，高某驾驶非法改装的三轮车途经杭州市下城区闸弄口127号时，被执勤民警查获。处置民警将涉案三轮车依法扣押至朝晖路中队后，便到附近协助办理其他案件。高某心存不满，持三轮车上铁制撬棍尾随民警，口中呼喊"打死你，我再去坐牢"，同时手持铁棍向民警头部挥去。民警感到身后异样，回头发现高某正持铁棍向自己头部袭来，抬手格挡，铁棍击打至民警左侧手臂。击中民警手臂后，高某并未停手，再次挥棍向民警头部打去，民警侧身躲闪，铁棍击打至其左大腿。随后，另一名执勤民警赶到现场，控制住高某并夺下铁棍。

问：高某侵犯的直接客体是什么？试对其分类。

【案例二】

"我从山中来，带着兰花草。"一首耳熟能详的歌曲《兰花草》体现了人们对于兰花草的喜爱程度。然而，随着我国加强了对野生兰花的保护，歌词中的行为可能会触碰法律底线。2021年12月2日中午，甲女士同乙某、丙某一同前往某山场采挖冬笋。在采挖过程中，甲女士在山场发现了野生兰花，在未办理采集证的情况下，擅自用随身携带的锄头采挖野生兰花11株，并带回家用3个花盆栽种。经鉴定，甲女士采挖的3盆兰花为春兰，属于国家二级重点保护野生植物。

法院审理后认为，甲女士违反国家规定，非法采挖属于国家二级重点保护野生植物的野生春兰，其行为已构成危害国家重点保护植物罪。鉴于被告人具有自首、自愿认罪认罚的情节且尚未造成春兰损毁，决定对其从轻处罚。最终，泾县法院以危害国家重点保护植物罪判处甲女士管制5个月，并处罚金1000元，没收扣押在案的野生春兰11株。

问：甲女士的行为侵犯的犯罪客体和犯罪对象分别是什么？

第一节 犯罪客体

一、犯罪客体的概念和特征

犯罪客体是我国刑法所保护的、为犯罪行为所侵犯的社会关系。行为之所以构成犯罪，首先就在于其侵犯了一定的社会关系，而且侵犯的社会关系越重要，其对社会的危害性就越大。

犯罪客体要件作为犯罪的构成要件之一，同时又是犯罪社会危害性的集中体现，具有以下几个法律特征。

1. 犯罪客体是一种社会关系

社会关系是人们在生活、工作、学习等活动中所结成的人与人之间的关系。人们在社会生活中所形成的各种关系，如人与国家、人与社会、人与自然等在客观上所形成的管理、开发、利用等关系，无不表现为一种人与人之间的关系。合法的社会关系实际上是一种法律秩序，包括合法利益和义务要求。

2. 犯罪客体是刑法所保护的社会关系

虽然社会关系范围广泛，但作为犯罪客体的社会关系则范围有限。刑法在我国法律体系中具有惩罚犯罪、保障人权的机能，应符合谦抑性的要求，只有在其他规范均不能有效控制某危害性行为而需要刑法介入时，才能动用刑罚手段。因此，要深入分析行为所侵犯的社会关系，看其是否属于刑法保护的范围，从而将一些未侵犯犯罪客体的行为排除在刑事制裁之外。

3. 犯罪客体必须是犯罪行为所侵犯的社会关系

侵犯包括实际侵害和威胁两种方式。侵害，是指犯罪对合法的社会关系现实地造成某种损害结果，如杀死他人、盗窃既遂等均造成了实害的结果；威胁，是指行为客观上没有实际地损害合法的社会关系，但有造成损害的可能性，即已造成某种现实的危险状态，如犯罪预备、犯罪未遂、危险犯等都需要考虑行为的危险性。

二、犯罪客体的分类

按照犯罪行为侵犯的社会关系的范围,刑法理论将犯罪客体划分为三类或三个层次:一般客体、同类客体和直接客体。三类客体是三个不同的层次,它们相互之间可以是一般与特殊、共性与个性、抽象与具体、整体与部分的关系。

1. 犯罪的一般客体

犯罪的一般客体,是指一切犯罪共同侵犯的客体,即我国刑法所保护的社会主义社会关系的整体。犯罪的一般客体反映了犯罪行为的共同本质,它是刑法所保护客体的最高层次。犯罪的一般客体集中揭示了犯罪的社会危害性,凡是侵犯犯罪一般客体的行为,均具有严重的社会危害性和犯罪的本质属性;犯罪的一般客体也是刑事立法和设定构成要件的基础。

2. 犯罪的同类客体

犯罪的同类客体,是指某一类犯罪行为所共同侵犯的、我国刑法所保护的社会关系的某一部分或某一方面。划分犯罪的同类客体,是根据犯罪行为侵犯的刑法所保护的社会关系的不同进行的科学分类。作为同一类客体的社会关系,往往具有相同或相近的性质。如盗窃罪和诈骗罪侵犯的都是财产权利,故意杀人和故意伤害罪侵犯的都是人身权利。依据同类客体,我国刑法分则将犯罪分为十大类:危害国家安全罪;危害公共安全罪;破坏社会主义市场经济秩序罪;侵犯公民人身权利、民主权利罪;侵犯财产罪;妨害社会管理秩序罪;危害国防利益罪;贪污贿赂罪;渎职罪;军人违反职责罪。

3. 犯罪的直接客体

犯罪的直接客体,是指某一种犯罪行为所直接侵犯而为我国刑法所保护的社会关系,即我国刑法所保护的某种具体的社会关系。例如,同是侵犯公民人身权利类犯罪,故意杀人罪侵犯的是生命权,故意伤害罪侵犯的是身体健康权。犯罪的直接客体是决定犯罪性质的最重要因素。一种行为之所以被认定为这种犯罪或那种犯罪,归根结底是由犯罪的直接客体决定的。犯罪的直接客体揭示了具体犯罪所侵犯社会关系的性质以及该犯罪的社会危害性的程度。犯罪的直接客体是研究犯罪客体的重点,也是司法实践中借以区分罪与非罪、此罪与彼罪界限的关键。对直接客体又可以进一步分为简单客体和复杂客体。

（1）简单客体，又称单一客体，是指某一种犯罪只直接侵害一种具体社会关系。例如，盗窃罪只侵害公私财产所有权，故意伤害罪只侵害他人健康权。

（2）复杂客体，是指一种犯罪行为同时侵犯的客体包括两种以上的具体社会关系。例如抢劫罪，不仅直接侵犯公私财产所有权，也直接侵犯他人的人身权利。在复杂客体中，各客体有主有次。根据直接客体在犯罪中受危害的程度以及受刑法保护的状况，可对复杂客体进行再分类，包括主要客体、次要客体和随机客体三种。① 主要客体，是指某一具体犯罪所侵犯的复杂客体中程度较严重的、刑法予以重点保护的社会关系。主要客体决定该具体犯罪的性质，从而也决定该犯罪在刑法分则中的归属。② 次要客体，是指某一具体犯罪所侵犯的复杂客体中程度较轻的、刑法予以一般保护的社会关系，也称辅助客体。③ 随机客体，是指在某一具体犯罪侵害的复杂客体中可能由于某种机遇而出现的客体。一般情况下，随机客体往往是加重刑事处罚的原因和依据。例如非法拘禁罪，侵害的主要客体是他人的人身自由权利，如果非法致人重伤、死亡时，就危害到他人的健康权利、生命权利，此时，健康权、生命权就是随机客体。

如案例一，行为人袭击正在执行公务的人民警察构成袭警罪，侵犯的客体就是复杂客体，即人民警察正常的执法管理活动和人民警察的身体健康权。因为袭警罪属于妨碍公务罪的特种罪名形式，归属于妨碍社会管理类罪，主要是为了保护人民警察的执法权及执法中的人身安全，所以其主要客体是人民警察正常的执法管理活动。

三、犯罪客体的意义

1. 有助于认识犯罪的本质，以正确划分罪与非罪的界限

犯罪的本质特征是行为的严重社会危害性，而确定这种社会危害性首先要确定犯罪行为侵犯了何种犯罪客体。刑法所保护的社会关系不同，犯罪行为的社会危害性也就不同，犯罪客体的性质和受侵犯的程度是认定犯罪严重社会危害性的关键。因此如果行为没有侵犯任何社会关系，或者所侵犯的社会关系未被刑法纳入调整范围，就不可能成立犯罪。

2. 有助于认定犯罪的性质，科学区分此罪与彼罪

各种犯罪由于所侵犯的社会关系的种类不同，决定了其犯罪性质的不同，从而使此罪与彼罪得以区分。例如，行为人甲欲杀死其仇人乙，某日在乙经常

饮用的公用水井中投入毒药，结果毒死了乙，并致多人中毒或死亡。从表面上看，甲是以投毒的手段实施故意杀害乙的行为，但从客体上分析，甲的投毒行为已危害公共安全，对甲应以投放危险物质罪定罪量刑。

3. 有助于正确量刑

犯罪性质相同，但社会危害程度不可能完全一样。根据罪责刑相适应原则，同种性质的犯罪，由于社会危害性程度的不同，对其所裁量的刑罚轻重也不同。而分析和评估某一具体犯罪的社会危害程度，其中一个重要方面，就是从研究、了解具体社会关系的受危害情况入手。犯罪的社会危害程度与社会关系的受危害程度是成正比例关系的。对犯罪的社会危害程度的评估，可以为量刑提供科学的依据，使量刑的质量得到保证。

第二节　犯罪对象

一、犯罪对象的概念

犯罪对象是指刑法分则条文规定的犯罪行为所作用的客观存在的具体人或者具体物。每一种具体的犯罪行为，都直接或间接作用于一定的具体人或具体物，从而使刑法保护的社会关系受到侵害。它主要有以下特征。

1. 犯罪对象是人或物

犯罪对象范围非常广泛，既可以是有形的人、尸体、财物，也可以是无形的精神财富、技术信息；既可以是法律允许流通的商品，也可以是危害社会、禁止流通的物品，如毒品、假药、假币、淫秽物品等。人们对行为是否构成犯罪的认识过程，往往开始于对犯罪对象的感知，进而认识到犯罪对象所代表的、受刑法保护的社会关系受侵害的情况。

2. 犯罪对象是犯罪行为直接作用的人或物

作为犯罪对象的具体人或物，具有客观实在性，但在人或物未受犯罪行为侵害时，仅是可能的犯罪对象。只有犯罪行为直接作用于某人或某物时，具体的人或物才成为现实的犯罪对象。因此，犯罪对象只能是犯罪行为直接作用的人或物，否则便不是犯罪对象。

3. 犯罪对象是刑法规定的人或物

犯罪对象是权利和义务所指向的事物，体现了刑法所保护的某种社会关系。如盗窃罪的对象是财物，体现了财产所有权关系。再如故意损毁文物罪的对象是文物，体现了国家对文物的保护关系。因此，犯罪对象是某种法律保护关系所指向的人或物。

二、犯罪对象与犯罪客体的联系和区别

犯罪对象与犯罪客体是两个既有联系又有区别的概念。犯罪客体与犯罪对象的联系在于：作为犯罪对象的人或物是具体社会关系的物质表现。刑法中绝大多数条文都没有明确规定犯罪客体，往往需要借助于其他方式表现犯罪客体，其中通过犯罪对象来表现犯罪客体的条款占有相当大的比重。犯罪分子的行为作用于犯罪对象，就是通过犯罪对象即具体物或者具体人来侵犯一定的社会关系。

犯罪客体与犯罪对象的区别主要表现在以下几个方面。

（1）犯罪客体决定犯罪性质，犯罪对象则未必。仅从犯罪对象分析某一案件，并不能辨明犯罪性质。只有通过犯罪对象体现的社会关系即犯罪客体，才能确定某种行为性质。例如，同样是盗窃汽车零部件，某甲盗窃的是修配厂里处于修理状态的汽车零部件，某乙盗窃的是使用中的汽车零部件，前者可能构成盗窃罪，而后者可能构成破坏交通工具罪。二者的区别就在于犯罪对象体现的社会关系不同：前者是侵害公私财产所有权，后者是侵害公共安全。

（2）犯罪客体是任何犯罪的必要构成要件，而犯罪对象则仅仅是某些犯罪的必要构成要件。例如，《刑法》第328条第1款规定的盗掘古文化遗址、古墓葬罪，其犯罪对象只能是古文化遗址、古墓葬，否则便不可能构成此罪。而如妨害传染病防治罪、脱逃罪、偷越国（边）境罪以及非法集会、游行、示威罪等，则很难说有什么犯罪对象，但无疑这些犯罪都具有犯罪客体。

（3）任何犯罪都会使犯罪客体受到侵害，而犯罪对象则不一定受到损害。例如，诈骗犯将他人的计算机骗走，侵犯了他人的财产权利，但作为犯罪对象的计算机本身则未必受到损害。一般情况下，犯罪分子往往把诈骗所得之物妥为保存，以便自用或者销赃。

（4）犯罪客体是犯罪分类的基础，犯罪对象则不是。犯罪客体是犯罪的必要构成要件，其性质和范围是确定的，因而它可以成为犯罪分类的基础。我国刑法分则规定的十类犯罪，主要是以犯罪同类客体为标准划分的。如果按犯罪

对象则无法分类。犯罪对象并非犯罪的必要构成要件，它在不同的犯罪中可以是相同的，在同一犯罪中也可以是不同的。

案例二中，甲女士的行为构成危害国家重点保护植物罪，侵犯的客体是国家的林业管理制度，而侵犯的犯罪对象是属于国家二级重点保护植物的野生春兰。

每章一练

一、单项选择题

1. 刑法上的犯罪客体是指（　　）。
   A. 犯罪所侵害的人或物
   B. 犯罪行为所违反的法律法规
   C. 刑法所保护的社会主义社会关系
   D. 犯罪所指向的对象

2. 犯罪客体可分为（　　）。
   A. 一般客体与同类客体
   B. 一般客体、同类客体与简单客体
   C. 简单客体与复杂客体
   D. 一般客体、同类客体与直接客体

3. 犯罪的直接客体是指（　　）。
   A. 某一种犯罪所直接侵犯的具体的社会主义关系
   B. 某一种犯罪所直接侵犯的对象
   C. 某一种犯罪所直接侵犯的具体人或物
   D. 某一种犯罪所直接侵犯的社会的某一部分

4. 刑法分则将犯罪划分为十类，其划分的根据是（　　）。
   A. 同类客体
   B. 犯罪对象
   C. 一般客体
   D. 直接客体

5. 某甲盗窃正在使用中的电话线，数额不大，构成破坏广播电视设施、公用电信设施罪；某乙盗窃放在仓库里的电话线，数额较大，构成盗窃罪。对甲、乙定罪不同的原因是（　　）。
   A. 实施犯罪行为的地点不同
   B. 犯罪数额大小不同
   C. 犯罪对象所体现的社会关系的性质不同
   D. 实施犯罪的时间不同

二、多项选择题

1. 下列犯罪中，犯罪客体是复杂客体的有（　　）。

A. 故意杀人罪

B. 绑架罪

C. 盗窃罪

D. 抢劫罪

2. 关于犯罪客体与犯罪对象的表述，正确的有（   ）。

   A. 犯罪对象是某些犯罪的必要构成要件

   B. 犯罪客体一定受到犯罪的侵害，但犯罪对象则未必

   C. 客体决定犯罪的性质，但犯罪对象则未必

   D. 犯罪对象是犯罪分类的基础

3. 犯罪的直接客体分为（   ）。

   A. 简单客体

   B. 复杂客体

   C. 一般客体

   D. 同类客体

4. 下列关于犯罪对象的表述，正确的是（   ）。

   A. 犯罪对象是危害社会的行为所直接作用的人或物

   B. 犯罪对象是犯罪构成的必要要件

   C. 犯罪对象也称为犯罪客体

   D. 并非所有的犯罪都损害一定的犯罪对象

5. 关于犯罪客体，下列选项正确的是（   ）。

   A. 故意杀人罪的犯罪客体是被害人

   B. 盗窃罪的犯罪客体是金钱或财物

   C. 抢劫罪的犯罪客体是公私财产所有权和被害人的人身权利

   D. 故意伤害罪的犯罪客体是他人的健康权利

第六章

犯罪客观方面

◆ **知识目标**
1. 理解犯罪客观方面的概念和意义。
2. 掌握危害行为、危害结果以及刑法上因果关系的基本内容。

◆ **能力目标**
1. 明确犯罪客观方面在定罪量刑中的重要作用。
2. 结合具体案件分析和认定犯罪的客观要件。

◆ 案例导入

【案例一】

二十出头的梁某高中毕业后一直没找到稳定工作，平时靠四处打工为生。年初的一天，梁某在QQ群聊天时得知高中时的好友王某正在某市工作，便向其了解当地的就业情况。得到肯定答复后，梁某表达了到某市就业的想法，王某当即表示梁某找到工作前可暂住自己的出租房，于是梁某只身投奔王某。

在同屋居住的前几日，两人一直相安无事。直到一天凌晨，陷入梦游状态的梁某忽然从床上挺身而起，到厨房拿起菜刀向王某走去。沉睡正酣的王某对此毫无察觉，竟不知危险已经逼近。梁某挥刀砍伤了王某的前胸和臂膀，王某惊醒后与其扭打在一起，并最终夺下菜刀。经鉴定，王某的伤情构成重伤二级。

问：梁某梦游中砍伤好友王某的行为是否属于刑法上的危害行为？

【案例二】

2013年6月21日9时许，社区民警王某上门走访辖区居民甲某（女，22岁）时，发现家中无人应答，甲某手机处于关机状态。王某觉得事有蹊跷，便叫来锁匠将门打开，发现两名幼女一个在门边，一个在床边，均已没有呼吸，她们正是甲某3岁和1岁的女儿。检方检测，两个幼儿死亡时间在2周以上，死因是脱水和饥饿。孩子的母亲甲某则是为出去吸毒玩乐，将孩子锁在家中一月有余活活饿死。

问：甲某的行为是否属于刑法上的不作为犯罪？

【案例三】

广州市一名64岁的老人喝完早茶回家，发现家里大门开着，贵重物品被盗窃一空。老人想不开，遂从自家9楼跳下，当场死亡。

问：本案中盗窃罪造成的危害结果有哪些？分别属于哪一种危害结果？

【案例四】

甲、乙二人为儿时的好友。甲海外归来，并像年轻时那样用拳击打对方。不料甲一拳打到乙的肚子，乙感到有些不适，一个小时后晕倒在地。甲急忙送乙去医院急救，但抢救无效死亡。最后发现乙脾肿大异常，因受到甲一拳的外力冲击，脾破裂，在体内大出血而导致死亡。

问：甲的行为与乙的死亡结果之间有无因果关系？

第一节 犯罪客观方面概述

一、犯罪客观方面的概念

犯罪客观方面，是指刑法所规定的、说明行为对刑法所保护的社会关系造成损害的客观外在事实特征。犯罪客观方面是构成犯罪必须具备的要件。

犯罪客观方面具有如下几个特征。

1. 犯罪客观方面具有法定性

我国刑法总则对犯罪客观方面未作专门的规定，但分则条文比较明确具体地规定了各种犯罪的客观方面的内容。有些犯罪由于客观方面内容比较明显，刑法没有详细描述其客观方面，但我们可以从条文的有关规定中把握其客观方面的要件。例如，对故意杀人罪，《刑法》第232条仅简单地规定了"故意杀人的……"，但由于故意杀人罪是众所周知的一种自然犯罪，刑法便没有对其作详细规定。由于犯罪客观方面是刑法所规定，因此必须严格依法确定其具体内容。

2. 犯罪客观方面以客观事实特征为内容

犯罪行为作为人的一种活动，可以分为主观和客观两个方面的事实。首先，行为人要有主观方面的心理活动，即主观上有意识、有意志的活动。在犯罪活动中，行为人一般首先要产生某种犯罪的念头，进而形成比较明确的犯罪目的，然后设想通过什么样的方式来实现其目的，并作出是否实行犯罪的决定。其次，行为人将主观心理活动外化为危害社会的行为，主要表现为特定的犯罪行为或者行为后果。例如行为人决意杀人后，购买毒物、投放毒物以及投毒导致被害人死亡等。犯罪客观方面是行为人外在表现出来的事实特征。

3. 犯罪客观方面是行为对刑法所保护的社会关系有所侵犯的客观事实特征

具体犯罪的客观事实特征是多方面的，但并非一切客观事实特征都可以成为犯罪客观方面的要件。犯罪客观方面的要件旨在说明在什么样的条件下，通过什么样的行为，对犯罪客体即刑法所保护的社会关系造成了何种程度的侵害。

例如，强奸罪的客观方面要件，是行为人通过暴力、胁迫等方法，强行与妇女发生性交行为，侵犯了妇女的性的自由权利。不能说明对刑法所保护的社会关系有所侵犯的客观事实特征的，则不具有作为犯罪客观方面要件的资格。

4. 犯罪客观方面是成立犯罪必须具备的核心因素

"无行为则无犯罪"。在犯罪构成的四个共同要件中，犯罪客观方面处于核心地位。因为犯罪毕竟是一种危害社会的行为，危害行为这个客观方面的要件，是犯罪其他要件所依附的本体性要件。因此，不具备犯罪客观方面，就说明不存在社会关系受到侵害的客观事实，因而思想犯和迷信犯也不能构成犯罪。

二、犯罪客观方面要件的分类

犯罪客观方面的要件，也称为犯罪客观要件，它是刑法分则中各种具体犯罪必须具备的客观事实特征的总和。根据刑法分则对各种客观要件的不同要求，我们可以将犯罪客观要件分为必要的客观要件和选择的客观要件。

必要的客观要件，是指每一个具体犯罪都必须具备的客观内容。在刑法中，危害行为是必要的客观要件。选择的客观要件，是指并非为每一个具体犯罪所具备，但为部分具体犯罪所要求的客观要件，如危害结果、特定的手段、特定的时间和特定的地点等。需要指出的是，选择的客观要件不是可有可无的要件，它们在决定某些具体犯罪是否成立的时候，是必不可少的。

三、犯罪客观方面的意义

研究犯罪的客观方面，对正确定罪量刑具有重要意义。

1. 有助于区分罪与非罪的界限

如果不具备犯罪客观方面的要件，就失去了构成犯罪和承担刑事责任的客观基础，其他要件也就无从谈起，更谈不上犯罪。对于一切犯罪来说，危害行为的有无，是区分罪与非罪的重要标志。对于某些犯罪来说，危害结果、特定的行为时间与地点、特定方法（手段）的有无，也是区分罪与非罪的重要标志。例如，公司、企业清算隐匿财产等行为，如果没有发生"严重损害债权人或者其他人利益"的危害结果，不构成《刑法》第162条规定的妨害清算罪；猥亵妇女如果未使用暴力、胁迫等方法，也不构成《刑法》第237条的强制猥亵罪；捕捞水产品的行为若不是在禁渔区、禁渔期或使用禁用的工具、方法实施的，不构成《刑法》第340条的非法捕捞水产品罪。

2. 有助于区分此罪与彼罪的界限

我国刑法中的许多犯罪在客体要件和主体要件上是相同的，在主观方面也是相同或基本相同的，法律之所以把它们规定为不同的犯罪，主要就是犯罪客观方面的要件不同。例如，侵犯财产罪与盗窃罪、诈骗罪、敲诈勒索罪的区别在于侵犯财产罪以非法占有为目的。这也是立法对犯罪客观要件往往要加以具体规定的原因所在。

3. 有助于区分犯罪完成与未完成形态的界限

在有完成形态与未完成形态之分的犯罪中，不同形态的区分，其标准往往也在于犯罪客观要件。例如受贿罪的既遂与未遂，其区分标准就在于行为人是否收受了他人的财物；故意杀人罪的既遂与未遂，其区分标准就在于是否发生了被害人死亡的危害结果。

4. 有助于正确分析和认定犯罪的主观要件

犯罪主观方面支配犯罪客观方面，犯罪客观方面是犯罪主观方面的外部表现即客观化，犯罪意图只有通过犯罪行为才能实现。因此，考察犯罪客观要件，可以为正确判定犯罪主观要件中的罪过、动机、目的等内容，提供可靠的客观基础。

5. 有助于正确量刑

就不同的犯罪而言，有些犯罪之所以规定轻重不同的刑罚，主要是由于其客观方面的要件不同进而影响到它们的社会危害性程度不同，如抢劫罪和抢夺罪就是如此。就同一性质的犯罪而言，刑法对不少犯罪往往把是否具备某种危害结果作为加重处罚的根据。例如，《刑法》第234条的故意伤害罪，就对危害结果是重伤、重伤致死的情况规定了较一般伤害结果更重的刑罚。另外，同一性质犯罪的不同案件，它们所实施的方式、手段以及时间、地点、条件、具体对象等不同，这些不同的客观事实特征，虽然不属于犯罪客观方面的必要要件，对大多数犯罪的定罪并无影响，但对具体案件的危害程度有影响甚至有重要的影响。因此，在量刑时要充分考虑到这些客观情况对犯罪危害程度的影响。

第二节 危害行为

一、危害行为的概念

危害行为虽然只是犯罪构成客观要件的内容之一，但却是整个犯罪构成的核心。任何种类、任何形态犯罪的犯罪构成中，均有危害行为这一要素。我国刑法中的危害行为，是指在人的意志或者意识支配下实施的危害社会的身体动静。这一定义说明，作为犯罪客观要件的危害行为，具有以下三个基本特征。

1. 有体性

危害行为是人的身体活动表现出的动静。人的身体活动，既可以表现为积极的动作，也可以表现为相对的静止，即它可以通过作为的方式实行，也可以通过不作为的方式实行。强调危害行为的有体性，是为了坚决贯彻"对思想不得为非"的做法，即反对"思想犯罪"。言论是人的思想的外在表述，和人的四肢动作不同，一般不被认为是行为，但是，发表言论，如口头发表言论，用笔记录、书写言论，则属于人有意志或有意识的身体活动，如果其具有社会危害性，则符合危害行为的基本特征，可能构成犯罪。例如，用语言教唆他人犯罪，用语言煽动群众暴力抗拒国家法律、行政法规实施的，都可以构成犯罪。

2. 有意性

支配身体动静的有意志或有意识的活动，是危害行为的内在特征，也称为危害行为的有意性特征。我国刑法中危害社会的行为，必须是受人的意志或意识支配的。但是有时人的行为不受自己的意志或意识支配，这些行为在客观上虽然具有一定的社会危害，但由于不能反映行为者的主观心理态度，所以不能作为危害行为。这类无意识或者无意志的行为，主要包括四类：一是人在睡梦中的行为；二是人在精神错乱下的行为；三是人在不可抗力影响下的行为；四是人在身体受到强制时的行为。

案例一中，梁某在梦游状态砍伤好友，案发时处于无意识状态，丧失辨认能力，其行为欠缺有意性，故不属于刑法上的危害行为。

3. 有害性

人的行为必须给社会造成一定危害。危害行为也要体现社会危害性与人身危险性的统一，虽然行为人具有实施危害社会的行为的意图，但如果他的行为没有产生危害社会的后果，甚至不足以产生危害后果，就不具有社会危害性，也不能被当作危害行为。当然，社会危害性的判断标准很多，社会政治、经济现状、文化传统等因素对认定行为是否具有社会危害性具有不同程度的影响。

二、危害行为的表现形式

刑法所规定的危害社会行为，其表现形式多种多样。刑法理论上将形形色色的危害社会的行为归纳为两种基本表现形式，即作为与不作为。

（一）作为

1. 作为的概念

作为，是指行为人以身体活动实施的违反禁止性规范的危害行为。我国刑法中规定的绝大多数犯罪，都可以由作为实施，而且有许多只能以作为形式实施，如抢劫罪、抢夺罪、诈骗罪、贪污罪、强奸罪、诬告陷害罪、脱逃罪等都是如此。作为是危害行为的基本形式之一，它自然具有危害行为的三个基本特征。此外，作为的行为形式还表现为行为人只能是以身体活动来实施，身体的静止不可能实施作为犯罪；作为违反的是禁止性规范，即法律禁止做而去做。例如，用刀砍人而构成的故意杀人罪，行为人的作为就是直接违反了"不得杀人"的禁止性规范。

2. 作为的实施方式

（1）利用自己身体的作为，这是最常见的作为方式。自己的身体活动可以是自己的四肢活动，也可以是自己的五官活动。如大打出手，伤害他人身体；口出秽言，侮辱他人人格；涂改有关文件，扰乱国家管理秩序等。无论身体哪个部位的举动，只要符合上述作为的特点，就是作为的具体实施方式。

（2）利用物质性工具的作为。行为人除了通过自己的身体向危害对象施加物理力或者精神影响之外，还可以借助物质性的工具产生影响，如用毒药致人死亡、用绳索绑人、用枪杀人等，再如用木棍打击一定物品，也可以造成受害人的精神受到压制。随着科学技术的发展，利用网络犯罪更是体现了这种特性。

（3）利用自然力实施的作为。自然力是指水、火、雷、电、风、雨、雪等自然现象。利用自然力进行犯罪的并不少见，如放火、决水等均属此类。利用自然力实施的作为与利用物质性工具实施的作为在性质上基本相同，所不同的，只在于前者利用的东西为自然形式，后者利用的为人工制造的工具。

（4）利用动物实施的作为。例如，利用毒蛇、恶犬伤害或杀害他人。只要行为人以身体活动驱使动物，就是利用动物实施的作为。

（5）利用他人实施的作为。这是指将他人作为工具加以利用而实施的危害行为，其特点在于由他人的身体动作或由他人操纵工具作用于犯罪对象，而他人的活动是由行为人的身体活动引起的，如教唆不满12周岁的人杀人，医生令不知情的护士为病人注射毒药等。

（二）不作为

1. 不作为的概念

不作为是危害行为中与作为相对的另一种表现形式。所谓不作为，是指行为人具有实施某种行为的特定义务，能够履行而不履行的危害行为。不作为和作为的区别，不在于行为人的身体是动还是静，而在于行为人违反了什么样的规范：不作为违反的是命令规范，作为违反的是禁止规范。

不作为也要具备危害行为的三个基本特征。此外，它还有三个特殊的构成条件。

（1）行为人负有实施某种作为的特定义务。这是构成不作为的前提条件。作为的特定义务，是行为人在特定的社会生活中，基于某种特定的社会关系而产生的必须积极实施某种行为的义务。只有在负有特定义务的前提下，行为人才具有作为的可能性，否则就不是不作为的形式。

（2）行为人具有履行特定义务的能力。一般认为，这是不作为成立的重要条件。我们认为，这是特定作为义务形成的实质性前提。行为人如果没有选择自己行为的自由，就不应当承担其后果的责任，即行为人如果没有一定的能力条件，就不应承担一定的法律义务，其行为就不构成不作为。

（3）行为人没有履行作为的特定义务。这是构成不作为的现实条件。"法不强人所难"，只有在行为人具有作为能力，而且也具有作为义务，却没有实施一定的作为的时候，不作为才成立。

2. 不作为的义务来源

行为人负有实施某种行为的特定法律义务即作为义务，是不作为成立的前提条件。之所以称其为特定的"法律义务",在于强调不作为中的特定义务并不包括道德义务等一般社会意义上的义务。但是,不作为的特定法律义务,不仅仅是指法律明文规定的义务,作为义务的根据(来源或种类)包括以下几种。

(1) 法律明文规定的义务。其中的法律,不是仅指刑法,而是指由国家制定或认可并由国家强制力保证其实施的一切行为规范的总和。例如,我国现行宪法及《婚姻法》规定了家庭成员之间有相互扶养的义务,《刑法》第261条也规定,若行为人不履行该义务而遗弃家庭成员,就成立不作为的犯罪。需要说明的是,违反非刑事法律明文规定的义务,并非都构成不作为的义务根据,只有经过刑法认可或要求的,才能视为作为义务的根据。

(2) 职务或业务上要求的义务。在我国,职务或业务要求的义务相当广泛。如值班医生有抢救危重病人的义务,值勤消防队员有消除火患的义务等。严格地讲,职务或业务上要求的义务亦属法律明文规定的义务,因为这类义务效力的根据仍在于法律的规定。但是,职务或业务上要求的义务,以担任相应的职务或从事相应的业务为前提,因而与一般法律明文规定的义务相比,此种义务又有其显著的不同特征。

(3) 在法律上能够产生一定权利义务的行为。若一定的法律行为产生某种特定的积极义务,行为人不履行该义务,以致刑法所保护的社会关系受到侵害或威胁,就可以成立不作为形式的危害行为。例如,受雇为他人照顾小孩的保姆不负责任,见危不救,致使小孩身受重伤,应当承担相应的责任。

(4) 先行行为引起的义务。这种义务是指由于行为人的行为而使刑法所保护的社会关系处于危险状态时,行为人负有以采取有效措施排除危险或防止结果发生的特定义务。若行为人不履行这种义务,就是以不作为的形式实施的危害行为。能够引起此类特定义务的先行行为很多,例如,成年人带小孩去游泳,负有保护小孩安全的义务;交通肇事撞伤人而使被害人有生命危险时,行为人有立即将受伤人送医院救治的义务等。

(5) 自愿承担的某种义务。这是指某项法益处于危险境地时,行为人自愿救助,使法益的保护依赖于行为人时(形成依赖关系),行为人就有继续保护的义务。例如,对路边弃婴视而不见,不构成犯罪,但若抱回家,则有继续救助的义务。

(6) 基于某种场所产生的保护义务。行为人是特定领域的管理者,且对特定领域内的危险具有排他的支配作用。如宾馆房间里顾客突发疾病,宾馆的管理者有救助义务。

案例二中,甲对自己的子女依法有抚养的义务,且有劳动能力,但因自己吸毒玩乐,在明知孩子会饿死的情况下仍不回家照看,属于有能力抚养而不履行法定义务,因此构成不作为的故意杀人罪。

第三节　危害结果

一、危害结果的概念

刑法意义上的危害结果，可以有广义与狭义之分。

所谓广义的危害结果，是指由行为人的危害行为所引起的一切对社会的损害事实，包括危害行为的直接结果和间接结果，也就是属于犯罪构成要件的结果和不属于犯罪构成要件的结果。例如，甲利用药物麻醉强奸乙，乙因精神抑郁不久自杀身亡。这里甲的强奸行为所引起的危害结果即广义的危害结果，包括了性权利被侵犯和被害人自杀这两种结果。其中，被害人因精神抑郁自杀是强奸行为间接造成的，并不属于犯罪构成要件的结果。这两种危害结果都与行为的危害程度有关，因而在处理案件时都应加以考虑。

所谓狭义的危害结果，是指作为犯罪构成要件的结果，通常也就是对直接客体所造成的损害事实。狭义的危害结果是定罪的主要根据之一。上例中，甲利用药物麻醉强奸乙，只能以所发生的狭义危害结果即性权利被侵犯为根据，而被害人的自杀后果是量刑时要考虑的情节。

二、危害结果的种类

为深入理解危害结果的内涵和意义，有必要研究危害结果的种类，从不同角度对其进行分类把握。

（一）犯罪构成要件的结果与非犯罪构成要件的结果

这是以危害结果是否是犯罪构成要件为标准而作的划分。

犯罪构成要件的结果，是指属于犯罪构成要件的危害结果。根据《刑法》第15条以及刑法分则条文的有关规定，过失犯罪均以发生特定的危害结果为构成要件；根据间接故意的基本特征，间接故意犯罪的成立也要求发生特定的危害结果。就过失犯罪和间接故意犯罪而言，如果构成要件结果没有发生，该犯罪便不能成立。

非犯罪构成要件的结果，是指不属于犯罪构成要件的危害结果。这种危害结果发生与否以及轻重如何，并不影响犯罪的成立，只是在行为构成犯罪的基础上影响到行为的社会危害性的大小，进而影响到量刑的轻重。

（二）物质性结果与非物质性结果

这是依据危害结果的现象形态所作的划分。

物质性结果，是指现象形态表现为物质性变化的危害结果。物质性结果一般来说是有形的、可测量确定的，例如致人死亡、重伤，将财物烧毁，等等。

非物质性结果，是指现象形态表现为非物质性变化的危害结果。非物质性结果往往是无形的、不可测量确定的。对个人来说，主要是危害行为对个人的心理造成影响，留下痕迹，如对人格、名誉的损害；对于社会组织来说，则是使其正常的状态、名誉、信用等受到影响。

（三）直接结果与间接结果

这是依据危害结果距离危害行为的远近或危害结果与危害行为的联系形式而对危害结果进行的划分。

直接结果，是指由危害行为直接造成的侵害事实，它与危害行为之间不存在独立的另一现象作为联系的中介。如甲用棍棒打死乙，乙之死亡就是甲打击行为的直接结果。

间接结果，是指由危害行为间接造成的侵害事实，它与危害行为之间存在着独立的另一现象作为联系的中介。如甲侮辱乙后，乙因羞愤而自缢身亡，乙之死亡就是甲侮辱行为的间接结果。

案例三中，盗窃行为致老人财物受损，且因受不了打击而自杀身亡。这两种结果属于广义的危害结果。其中财物损失属于直接结果、犯罪构成要件的结果，老人因此自杀属于间接结果、非犯罪构成要件的结果。

三、危害结果的作用

在刑法中，危害结果对于定罪和量刑都有意义。

（一）危害结果对定罪的影响

1. 区分罪与非罪

如前所述，危害结果包括犯罪构成要件的结果和非犯罪构成要件的结果。有无犯罪构成要件的结果，对于是否存在犯罪的行为是有影响的。如种植毒品原植物的犯罪，不仅要求所种植的植物属于制造毒品的原生植物，还要求这些植物达到一定的数量。再如盗窃罪一般要求盗窃的财物数额较大，故意伤害罪要求伤害的程度属于轻伤以上。

2. 区分此罪与彼罪

我国刑法规定，行为人实施某些基本的犯罪行为，但造成犯罪构成之外的结果的，根据故意实施该结果的行为定罪，而不作为基本犯罪处理。如《刑法》第247条规定，行为人刑讯逼供，如果没有致人伤残、死亡的，构成刑讯逼供罪；如果造成受害人死亡的，则构成故意伤害罪或者故意杀人罪。是否具备特定危害结果，成为区别此罪和彼罪的标准。

3. 区分犯罪的完成形态

在以特定的犯罪结果为基本构成要件的犯罪中，如果行为人的行为没有发生特定的结果，并不是说行为人的行为不构成犯罪，而是说行为人的行为不构成基本形态的犯罪，但可以构成修正形态的犯罪。如在故意杀人罪中，行为人的行为没有使他人死亡，可以构成杀人罪的未遂，也应承担刑事责任。

（二）危害结果对量刑的影响

危害结果的形态和程度，反映了行为人的行为对于社会的危害程度和行为人的人身危险性。如在故意伤害的场合，伤害他人并最终导致他人死亡的情形和仅仅导致他人受到伤害的情形相比较，前者使人的生命权丧失，而后者仅仅使他人的身体健康受到损害，在一般观念看来，人的生命是最宝贵的，所以前种情形的社会危害性更大。再如贪污罪，刑法根据不同的数额设置不同档次的法定刑。因为在贪污罪中，贪污的数额不同，可以说明行为对社会产生的影响不一样，反映出行为人的主观恶性程度。可以说，危害结果是量刑时的一个主要参考因素。

第四节 刑法上的因果关系

一、刑法上的因果关系的概念和特征

刑法上的因果关系，也称为刑法中危害行为和危害结果之间的因果关系，是指危害行为与危害结果之间所发生的引起与被引起的关系。刑法上的因果关系和哲学上的因果关系是个别与普通的关系，刑法上的因果关系具有自己的特殊性。根据这种理解，刑法上的因果关系具有五个方面的特征。

（一）因果关系的客观性

因果关系首先表现出客观的属性。任何事物在运动过程中所发生的因果关系都是客观存在，作为原因的前一现象与作为后果的后一现象都是客观的，不以人们的意志为转移，而且它们之间相互作用、相互联系的方式也是客观存在的。

（二）因果关系的相对性

在客观世界中，各种客观现象都是普遍联系和互相制约的。在这个普遍的联系中，某一现象可以在一对因果链中作为原因，又可以是另一对因果链中的结果；某一危害结果本身也可以是另一对因果关系中的原因。例如在普通公路上，货车由于超速行驶，撞在前面的小车上，小车被撞向路边，将一行人撞伤。小车被撞向路边，是货车超速行驶的结果，也是造成行人受伤的直接原因。所以，小车被撞向路边这一现象对于前一现象来说是结果，而对于后一现象来说是原因。可见，原因和结果在现象的普遍联系中只是相对的，而不是绝对的。

（三）因果关系的时间序列性

因果关系的相对性决定我们在考察它时要注意它的时间序列性。因果关系的时间序列性，就是从发生的时间上看，原因必须发生在前，结果只能在原因之后发生。其时间顺序不能颠倒。例如甲和丙有仇，有次在路上遇到丙，甲借机报复，用木棍打在丙的头上后跑了，丙倒在地上。后来乙路过，也想伤害丙，他走上前对丙踢了一脚，刚好也踢在头上。丙最后被发现死亡。丙的死亡如果发生在乙的行为之后，那么乙的行为和丙的死亡之间有因果关系。如果法医鉴定发现丙其实在被甲打击之后、乙打击之前就已经死亡，那么乙的行为和丙的死亡之间是没有因果关系的。

（四）因果关系的复杂性

现实生活中发生的因果关系是复杂的，很少以一因一果的形式表现出来。因果关系的复杂性主要表现在两个方面。

（1）"一果多因"，即一个结果由多个原因造成。例如甲被单位开除，到酒吧喝酒，因为心情不好，与食客乙发生争吵，争吵中他将乙打伤。在医院里，医生由于疏忽大意，没有使用消毒器械致使乙感染死亡。在这个案件中，有数个因素是乙死亡的原因：假如甲没有被开除，甲也许不会喝酒；甲不喝酒就不会闹事，也不会打乙；甲不打乙，就不用送乙到医院；如果不是医生的疏忽大意，乙不会死亡。在这么多的原因中找出主要原因，就是要确定对结果承担主要刑事责任的原因，这是刑法中考察因果关系的意义。

（2）"一因多果"，即一个原因造成多个结果。例如甲诽谤乙的妻子，造成乙对妻子猜忌，最后将妻子杀死，然后烧毁自家房屋，自己也患上了精神病。在"一因多果"的情形下，首先要考察行为引起的主要结果和次要结果，还要考察直接结果和间接结果。这对于定罪和量刑都有现实意义。

（五）因果关系不排除偶然性

原因和结果之间的因果关系除大量存在的必然联系的因果关系之外，客观上还可能发生偶然联系的因果关系，即偶然因果关系。后者所指的情况是某种行为本身不包含产生某种危害结果的必然性，但是在其发展过程中，偶然又有其他原因加入其中，即偶然地同另一原因的展开过程相交错，由后来介入的这一原因合乎规律地引起了这种危害结果。这种情况下，先行行为与最终的危害结果之间具有偶然的联系，即称为偶然因果关系。

在偶然因果关系中，要考虑介入因素的影响。如果介入因素能阻断先行行为与危害结果的联系，独立地导致危害结果的发生，则先行行为与危害结果不具备因果关系。例如，丙追杀情敌赵某，赵某狂奔逃命。赵某的仇人赫某早就想杀赵某，偶然见赵某慌不择路，在丙尚未赶到时，即向其开枪射击，致赵某死亡。介入因素是赫某的射击行为，此行为独立地导致危害结果的发生，因此丙的行为与赵某的死亡结果也就不存在因果关系。若案例中赵某被追杀慌不择路，不慎从楼梯上摔下摔死。介入因素是赵某慌不择路摔死，显然这个因素单独不可能造成结果发生，必须和先行行为（被追杀）共同导致死亡结果的发生。因此，伤害行为和死亡结果之间存在因果关系。

二、刑法上的因果关系与刑事责任的联系和区别

我国刑法中的犯罪构成是主客观诸要件的统一，具备犯罪构成才能够追究刑事责任。解决了刑法上的因果关系，只是确立了行为人对特定危害结果负刑事责任的客观基础，但不等于解决了其刑事责任问题。要使行为人对自己的行

为造成的危害结果负刑事责任，行为人还必须具备刑事责任能力和主观上的故意或过失。即使具备因果关系，如果行为人缺乏主体要件（故意或过失），仍不能构成犯罪和使其负刑事责任。那种把因果关系与刑事责任混为一谈，认为有因果关系就应负刑事责任的主张是错误的，是客观归罪的观点。

案例四中，乙脾破裂是甲的行为直接导致的，虽然也有介入因素乙自己的原因，即脾肿大异常，但介入因素并不能独立导致危害结果的发生，也就是并不阻断先行行为与危害结果的联系。所以本案中甲的行为与乙的死亡之间具备因果关系。但甲因为欠缺主观罪过，不可能知道也不可能预见到乙的脾脏肿大问题，属于意外事件，故不成立犯罪，不负刑事责任。

第五节　犯罪的其他客观要件

犯罪的其他客观要件，是指犯罪特定的时间、地点、方法（手段）、对象等因素。在某些犯罪中，特定的时间、地点、方法、对象等对定罪量刑有一定影响。

一、时间、地点、方法和对象对定罪的意义

在法律条文把特定的时间、地点、方法和对象等明文规定为某些犯罪构成必备的要件时，这些因素就对某些行为是否构成该种犯罪具有决定性作用，即具有犯罪构成必备要件的意义。例如，《刑法》第 340 条的非法捕捞水产品罪和第 341 条的非法狩猎罪，就把"禁渔期""禁猎期""禁渔区""禁猎区""禁用的工具、方法"等规定为构成这些犯罪必备的条件，因而实施的行为是否具备这些因素，就成为这些案件里区分罪与非罪的重要条件。再如，按照《刑法》第 257 条的规定，只有用暴力方法干涉他人婚姻自由，才构成暴力干涉婚姻自由罪。在这里，是否使用暴力方法干涉他人婚姻自由，就成为区分罪与非罪的标志。

二、时间、地点、方法和对象对量刑的意义

应当指出，虽然对大多数犯罪来说，犯罪的时间、地点、方法、对象等因素不是犯罪构成的要件，但是这些因素往往影响到犯罪行为本身社会危害程度

的大小,因而考察它们对于正确量刑也有重要意义。以故意杀人罪为例,虽然时间、地点、方法、对象等因素并不影响犯罪的成立即定罪问题,但是,战时、社会治安状况不好时期与正常时期相比,公共场合、要害部门内、单位内与偏僻地区相比,肢解、碎尸、活埋、活活打死、采用技术手段杀人等方法与一刀杀死、一枪打死的方法相比,前者的社会危害性显然大于后者,因而对适用刑罚的轻重也应有一定的影响。此外,在刑法规范中,有的犯罪法条则是直接而明确地把特定的方法、地点作为加重刑罚的条件。如《刑法》第237条规定,聚众或者在公共场所当众强制猥亵妇女、侮辱妇女的,应从重处罚。

每章一练

一、单项选择题

1. 犯罪行为归纳起来，可以分为两种基本形式，即（　　）。
   A. 故意行为与过失行为
   B. 实行行为与非实行行为
   C. 作为与不作为
   D. 明知行为与不明知行为

2. 只能由不作为形式构成的犯罪有（　　）。
   A. 遗弃罪
   B. 故意伤害罪
   C. 破坏电力设备罪
   D. 抢夺罪

3. 构成不作为犯罪的有（　　）。
   A. 甲到湖中游泳，见武某也在游泳。武某突然腿抽筋，向唯一在场的甲呼救。甲未予理睬，武某溺亡
   B. 乙拒绝周某求爱，周某说："如不答应，我就跳河自杀。"乙明知周某可能跳河，仍不同意。周某跳河后，乙未呼救，周某溺亡
   C. 丙与贺某到水库游泳。丙为显示泳技，将不善游泳的贺某拉到深水区教其游泳。贺某忽然沉没，丙有点害怕，忙游上岸，贺某溺亡
   D. 丁邀秦某到风景区漂流，在漂流筏转弯时，秦某的安全带突然松开致其摔落河中。丁未下河救人，秦某溺亡

4. 关于因果关系，错误的说法是（　　）。
   A. 甲将被害人衣服点燃，被害人因跳河灭火而溺亡。甲的行为与被害人死亡具有因果关系
   B. 乙在被害人住宅放火，被害人为救婴儿冲入住宅内被烧死。乙的行为与被害人死亡具有因果关系
   C. 丙在高速路上将被害人推下车，导致被害人被后面车辆轧死。丙的行为与被害人死亡具有因果关系
   D. 丁毁坏被害人面容，被害人感觉无法见人而自杀。丁的行为与被害人死亡具有因果关系

5. 属于犯罪构成必要性要件的是（　　）。
   A. 犯罪地点

B. 犯罪时间

C. 犯罪行为

D. 犯罪方法

二、多项选择题

1. 犯罪构成客观方面的要件包括（　　）。

    A. 危害行为

    B. 犯罪时间和地点

    C. 危害结果

    D. 危害行为与危害结果的因果关系

2. 下列犯罪中，以犯罪的时间或者地点作为犯罪构成必要要件的犯罪有（　　）。

    A. 非法采矿罪

    B. 非法捕捞水产品罪

    C. 非法狩猎罪

    D. 非法收购盗伐、滥伐的林木罪

3. 下列行为中，不属于刑法意义上的危害行为的是（　　）。

    A. 人在睡梦中的举动

    B. 人的下意识动作

    C. 精神受到强制下的行为

    D. 人在身体受到强制下的行为

4. 构成不作为犯罪，必须具备的条件有（　　）。

    A. 行为人负有实施特定积极行为的法律性质的义务

    B. 有条件和履行义务的可能性

    C. 行为人不履行特定义务

    D. 严重过失

5. 不作为犯罪要求的特定义务是指（　　）。

    A. 道德义务

    B. 法律规定的义务

    C. 职务上或业务上要求的义务

    D. 因行为人先行行为引起的义务

第七章

犯 罪 主 体

◆ 知识目标

1. 掌握刑事责任年龄的概念及刑事责任年龄阶段的划分。
2. 掌握已满14周岁不满16周岁的人应当负刑事责任的范围。
3. 掌握刑事责任能力的概念和内容。
4. 掌握我国刑法对未成年人犯罪、老年人犯罪、犯罪的孕妇的从宽处罚原则的内容。
5. 掌握单位犯罪的特征和处罚原则。

◆ 能力目标

1. 在具体案件中根据刑事责任能力相关内容对行为人的刑事责任能力作出正确判断。
2. 在具体案件中正确区分自然人犯罪与单位犯罪。

◆ 案例导入

【案例一】

张某，女，2006年5月8日出生，系某中学学生。2020年6月20日，张某由学校放学回家，其同学乙骑自行车从后驶来。张某想和乙开个玩笑，就趁乙骑到自己身边时，将一根绳子扔进乙自行车的后轮，结果由于车轮被缠绕，同学乙的自行车倒地，乙从自行车上摔下，头部撞地，当即昏迷。张某立即赶往就近的医院求救，但因乙后脑受外部强力震动致脑颅损伤，抢救无效死亡。

问：对张某应如何处理？

【案例二】

李某患抑郁症欲自杀，但无自杀勇气。某晚，李某用事前准备好的刀猛刺路人乙胸部，导致乙当场死亡。随后，李某向司法机关自首，要求司法机关判处其死刑立即执行。

问：对于李某的责任能力应如何认定？

【案例三】

某孤儿院为单位谋取福利，分两次将38名孤儿交给国外从事孤儿收养的中介组织，共收取80余万美元的"中介费""劳务费"，该款全部用于孤儿院的公共支出和院区建设。

问：本案是否属于单位犯罪？

第一节 犯罪主体概述

一、犯罪主体的概念

我国刑法中的犯罪主体，是指实施危害社会的行为并依法应负刑事责任的自然人和单位。其中，自然人主体是我国刑法中最基本、具有普遍意义的犯罪主体；单位主体在我国刑法中有其特殊性，不具有普遍意义，后续将设专节加以阐述。

我国刑法中的自然人犯罪主体，是指具备刑事责任能力，实施危害社会的行为并且依法应负刑事责任的自然人。

我国刑法中的自然人犯罪主体的共同要件有两个。

（1）犯罪主体必须是自然人。所谓自然人，是指有生命存在的人类独立的个体。自然人的人格即资格，始于人的出生，终于人的死亡。犯罪主体只能是有生命的人而不能是人类以外的物。如果人利用动物实施其犯罪意图，犯罪主体应为利用者本人，动物只是利用者的犯罪工具。

（2）犯罪主体必须具备刑事责任能力。刑事责任能力是人辨认和控制自己行为的能力。刑事责任能力不是任何有生命的自然人都具备的，其受到自然人的年龄和精神状况等多种因素的制约与影响。因此，只有那些达到一定年龄、精神正常因而具备刑事责任能力的自然人，才能够成为犯罪的主体。刑事责任能力是犯罪主体的核心和关键要件。

二、犯罪主体的意义

（一）犯罪主体的定罪意义

犯罪主体是犯罪构成必备的条件之一。任何犯罪都有主体，即任何犯罪都有犯罪行为的实施者和刑事责任的承担者。犯罪主体需要具备一定的条件，并非任何人实施了刑法所禁止的危害社会的行为，都能构成犯罪并承担刑事责任。一方面，只有具备法律所要求的犯罪主体条件的人，才能构成犯罪并被追究刑事责任，不符合犯罪主体条件的人，虽然实施了刑法所禁止的危害社会的行为，也不构成犯罪，不负刑事责任。另一方面，不符合特殊主体条件的人，不能构成特殊主体的犯罪。犯罪主体条件的具备，是行为人具备犯罪主观要件的前提，也是对犯罪人适用刑罚能够达到刑罚目的的基础。因此，关于刑事责任年龄的规定、关于无刑事责任能力的规定、关于某些犯罪人应具备的特殊身份要件的规定等，对于正确认定犯罪、划清罪与非罪以及应否追究刑事责任的界限，具有相当重要的作用。

（二）犯罪主体的量刑意义

犯罪主体除具有区分罪与非罪、此罪与彼罪以及应否追究刑事责任界限的意义外，还会影响到量刑。这是因为，在具备犯罪主体要件的同样情况下，犯罪主体的具体情况也可能不同，而不同的具体情况又影响到刑事责任的大小程度。例如，《刑法》第17条第4款规定，已满12周岁不满18周岁的依照前三款规定追究刑事责任的人，应当从轻或者减轻处罚；第18条第3款规定，尚未完全丧失辨认或者控制自己行为能力的精神病人犯罪的，可以从轻或者减轻处罚；第19条规定，又聋又哑的人或者盲人犯罪，可以从轻、减轻或者免除处罚。又如《刑法》第243条第1款规定了诬告陷害罪，其第2款规定国家机关工作人员犯前款罪的，从重处罚。

第二节　刑事责任能力

一、刑事责任能力的概念

刑事责任能力，是指行为人构成犯罪和承担刑事责任所必需的、行为人具备的刑法意义上辨认和控制自己行为的能力。简言之，刑事责任能力就是行为人辨认和控制自己行为的能力。

在我国刑法立法和刑法理论看来，刑事责任能力是行为人行为时犯罪能力与承担刑事责任能力的统一，是其辨认行为能力与控制行为能力的统一。一般说来，当人达到一定的年龄之后，智力发育正常，就自然具备了这种能力。当然，这种能力可能因年龄原因或精神状况、生理功能缺陷的原因而不具备、丧失或者减弱。具备刑事责任能力者可以成为犯罪主体并被追究刑事责任；不具备刑事责任能力者即使实施了客观上危害社会的行为，也不能成为犯罪主体，不能被追究刑事责任；刑事责任能力减弱者，其刑事责任也相应地适当减轻。刑事责任能力作为犯罪主体的核心和关键要件，对于犯罪主体的成立与否以及行为人的定罪量刑，具有至关重要的作用和意义。

二、刑事责任能力的内容

刑事责任能力的内容,是指行为人对自己行为所具备的刑法意义上的辨认能力与控制能力。

刑事责任能力中的辨认能力,是指行为人对于事物性质的判别能力,即行为人具备对自己的行为在刑法上的意义、性质、后果的分辨认识能力。刑事责任能力中的控制能力,是指行为人对于自己行为的支配能力,即行为人具备决定自己是否以行为触犯刑法的能力。例如,达到一定年龄且精神正常的人,都有能力认识到自己若实施杀人、放火、强奸、抢劫、盗窃行为是要为刑法所禁止、所制裁的,都有能力选择和决定自己是否实施这些触犯刑法的行为。

刑事责任能力中,辨认能力与控制能力之间存在有机联系。辨认能力是前提,只有正确地对事物性质,尤其是事物的法律性质作出判断,才能有效地控制自己的行为,使之合乎法律规定。对于刑事责任能力的成立来说,辨认能力与控制能力缺一不可。这两种能力可能因精神障碍而丧失,同时也会因达到一定年龄而获得,所以,未成年人的责任能力涉及的是年龄与责任能力的关系问题,精神病人的责任能力涉及的是特殊疾病是否影响个人的认识、控制能力问题。

三、刑事责任能力的程度

根据人的年龄、精神状况等因素影响刑事责任能力有无和大小的实际情况,当代各国刑法和刑法理论一般都对刑事责任能力采取三分法或四分法。三分法即将刑事责任能力区分为完全刑事责任能力、完全无刑事责任能力以及处于中间状态的减轻刑事责任能力三种情况;四分法是除上述三种情况外,还有相对无刑事责任能力的情况。无论是三分法还是四分法,都承认在刑事责任能力的有无之间存在着减轻刑事责任能力的中间状态的情况。

(一)完全刑事责任能力

完全刑事责任能力,简称刑事责任能力或责任能力,其概念和内容在各国刑法立法中一般未予规定,而是由刑法理论部门和司法实务部门结合刑法立法中关于责任能力和限定责任能力的规定来加以明确和确认。从外延看,凡不属刑法规定的无刑事责任能力人及限定刑事责任能力人的,皆属完全刑事责任能力人。例如,我国刑法规定,凡年满16周岁、精神和生理功能健全、智力与知识发展正常的人，都应对所有犯罪行为承担刑事责任。当然，如果行为人犯罪时年龄未达18周岁，应当在处罚的时候从宽处理。

（二）完全无刑事责任能力

完全无刑事责任能力，简称完全无责任能力或无责任能力，是指行为人没有刑法意义上的辨认或者控制自己行为的能力。根据现代刑法立法的规定，完全无刑事责任能力人一般是两类人：一是未达责任年龄的幼年人；二是因精神疾病而不具备或丧失刑法所要求的辨认或控制自己行为能力的人。例如，《刑法》第17条、第18条规定的完全无刑事责任能力人，为不满12周岁的人和行为时因精神疾病而不能辨认或者不能控制自己行为的人。

（三）相对无刑事责任能力

相对无刑事责任能力，也可称为相对有刑事责任能力，是指行为人仅限于对刑法所明确限定的某些严重犯罪具有刑事责任能力，而对未明确限定的其他犯罪行为无刑事责任能力的情况。从设立这一责任能力层次的刑法立法看，这种相对无刑事责任能力人都是已超过完全无刑事责任能力的年龄但又未达到成年的一定年龄段的未成年人。例如，《刑法》第17条第2、3款规定的已满12周岁不满16周岁的人即属此。

（四）减轻刑事责任能力

减轻刑事责任能力，又称限定刑事责任能力、限制刑事责任能力、部分刑事责任能力，是完全刑事责任能力和完全无刑事责任能力的中间状态，是指因年龄、精神状况、生理功能缺陷等原因，而使行为人实施刑法所禁止的危害行为时，虽然具有责任能力，但其辨认或者控制自己行为的能力较完全刑事责任能力有一定程度的减弱、降低的情况。在当代各国刑法中，较为普遍地规定有减轻刑事责任能力的人，其外延主要是达到一定年龄的未成年人、聋哑人、盲人、因精神病而致辨认或控制行为能力有所减弱的精神障碍人。各国刑法一般都认为，限制刑事责任能力人实施刑法所禁止的危害行为的，构成犯罪，应负刑事责任，但是其刑事责任因其责任能力的减弱而有所减轻，应当或者可以从宽处罚或免予处罚。《刑法》第17条、第18条、第19条规定的属于或可能属于限制责任能力人的有四种情况：① 已满12周岁不满18周岁的未成年人因其年龄因素的影响而不具备完全的刑事责任能力；② 又聋又哑的人因其听能、语能缺失的影响而可能不具备完全的刑事责任能力；③ 盲人因其视能缺失的影响也可能不具备完全的刑事责任能力；④ 尚未完全丧失辨认或者控制自己行为能力的精神病人因其精神疾病的影响而可能不具备完全的刑事责任能力。

第三节　与刑事责任能力有关的因素

一、刑事责任年龄

刑事责任年龄，是指法律所规定的行为人对自己的犯罪行为负刑事责任必须达到的年龄。确定刑事责任年龄，就是从年龄上规定一个负刑事责任的范围，这主要与一个国家的刑事政策有关。

我国刑法对刑事责任年龄的规定，适当参考了国际上的立法例，重点考虑了我国青少年的身心发展状况、文化教育发展水平和智力发展程度的实际情况。我国历来十分关心青少年的健康成长，对其实施的错误或者危害行为，一贯坚持以教育为主、惩罚为辅的方针，着重于教育、改造、挽救。即使对极少数非惩罚不可者进行了惩罚，最终目的也还是教育。不满14周岁的少年儿童，身心发育尚未成熟，还未具备必要的辨别是非善恶的能力，虽然也有可能作出某种危害社会的事情，但这主要是年幼无知的表现，应当加强教育，不宜追究刑事责任，因比，我国刑法长期以来将最低刑事责任年龄限定为14周岁。但《刑法修正案（十一）》对此作了有限制、有条件的微调，使已满12周岁不满14周岁的人对其所实施的特定暴力犯罪需要承担刑事责任。已满14周岁不满16周岁的少年，已有一定的认识能力，但他们毕竟年龄还小，因此，对他们负刑事责任的范围加以严格控制，是必要的和适当的。已满16周岁的人，体力和智力已有相当的发展，具有一定的社会知识和分辨是非善恶的能力，因此，应当要求他们对一切犯罪行为负刑事责任。

（一）完全无刑事责任能力年龄——不满12周岁

《刑法》第17条规定，不满12周岁，是完全不负刑事责任年龄阶段。此年龄阶段的人不管实施何种危害社会的行为，都不负刑事责任。

按照客观的违法性论，不满12周岁的人实施的杀人行为属于违法行为，可以对其进行正当防卫，但需慎重处理，不宜采取过激的防卫行为；不满12周岁的人和他人可能成立共同犯罪，但不满12周岁的人由于未达到刑事法定年龄，不负刑事责任，即不成立犯罪。

（二）相对负刑事责任年龄——已满 12 周岁不满 16 周岁

1. 已满 14 周岁不满 16 周岁

已满 14 周岁不满 16 周岁的人，犯故意杀人、故意伤害致人重伤或者死亡、强奸、抢劫、贩卖毒品、放火、爆炸、投放危险物质的，应当负刑事责任。这里的"犯故意杀人、故意伤害致人重伤或者死亡、强奸、抢劫、贩卖毒品、放火、爆炸、投放危险物质罪"，不是指具体罪名，而是指实施这八种具体犯罪行为。例如，已满 14 周岁不满 16 周岁的人，绑架他人，并杀害被绑架人的，或者在拐卖妇女、儿童过程中故意杀害被害人的，都应当对行为人直接以故意杀人罪论处。根据《最高人民法院关于审理未成年人刑事案件具体应用法律若干问题的解释》第 10 条第 1 款的规定，已满 14 周岁不满 16 周岁的人盗窃、诈骗、抢夺他人财物，为窝藏赃物、抗拒抓捕或者毁灭罪证，当场使用暴力，故意伤害致人重伤或者死亡，或者故意杀人的，应当分别以故意伤害罪或者故意杀人罪定罪处罚。

已满 14 周岁不满 16 周岁的人能够成立的诸种犯罪，都是故意犯罪，不包括过失犯罪。如案例一中，因为张某是和同学乙开玩笑，没有伤害的故意，因过失行为导致他人死亡，且其年龄只有 14 周岁，所以对张某就不应作犯罪处理。

此外，还需要注意，按照罪刑法定原则的要求，已满 14 周岁不满 16 周岁的人实施刑法明确列举的 8 种行为以外的其他侵害行为的，即使社会危害性很大，也不能追究其刑事责任。例如，已满 14 周岁不满 16 周岁的人决水的，其社会危害性不低于放火、爆炸和投放危险物质罪的社会危害性；已满 14 周岁不满 16 周岁的人制造或者运输毒品的，其社会危害性不低于贩卖毒品罪的社会危害性，但是，都不能作为犯罪处理。又如，已满 14 周岁不满 16 周岁的甲伙同乙（20 周岁）绑架人质并"撕票"的，甲构成故意杀人罪，乙构成绑架罪，二人成立共同犯罪；如果甲、乙在得到赎金后释放人质的，或者因过失导致人质死亡的，甲都无罪，而只对乙追究绑架罪的刑事责任。

2. 已满 12 周岁不满 14 周岁

已满 12 周岁不满 14 周岁的人，犯故意杀人、故意伤害罪且符合必要条件的，应当负刑事责任。其基本要求是：第一，对行为人所实施的行为最终能够定故意杀人、故意伤害罪。例如，已满 12 周岁不满 14 周岁的人在强奸、抢劫等严重暴力犯罪过程中故意杀人的，在既遂的情况下，可依法适用故意杀人罪。第二，危害结果是致人死亡，或者以特别残忍手段致人重伤造成严重残疾。

第三，主客观方面综合评价为故意且情节恶劣。第四，在程序上要求经最高人民检察院核准追诉，再由人民法院根据事实和法律依法作出判决。

《刑法》第17条第5款规定，因不满16周岁不予刑事处罚的，责令其父母或者其他监护人加以管教；在必要的时候，依法进行专门矫治教育。对于专门矫治教育，《刑法》只作原则规定，其具体适用对象、条件、程序、场所、执行措施等，应当按照《预防未成年人犯罪法》的有关规定执行。《预防未成年人犯罪法》第45条规定：未成年人实施刑法规定的行为、因不满法定刑事责任年龄不予刑事处罚的，经专门教育指导委员会评估同意，教育行政部门会同公安机关可以决定对其进行专门矫治教育。省级人民政府应当结合本地的实际情况，至少确定一所专门学校按照分校区、分班级等方式设置专门场所，对前款规定的未成年人进行专门矫治教育。前款规定的专门场所实行闭环管理，公安机关、司法行政部门负责未成年人的矫治工作，教育行政部门承担未成年人的教育工作。

（三）完全负刑事责任年龄——年满16周岁

由于已满16周岁的未成年人的体力和智力已有相当的发展，具有了一定的社会知识，是非观念和法制观念的增长已经达到一定的程度，一般已能够根据国家法律和社会道德规范的要求来约束自己，因而他们已经具备了基本的刑法意义上辨认和控制自己行为的能力。因此，《刑法》第17条第1款规定，已满16周岁的人犯罪，应当负刑事责任。

考虑到未成年人的体力、智力发育还未完全成熟，控制自己和辨别是非的能力还不够强，比成年人更易受环境的影响；同时未成年人本身各方面发展尚未定型，可塑性较大，比成年人更易接受改造。因此，《刑法》第17条第4款规定：已满12周岁未满18周岁的，应当从轻或者减轻处罚。这一规定中的"应当"，应理解为"必须""一律"，不允许有例外，即凡是未成年人犯罪都必须予以从宽处罚。从宽处罚是相对于成年人犯罪而言的，即在犯罪性质和其他犯罪情节相同或基本相同的情况下，对未成年人犯罪要比照对成年人犯罪的处罚予以从轻或减轻处罚。

另外，基于老年人身心发展的特点，《刑法》第17条之一规定：已满75周岁的人故意犯罪的，可以从轻或者减轻处罚；过失犯罪的，应当从轻或者减轻处罚。故意犯罪的"可以从轻或者减轻处罚"，是指要根据老年人犯罪的具体情况，决定是否从轻或者减轻处罚，而不是一律必须从轻或者减轻处罚。即原则上，一般情况下要从轻或者减轻处罚，但也允许具有特别恶劣、严重情节的不予以从轻或者减轻处罚。过失犯罪的"应当从轻或者减轻处罚"，是指一律予以从轻或者减轻处罚,至于是从轻处罚还是减轻处罚,则需要结合案件的具体情况来决定。

关于刑事责任年龄,有以下问题需要注意。

(1) 年龄的计算。刑法所规定的年龄,是指实足年龄,不是指虚岁。实足年龄以日计算,并且按照公历的年、月、日计算。例如,已满14周岁,是指过了14周岁生日,从第二天起,才是已满14周岁。

(2) 行为跨年龄段的处理。对于不满14周岁实施危害行为,一直延续到成年时期的,只能追究其达到年龄阶段以后的行为的责任。行为人已满16周岁后实施了危害社会的行为,在已满14周岁不满16周岁期间也实施过同样的行为,如果行为属于《刑法》第17条第2款所规定的8种犯罪行为的,应一并追究,否则,只能追究已满16周岁以后实施的行为。

(3) 年龄计算的基准。在行为实施和结果发生有较长的时间间隔的场合,需要讨论按照行为时还是按照结果发生时计算年龄的问题。例如,行为人实施伤害行为时差一天满14周岁,发生死亡结果时已满14周岁的,是否可以根据《刑法》第17条第2款追究其刑事责任?比较合理的见解是:对年龄应以行为发生时为基准进行判断。理由在于:犯罪是表现于外的行为,责任能力是辨认、控制自己所实施的行为的能力,所以,辨认、控制能力必须是行为当时的能力。当然,如果行为人实施一定身体动作以后,具有防止结果发生的义务,就应根据不作为犯罪的发生时间计算年龄。例如,甲在14周岁生日当天(未满14周岁)点燃了一支蜡烛,第二天凌晨(满了14周岁)发现蜡烛没有放稳,放任火灾发生的,成立不作为犯的放火罪。《刑法》对其处罚的依据不是因为其点燃了蜡烛,而是因为其在年满14周岁后,不消除危险隐患,放任火灾的发生。

二、精神障碍

刑事责任能力是辨认能力与控制能力,它与个人的精神状况直接相关。

要根据行为人的精神状况,判断刑事责任能力的有无,就必须借助生物学标准和心理学标准。生物学标准,是指以患者是否具有精神障碍作为判定行为人责任能力的标准。心理学标准,是指以是否具有辨别是非、控制自己行为的能力作为判定行为人是否具有刑事责任能力的标准。

当今世界各国,大多兼采生物学标准和心理学标准,称为混合标准。混合标准的内容为:行为人不仅必须患有《刑法》所规定的精神障碍,而且其所患精神疾病必须引起法定的心理状态或心理结果,方可被判定为无刑事责任能力或限制刑事责任能力。当然,以混合标准判断个人的刑事责任能力,必须对影响刑事责任能力的精神病作广义的理解，其不仅包括精神分裂症、癫痫病等，也包括一时的精神错乱、由于突发性的受惊而引起的反应性精神病，还包括痴呆症、夜游症、病理性醉酒等。

《刑法》第18条第1款规定，精神病人在不能辨认或者不能控制自己行为的时候造成危害结果，经法定程序鉴定确认的，不负刑事责任，但是应当责令他的家属或者监护人严加看管和医疗；在必要的时候，由政府强制医疗。这是对"绝对无刑事责任能力"的规定。该条第2款规定，间歇性的精神病人在精神正常的时候犯罪，应当负刑事责任。这是对"绝对有刑事责任能力"的规定。如案例二，虽然李某患有抑郁症，但抑郁症对其辨认、控制能力没有任何影响，因此李某具有责任能力，应当承担故意杀人罪的责任。

《刑法》第18条第3款规定，尚未完全丧失辨认或者控制自己行为能力的精神病人犯罪的，应当负刑事责任，但是可以从轻或者减轻处罚。这里的"尚未完全丧失辨认或者控制自己行为能力的精神病人"，就是指有限制刑事责任能力的精神病人，他们辨别是非的能力、控制自己行为的能力由于精神障碍都显著降低，所以有从轻或减轻刑罚的必要。

三、醉酒的人、生理缺陷的人的责任能力

（一）生理性醉酒——应当承担刑事责任（不能从轻、减轻处罚）

生理醉酒，又称普通醉酒、单纯性醉酒，简称醉酒，是通常最多见的一种急性酒精中毒，多发生于一次性大量饮酒后。指因饮酒过量而致精神过度兴奋甚至神志不清的情况。生理性醉酒之所以需要承担刑事责任，其理由在于，是否喝酒、醉酒，行为人在精神正常的情况下是可以自由选择的。我国刑法及司法解释对于生理性醉酒的人，并没有规定从宽处理，相反，醉酒后实施特定的行为，还是作为认定犯罪的依据。例如，《刑法》第133条之一规定，醉酒驾驶机动车的，应承担危险驾驶罪的刑事责任。又如，根据《最高人民法院关于审理交通肇事刑事案件具体应用法律若干问题的解释》规定："……交通肇事致一人以上重伤，负事故全部或者主要责任，并具有下列情形之一的，以交通肇事罪定罪处罚：（一）酒后、吸食毒品后驾驶机动车辆的……"根据这一规定，交通肇事仅造成一人重伤的，不承担刑事责任，但行为人具有酒后驾驶这一情节的，应承担交通肇事罪的刑事责任。

（二）病理性醉酒——原则上不承担刑事责任

病理性醉酒，是指所饮不足以使一般人发生醉酒的酒量而出现明显的行为

和心理改变，在饮酒时或其后不久突然出现激越、冲动、暴怒、攻击或破坏行为。发作时有意识障碍，亦可出现错觉、幻觉和片段妄想。发作持续时间不长，至多数小时，常以深睡结束发作。醒后对发作过程不能回忆。病理性醉酒极为少见，可能与患者的身体素质或原有脑损害如外伤后遗症、癫痫、脑动脉硬化等引起大脑不能耐受酒精有关。

对于病理性醉酒，原则上视同精神病人，不承担刑事责任。但如果行为人在得知了自己有病理性醉酒的历史，预见到自己饮酒后会实施攻击行为，造成自伤或伤人后果的情况下，故意饮酒造成结果，或者由于饮酒过失导致结果发生的，则应当承担责任。

（三）生理缺陷的人的刑事责任

《刑法》第19条规定，又聋又哑的人或者盲人犯罪的，可以从轻、减轻或者免除处罚。又聋又哑的人或者盲人不是无责任能力的人，他们犯了罪，理应负刑事责任，但因其生理上有缺陷，在智力、体力等方面与身体健全者存在差异，同时也是出于人道主义的考虑，所以不宜处罚过重。这种生理缺陷既包括先天的，也包括后天的。在具体处理时，要综合考虑其接受教育的程度和智力发展水平等情况。如果在特定犯罪中，这些生理缺陷特征并不影响其辨认与控制能力，则不需要从宽处罚。例如，甲系聋哑人，某日，与室友乙产生矛盾，拿起板凳将室友乙当场砸死。此种情形下，甲对自己的行为有辨认能力，知道自己在干什么；同时，甲有控制能力，可以决定是否砸乙。甲在有辨认、控制能力的情况下实施了犯罪行为，当然是完全刑事责任能力人，不需要从宽处理。

第四节 犯罪主体的特殊身份（特殊主体）

一、犯罪主体特殊身份的概念

身份是指人的出身、地位和资格，即人在一定的社会关系中的地位，因而人人皆有其身份。所谓犯罪主体的特殊身份，是指刑法所规定的影响行为人刑事责任的行为人人身方面特定的资格、地位或状态。如国家机关工作人员、司法工作人员、军人、辩护人、诉讼代理人、证人、依法被关押的罪犯、男女、亲属等。这些特殊身份不是自然人犯罪主体的一般要件，而只是某些犯罪的自然人主体必须具备的要件。

以主体是否要求必须具备特定身份为标准，自然人犯罪主体分为一般主体与特殊主体。刑法不要求以特殊身份作为要件的主体，称为一般主体；刑法要求以特殊身份作为要件的主体，称为特殊主体。

在刑法理论上，通常还将以特殊身份作为主体构成要件或者刑罚加减根据的犯罪称为身份犯。身份犯可以分为真正（纯正）身份犯与不真正（不纯正）身份犯。真正（纯正）身份犯，是指以特殊身份作为主体要件，无此特殊身份该犯罪则根本不可成立的犯罪。例如，国家工作人员是贪污罪的必备身份。不真正（不纯正）身份犯，是指特殊身份不影响定罪但影响量刑的犯罪。在这种情况下，如果行为人不具有特殊身份，犯罪也成立；如果行为人具有这种身份，则刑罚的科处就比不具有这种身份的人要重或轻一些。例如，《刑法》第238条规定，国家机关工作人员利用职权实施非法拘禁行为的，从重处罚。这一身份是影响量刑的身份，无国家机关工作人员身份的人，即便与国家机关工作人员共同实施非法拘禁行为，也不需要从重处罚。

正确理解犯罪主体特殊身份的含义，还应当注意以下几个问题。

（1）行为人开始实施犯罪行为之前就已经具有的特殊资格或已经形成的特殊地位或者状态。例如，构成贪污罪，要求犯罪分子在实施行为之前就具有特殊身份——国家工作人员。但是，因为实施犯罪才在犯罪活动或者犯罪组织中形成的特殊地位（如首要分子），就不是特殊身份。

（2）特殊身份是行为人在人身方面的特殊资格、地位或状态，并具有一定的持续性。因此，特定犯罪目的与动机等心理状态，不宜归入特殊身份。

（3）特殊身份总是与一定的犯罪行为密切联系的，与犯罪行为没有联系的资格等情况，不是特殊身份。例如，在叛逃罪中，国籍以及是否为国家工作人员与犯罪行为有密切联系，属于特殊身份。但在盗窃罪中，国籍以及是否为国家工作人员与犯罪行为没有密切联系，因而不是特殊身份。

（4）特殊身份既可能是终身具有的身份（如性别），也可能是一定时期或临时具有的身份（如国家工作人员），这取决于身份的类型与刑法的规定。

（5）特殊身份既可能是由于出生等事实关系所形成的身份，如男女、亲属关系；也可能是由于法律规定所形成的身份，如证人、依法被关押的罪犯；还可能是同时由于事实关系与法律规定所形成的身份，如对于年老、年幼、患病或者其他没有独立生活能力的人负有扶养义务的人（遗弃罪的主体）。

二、犯罪主体特殊身份的类型

犯罪主体的特殊身份，从不同角度可有不同的分类。主要有以下两种分类。

（一）自然身份与法定身份

从形成方式上加以区分，犯罪主体的特殊身份可以分为自然身份与法定身份。

所谓自然身份，是指人因自然因素所赋予而形成的身份。例如，基于性别形成的事实可有男女之分、基于血缘的事实可形成亲属身份。所谓法定身份，是指人基于法律所赋予而形成的身份，如军人、国家机关工作人员、司法工作人员、在押罪犯等。

自然身份和法定身份要成为犯罪主体的特殊身份，一般需要由刑法予以明确规定。这种分类的意义，并不在于直接说明犯罪主体特殊身份与刑事责任的关系，而在于通过对犯罪主体特殊身份的了解，进而准确深刻地把握刑法设立此项规定的原义，这无疑会有助于正确地适用法律。例如，国家工作人员是一种法定身份，具有国家工作人员身份者总是由法律赋予一定的职责即权利和义务，我国现行刑法把国家工作人员规定为受贿罪主体的特殊身份条件，不是为了惩罚国家工作人员收受他人财物的任何行为，而只是为了惩罚与其职责相联系而违反其职责的收受他人财物的行为。

（二）定罪身份与量刑身份

这是根据犯罪主体的特殊身份对行为人刑事责任影响性质和方式所作的划分。

定罪身份，即决定刑事责任存在的身份，又称为犯罪构成要件的身份，即行为人只有具备这种特殊身份，才能构成犯罪。定罪身份只是针对犯罪的实行犯而言，至于教唆犯与帮助犯，则不受特殊身份的限制。例如无身份者，可以教唆国家工作人员实施贪污罪，进而构成贪污罪的共犯。

量刑身份，即影响刑事责任程度的身份，又称为影响刑罚轻重的身份，是指按照刑法的规定，此种身份的存在与否虽然不影响刑事责任的存否，但影响刑事责任的大小，其在量刑上，表现为是从重、从轻、减轻甚至免除处罚的根据。例如，国家机关工作人员犯诬告陷害罪的，从重处罚。

三、特殊身份群体的刑事案件处理

（一）未成年犯罪人的处理

考虑到未成年人由其生理和心理特点所决定，既有容易被影响、被引诱走上犯罪道路的一面，又有可塑性大、容易接受教育和改造的一面，因此，从我国适用刑罚的根本目的出发并针对未成年违法犯罪人的特点，刑法在刑事责任年龄制度之外，还对未成年人犯罪规定了以下特殊处理原则和措施。

（1）从宽处理的原则。《刑法》第 17 条第 4 款规定，已满 12 周岁不满 18 周岁的人犯罪，应当从轻或者减轻处罚。这是我国刑法对未成年人犯罪从宽处罚原则的规定。这一原则是基于未成年犯罪人刑事责任能力不完备的特点而确立的，反映了罪责刑相适应原则以及刑罚目的的要求。

（2）不适用死刑的原则。《刑法》第 49 条规定，犯罪的时候不满 18 周岁的人不适用死刑。对未满 18 周岁的未成年人禁用死刑，这是一条刚性要求，不允许有任何例外。同时，这里所说的"不满 18 周岁"是指犯罪的时候不满 18 周岁，而不是指审判的时候不满 18 周岁。审判的时候已满 18 周岁但犯罪的时候不满 18 周岁的人，根据《刑法》第 49 条的规定，不得对其适用死刑。

（3）不成立累犯的原则。累犯是一种严厉的刑罚制度。根据《刑法》第 65 条第 1 款规定，被判处有期徒刑以上刑罚的犯罪分子，刑罚执行完毕或者赦免以后，在 5 年以内再犯应当判处有期徒刑以上刑罚之罪的，是累犯，应当从重处罚，但是过失犯罪和不满 18 周岁的人犯罪的除外。这里的"不满 18 周岁的人"，既可以是犯前后两个罪时都不满 18 周岁，也可以是犯前罪时不满 18 周岁但犯后罪时已满 18 周岁。未成年人犯罪不成立累犯，既体现了对未成年人犯罪从宽处理的原则，也不限制对未成年犯罪人适用缓刑、假释，有利于促进未成年犯罪人的改造。

（4）从宽适用缓刑的原则。缓刑是一种非监禁化的处遇措施。被适用缓刑的犯罪分子，不需要关押，可以放在社会上进行改造，因此缓刑也被视为一种宽缓的刑罚制度。《刑法》第 72 条规定，对于被判处拘役、3 年以下有期徒刑的犯罪分子，如果犯罪情节较轻、有悔罪表现、没有再犯罪的危险并且宣告缓刑对所居住社区没有重大不良影响的，可以宣告缓刑，对其中不满 18 周岁的人，应当宣告缓刑。可见，在符合缓刑适用条件的情况下，对不满 18 周岁的未成年人，是"应当"宣告缓刑，而不是"可以"。这体现了对未成年犯罪人适用缓刑从宽的原则。

（5）免除前科报告义务。《刑法》第 100 条第 1 款规定："依法受过刑事处罚的人，在入伍、就业的时候，应当如实向有关单位报告自己曾受过刑事处罚，不得隐瞒。"这是一种前科报告制度。但是，《刑法》第 100 条第 2 款规定："犯罪的时候不满 18 周岁被判处 5 年有期徒刑以下刑罚的人，免除前款规定的报告义务。"根据最高人民法院、最高人民检察院、公安部、国家安全部、司法部联合制定的《关于建立犯罪人员犯罪记录制度的意见》规定：犯罪时不满 18 周岁，被判处 5 年有期徒刑以下刑罚的未成年人的犯罪记录被封存后,不得向任何单位和个人提供,但司法机关为办案需要或者有关单位根据国家规定进行查询的除外。依法进行查询的单位,应当对被封存的犯罪记录的情况予以保密。依据这一规定,在一定范围内免除未成年犯罪人的前科报告义务,体现了对未成年人的宽宥,有利于促使未成年犯罪人更好地融入社会。

(二) 老年犯罪人的处理

人的身心发展是一个渐进的过程。人进入老年期之后,身心功能逐渐衰弱,体能和精力显著减退,辨认能力、控制能力会有不同程度的减弱,对此需要社会予以更多的关心和照顾,这也是人道主义的要求。也正因为如此,经《刑法修正案(八)》修订,从刑罚适用的根本目的和刑罚人道主义出发,对老年人犯罪规定了以下特殊处理措施。

(1) 从宽处理的原则。《刑法》第 17 条之一规定,已满 75 周岁的人故意犯罪的,可以从轻或者减轻处罚;过失犯罪的,应当从轻或者减轻处罚。对犯罪时已满 75 周岁的老年人予以从宽处理,体现了我国刑法对老年人的特殊保护和人道对待。

(2) 原则上不适用死刑。《刑法》第 49 条第 2 款规定,审判的时候已满 75 周岁的人,不适用死刑,但以特别残忍手段致人死亡的除外。这里规定的"审判的时候已满 75 周岁"是指按照《刑事诉讼法》的规定,在人民法院审判的时候,被告人年满 75 周岁。"以特别残忍手段致人死亡",是指犯罪致人死亡的手段令人发指,如以肢解、残酷折磨、毁人容貌等特别残忍的手段致人死亡。《刑法》的这一规定表明,我国对已满 75 周岁的老年犯罪人原则上不适用死刑,但对以特别残忍手段致人死亡的,也可以适用死刑。立法作这一规定,主要有两个方面的考虑:一是考虑到已满 75 周岁的人的生理能力、心理能力相对于一般成年人有很大的降低,人身危险性有所减弱,不需也不宜对其适用死刑;二是考虑到部分已满 75 周岁的人生理能力、心理能力良好,又以特别残忍手段致人死亡,如不对其适用死刑,难以平息社会矛盾。这是立法的一种权衡。

(3) 从宽适用缓刑的原则。《刑法》第 72 条规定,对于被判处拘役、3 年以下有期徒刑的犯罪分子,如果犯罪情节较轻、有悔罪表现、没有再犯罪的危险并且宣告缓刑对所居住社区没有重大不良影响的,可以宣告缓刑;对其中已满 75 周岁的人,应当宣告缓刑。这与不满 18 周岁的人适用缓刑的规定相类似。根据该规定,对于已满 75 周岁的人,只要符合缓刑的条件,就应当对其宣告缓刑。这是对老年犯罪人的一种宽宥,体现了刑罚人道主义的精神。

（三）犯罪的孕妇的处理

与一般妇女相比，怀孕的妇女在生理上和心理上都具有一定的特殊性，并且因为怀孕，她们的行动往往又多有不便。因此，无论是从怀孕妇女的生理、心理特点的角度，还是从怀孕妇女正在孕育胎儿的角度，都应对怀孕的妇女予以特别的保护。《刑法》对犯罪的孕妇规定了以下特殊处理措施。

（1）不适用死刑的原则。《刑法》第49条规定，审判的时候怀孕的妇女，不适用死刑。与未成年人不适用死刑一样，这里的"不适用死刑"，是指既不适用死刑立即执行，也不适用死刑缓期两年执行。"审判的时候怀孕的妇女"，是指在人民法院审判的时候被告人是怀孕的妇女，也包括审判前在押时已经怀孕的妇女。对于怀孕的妇女，在她被押或者受审期间，无论其怀孕是否违反国家计划生育政策、是否人工流产，都应视同审判时怀孕的妇女，不能适用死刑。怀孕的妇女在押期间自然流产后，又因同一事实被起诉、审判的，也应当视为审判时怀孕的妇女，不能适用死刑。对审判的时候怀孕的妇女不适用死刑，体现了我国刑法对怀孕妇女的特别保护。

（2）从宽适用缓刑的原则。《刑法》第72条规定，对于被判处拘役、3年以下有期徒刑的犯罪分子，如果犯罪情节较轻、有悔罪表现、没有再犯罪的危险并且宣告缓刑对所居住社区没有重大不良影响的，可以宣告缓刑；对其中怀孕的妇女，应当宣告缓刑。根据这一规定，对符合缓刑条件的怀孕妇女，不是"可以宣告缓刑"，而是"应当"。这有利于保护怀孕妇女的身心健康和胎儿的健康发育。

总之，犯罪主体的特殊身份因其类型的不同，刑法对其考虑的方面和程度会存在一定差异，特殊身份对定罪量刑的作用也就有一定的区别。

第五节　单位犯罪

《刑法》第30条规定，公司、企业、事业单位、机关、团体实施的危害社会的行为，法律规定为单位犯罪的，应当负刑事责任。

单位犯罪是相对于自然人犯罪而言的一个范畴。我国刑法分则规定了大量的单位可以成为犯罪主体的情形，这就是所谓的单位犯罪。

单位犯罪是指公司、企业、事业单位、机关、团体为单位谋取利益，经单位决策机构或者负责人决定实施的，法律规定应当负刑事责任的危害社会的行为。从我国现行刑事立法的规定来看，单位犯罪中，对单位中自然人的处罚相对较轻。例如，行贿罪的法定最高刑为无期徒刑，而单位行贿罪中，对自然人（单位的主管人员、直接责任人员）的处罚最高为 5 年有期徒刑。因此，应严格限定单位犯罪的范围，防止将一些本不是单位犯罪的行为认定为单位犯罪，导致放纵特定的自然人。

一、单位犯罪的成立条件

1. 主体：合法性

单位犯罪的主体必须是依法成立、拥有一定财产或者经费、能以自己名义承担责任的公司、企业、事业单位、机关、团体。由于私营企业结构一般比较散乱，难以分清是单位行为还是企业主的个人行为。因此，刑法要求，如果独资、私营企业要成为单位犯罪的主体，必须具备法人资格。另外，单位的内部机构或者分支机构，如果可以独立对外开展活动，也可以成为单位犯罪的主体。

2. 主观方面："因公"犯罪

单位犯罪必须是为了单位本身的利益（或者单位全体成员或绝大多数成员的利益）实施犯罪行为。盗用单位名义、违法所得归个人所有、不是为了单位利益实施的行为，不能被认定为成立单位犯罪。其罪过形式包括故意、过失。一般认为，单位犯罪是为了单位的利益而实施犯罪，多为故意犯罪。但单位犯罪亦不排除过失犯罪的可能性。例如《刑法》第 229 条的出具证明文件重大失实罪、第 137 条规定的工程重大安全事故罪，这些过失犯罪均可以由单位构成，是单位在决策、生产过程中的失误所导致的。

3. 客观方面：单位决定、以单位名义实施、违法所得归单位

单位犯罪行为由单位的决策机构按照单位的决策程序决定，并由直接责任人员实施。以单位名义实施犯罪，犯罪所得为单位所有，但不排除以各种理由将非法所得分配给单位全体成员享有。如《刑法》第 396 条的私分国有资产罪、私分罚没财物罪。单位犯罪中，其行为范围不限于和单位的职务或业务活动相关。例如，食品生产企业以单位名义实施走私犯罪，也成立单位犯罪。

4. 法律特征：法定性

只有刑法分则明文规定可以由单位构成的犯罪，才是单位犯罪。如果没有

规定犯罪主体是单位的，如盗窃罪，即便是单位组织实施的，也不能认定为是单位犯罪，而只能追究特定的自然人盗窃罪的刑事责任。

需要注意以下几种情形。

（1）传统型犯罪（自然犯）的主体一般是自然人。

（2）金融诈骗罪中，贷款诈骗罪、信用卡诈骗罪、有价证券诈骗罪的主体只能由自然人构成，其他类型的金融诈骗犯罪，其犯罪主体既可以是自然人，也可以是单位。

（3）单位实施了非单位犯罪（即犯罪主体不包括单位的犯罪），直接追究直接责任人员的刑事责任。2014《全国人民代表大会常务委员会关于〈中华人民共和国刑法〉第三十条的解释》规定：公司、企业、事业单位、机关、团体等单位实施刑法规定的危害社会的行为，刑法分则和其他法律未规定追究单位的刑事责任的，对组织、策划、实施该危害社会行为的人依法追究刑事责任。如案例三中，孤儿院为单位利益实施了拐卖儿童的行为，但刑法规定拐卖儿童罪的主体仅限于自然人，故不构成单位犯罪，但可对孤儿院中主管人员、直接责任人以拐卖儿童罪追究刑事责任。

（4）《刑法修正案（九）》将虐待被监护、看护人罪，以及拒不执行判决、裁定罪的犯罪主体增设了单位主体。

5. 不以单位犯罪论处的情形

（1）个人为进行违法犯罪活动而设立的公司、企业、事业单位，单位本身不具有合法性，不应以单位犯罪论处。

（2）公司、企业、事业单位设立后，以实施犯罪为主要活动的，不应以单位犯罪论处。单位本身虽具有合法性，但单位主要是实施违法犯罪活动，这种情形下如果认定为是单位犯罪，对自然人的处罚会相对较轻，会放纵犯罪分子。

（3）盗用单位名义实施犯罪，违法所得由实施犯罪的个人私分的，依照刑法有关自然人犯罪的规定定罪处罚。此种情形下，利益并没有归单位所有，因此，不成立单位犯罪。

（4）法律没有规定可以由单位构成的犯罪。

二、单位犯罪的分类

我国刑法分则对单位犯罪作了具体规定，根据法律规定，单位犯罪可以分为以下两种类型。

1. 纯正的单位犯罪

纯正的单位犯罪是指只能由单位构成而不能由个人构成的犯罪。例如，根据《刑法》第327条的规定，非法出售、私赠文物藏品罪的主体只能是国有博物馆、图书馆等单位，这一犯罪就只能由单位构成。除此以外，单位受贿罪与单位行贿罪等都是纯正的单位犯罪。立法者为纯正的单位犯罪设置了独立的犯罪构成，更加便利司法机关认定。

2. 不纯正的单位犯罪

不纯正的单位犯罪是指既可以由单位构成又可以由个人构成的犯罪。绝大多数单位犯罪都是不纯正的单位犯罪。不纯正的单位犯罪，包括以下类型。

（1）多数是在本条之后另起一款规定，并对单位中直接负责的主管人员和其他直接责任人员处以与个人犯罪相同之刑。

（2）少数在本条之后规定不纯正的单位犯罪，但对单位中直接负责的主管人员和其他直接责任人员处以比个人主体较轻之刑。例如，《刑法》第198条保险诈骗罪，其对单位犯罪中直接负责的主管人员和其他直接责任人员只判处主刑，无并处罚金或没收财产。

（3）在刑法分则某些章之下"节"的末尾设专条规定本节的所有单位犯罪。例如《刑法》第220条规定，单位犯本节第213条至第219条之一规定之罪的，对单位判处罚金，并对其直接负责的主管人员和其他直接责任人员，依照本节各该条的规定处罚。

三、单位犯罪的处罚

对单位犯罪的处罚，存在单罚制与双罚制之分。《刑法》第31条规定："单位犯罪的，对单位判处罚金，并对其直接负责的主管人员和其他直接责任人员判处刑罚。本法分则和其他法律另有规定的，依照规定。"这一规定说明，我国刑法对单位犯罪的处罚以双罚制为原则，以单罚制为例外。

1. 双罚制

双罚制指既处罚单位，又处罚单位中的自然人。即对单位判处罚金，并对其直接负责的主管人员和其他直接责任人员判处刑罚（包括自由刑与罚金）。

2. 单罚制

单罚制是指在单位犯罪中，只处罚单位内部的自然人或者只处罚单位本身，并不同时对二者进行处罚。例如,《刑法》第396条规定:"国家机关、国有公司、企业、事业单位、人民团体,违反国家规定,以单位名义将国有资产集体私分给个人,数额较大的,对其直接负责的主管人员和其他直接责任人员,处三年以下有期徒刑或者拘役,并处或者单处罚金;数额巨大的,处三年以上七年以下有期徒刑,并处罚金。"本罪的主体是国家机关、国有公司、企业、事业单位、人民团体,但只处罚直接负责的主管人员和其他直接责任人员,而不处罚单位。

无论是单罚制还是双罚制,都涉及对单位中直接负责的主管人员和其他直接责任人员的责任追究问题。对此,2001年《全国法院审理金融犯罪案件工作座谈会纪要》规定:"直接负责的主管人员,是在单位实施的犯罪中起决定、批准、授意、纵容、指挥等作用的人员,一般是单位的主管负责人,包括法定代表人。其他直接责任人员,是在单位犯罪中具体实施犯罪并起较大作用的人员,既可以是单位的经营管理人员,也可以是单位的职工,包括聘任、雇佣的人员。应当注意的是,在单位犯罪中,对于受单位领导指派或奉命而参与实施了一定犯罪行为的人员,一般不宜作为直接责任人员追究刑事责任。"

每章一练

一、单项选择题

1. 已满 14 周岁不满 16 周岁的人不需要负刑事责任的是（　　）。
   A. 故意杀人
   B. 故意伤害致人重伤或者死亡
   C. 拐卖妇女
   D. 绑架人质后杀害被绑架人

2. 根据我国刑法的规定，承担刑事责任的最低年龄是（　　）。
   A. 12 周岁
   B. 14 周岁
   C. 16 周岁
   D. 18 周岁

3. 尚未完全丧失辨认或者控制能力的精神病人，实施严重危害社会行为的，（　　）。
   A. 不负刑事责任
   B. 应当负刑事责任，但应当减轻或者免除处罚
   C. 应当负完全的刑事责任
   D. 应当负刑事责任，但可以从轻或者减轻处罚

4. 个人盗用单位名义实施犯罪，违法所得由实施犯罪的个人私分的，（　　）。
   A. 属于自然人犯罪
   B. 属于单位犯罪
   C. 自然人和单位成立共犯
   D. 适用双罚制

5. 甲，14 周岁，放学骑自行车回家，因违章逆行且车速极快，在转弯处撞着对面行走的乙，造成乙颅脑损伤，经抢救无效而死亡。以下说法正确的是（　　）。
   A. 甲因为不满 16 周岁，不负刑事责任
   B. 甲的行为属于意外事件
   C. 乙的死亡与甲的行为没有因果关系
   D. 甲的行为构成交通肇事罪

6. 我国刑法规定的相对负刑事责任年龄是指（　　）。
   A. 14 周岁以上不满 18 周岁

B. 16 周岁以上不满 18 周岁

C. 12 周岁以上不满 16 周岁

D. 不满 14 周岁

7. 甲在 13 周岁的时候盗窃价值 2000 元的物品，在 14 周岁时抢劫价值 8500 元的物品，在 17 周岁时盗窃价值 4000 元的物品，在 18 周岁时盗窃 1000 元的物品。在对甲追究刑事责任时，计算其盗窃数额应为（　　）。

　　A. 15500 元

　　B. 13500 元

　　C. 10500 元

　　D. 5000 元

8. 又聋又哑的人或者盲人犯罪，（　　）。

　　A. 可以从轻处罚

　　B. 应当从轻或者减轻处罚

　　C. 可以减轻或者免除处罚

　　D. 可以从轻、减轻或者免除处罚

9. 甲醉酒驾驶自己的小车，超速行驶导致 4 名行人死亡，甲对此结果（　　）。

　　A. 可以负刑事责任

　　B. 可以从轻或者减轻处罚

　　C. 应当从轻处罚

　　D. 应当负刑事责任

10. 精神病人在不能辨认或者不能控制自己行为的时候造成危害结果的，经法定程序鉴定确认，（　　）。

　　A. 可以不负刑事责任

　　B. 可以减轻刑事责任

　　C. 应当不负刑事责任

　　D. 应当减轻刑事责任

11. 刑事责任年龄的计算方法应当是（　　）。

　　A. 按农历的年、月、日计算

　　B. 从过生日的当天起算为满周岁

　　C. 从过生日的第二天起算为满周岁

　　D. 从过生日的前一天起算为满周岁

12. 在下列犯罪中，犯罪主体为特殊主体的是（　　）。

　　A. 重大责任事故罪

　　B. 交通肇事罪

C. 放火罪

D. 破坏交通工具罪

二、多项选择题

1. 我国刑法关于未成年人违法犯罪的特殊规定有（　　）。

    A. 已满 12 周岁不满 18 周岁的人犯罪，应当从轻或者减轻处罚

    B. 犯罪时不满 18 周岁的人不适用死刑，但可以判处死刑缓期 2 年执行

    C. 犯罪的时候不满 18 周岁、被判处 5 年有期徒刑以下刑罚的人，免除前科报告义务

    D. 因不满 16 周岁不处罚的，在必要的时候可以由政府依法进行专门矫治教育

2. 关于单位犯罪，下列说法正确的是（　　）。

    A. 个人为进行违法犯罪活动而设立的公司、企业、事业单位实施犯罪的，不以单位犯罪论处

    B. 公司、企业、事业单位设立后，以实施犯罪为主要活动的，不以单位犯罪论处

    C. 盗用单位名义实施犯罪，违法所得由实施犯罪的个人私分的，依照刑法有关自然人犯罪的规定定罪处罚

    D. 对单位犯罪一律实行双罚制

3. 王某（15 周岁），因喜好电脑，于某日潜入一公司办公室窃取价值 2 万元的电脑一台，对王某的处理包括（　　）。

    A. 追究刑事责任

    B. 不追究刑事责任

    C. 从轻或者减轻刑事处罚

    D. 责令其家长加以管教

4. 已满 14 周岁不满 16 周岁的人，应当对（　　）负刑事责任。

    A. 抢劫罪

    B. 贩毒罪

    C. 爆炸罪

    D. 强奸罪

5. 已满 14 周岁不满 16 周岁的人应当对（　　）行为承担刑事责任。

    A. 参与运送他人偷越国（边）境，造成被运送人死亡的

    B. 参与绑架他人，致使被绑架人死亡的

    C. 参与强迫卖淫集团，为迫使妇女卖淫，对妇女实施了强奸行为的

    D. 参与走私，并在走私过程中暴力抗拒缉私，造成缉私人员重伤的

6. 《刑法》规定，在拐卖妇女、儿童过程中奸淫被拐卖的妇女的，仅定拐卖妇女、儿童罪。15周岁的甲在拐卖幼女的过程中，强行奸淫幼女。下列说法错误的有（　　）。

   A. 《刑法》第17条没有规定15周岁的人对拐卖妇女、儿童罪负刑事责任，所以，甲不负刑事责任

   B. 拐卖妇女、儿童罪包含了强奸罪，15周岁的人应对强奸罪承担刑事责任，所以，对甲应认定为拐卖妇女、儿童罪

   C. 15周岁的人犯强奸罪的应当负刑事责任，所以，对甲应认定为强奸罪

   D. 拐卖妇女、儿童罪重于强奸罪，既然15周岁的人应对强奸罪承担刑事责任，就应对拐卖妇女、儿童罪承担刑事责任，所以，对甲应以拐卖妇女、儿童罪与强奸罪实行并罚

第八章

犯罪主观方面

◆ 知识目标

1. 掌握犯罪故意及其基本类型。
2. 掌握犯罪过失及其基本类型。
3. 掌握意外事件的概念和特征。
4. 了解认识错误的概念及其基本类型。

◆ 能力目标

1. 在具体案件中根据犯罪主观方面的相关内容作出正确判断。
2. 在涉及认识错误的案件中对行为人的刑事责任作出正确判断。

◆ 案例导入

【案例一】

张某欲毒死其妻子乙，便在妻子乙的饭碗中放置了剧毒药物。不料妻子吃饭时，其3岁幼子丙突然要抢母亲乙的饭吃。张某害怕事情败露，没有阻止，致其幼子丙与妻子乙一起死亡。

问：张某对其子丙的死亡是何种心态？是否构成犯罪？

【案例二】

李某，23岁，在未取得经营许可证的情况下，在本村开办了一个废旧塑料打火机回收点，雇人从事废旧塑料打火机的回收、粉碎和加工。某日下午，李某正组织人员作业时，回收点突然燃起大火，并造成2人死亡、1人重伤。大火造成直接经济损失60万元。经认定，火灾系废旧打火机在粉碎作业过程中释放出残留的可燃气体，与空气混合形成爆炸性混合气体，遇粉碎中因撞击、摩擦产生的火花，而引起爆炸所致。业主李某对火灾事故负有直接责任。

问：李某对火灾的发生是何种心态？其行为是否构成犯罪？

【案例三】

王某在倒车时查看到后方无人，便开始倒车。其间一个小孩为了捉迷藏，突然跑到车尾部，被压死。

问：王某对孩子的死亡是否承担刑事责任？

【案例四】

孙某在从事生产经营的过程中，不知道某种行为是否违法，于是以书面形式向法院咨询，法院正式书面答复该行为合法。于是，孙某实施该行为。但该行为实际上违反刑法。

问：孙某的行为是否构成犯罪？

第一节 犯罪主观方面概述

一、犯罪主观方面的内涵

犯罪主观方面,是指犯罪主体对自己的行为及其危害社会的结果所抱的心理态度。它包括罪过(即犯罪的故意或者犯罪的过失)以及犯罪的目的和动机这几种因素。其中,行为人的罪过即其犯罪的故意或者过失心态,是一切犯罪构成都必须具备的主观要件之要素;犯罪的目的只是某些犯罪构成所必备的主观要件之要素,所以也称之为选择性主观要素;犯罪动机不是犯罪构成必备的主观要件之要素,它一般不影响定罪,而只影响量刑。

从罪过形式的角度看,我国刑法中的犯罪主要包括两种类型:一是只能由故意构成的犯罪,这样的犯罪很多,如危害国家安全罪、破坏社会主义市场经济秩序罪的绝大多数犯罪、侵犯财产的犯罪、侵犯公民民主权利的犯罪,以及侵犯公民人身权利的部分犯罪等;二是只能由过失构成的犯罪,如交通肇事罪、重大责任事故罪等。故意还是过失,反映了犯罪人主观恶性的不同并进而直接影响到犯罪社会危害性的大小和刑罚目的实现的难易程度,因而一般说来,刑法对故意犯罪和过失犯罪规定了轻重明显不同的刑罚。

在犯罪构成中,犯罪的客观要件与主观要件是有机地结合在一起的,离开任何一个方面,另一方面也就不复存在,也就没有了整个犯罪构成的存在,不能定罪并追究刑事责任。

二、犯罪主观方面的意义

(一)刑法理论的意义

深入地研究和阐明犯罪的主观方面,有助于正确而深刻地把握我国刑法学中与犯罪主观方面有关联的各种问题,从而能够深化与丰富我国刑法学相关基础课题的研究。

(二)司法实践的意义

深入研究和正确认定犯罪的主观方面,有助于司法实践中正确地定罪量刑。

第一,定罪方面。任何具体犯罪构成的罪过形式和罪过内容都是特定的。如有的犯罪只能是出于故意,有的犯罪只能出于过失;同是故意或过失犯罪,此罪与彼罪间的故意内容或过失内容也有所不同。查明行为人行为时是否具备具体犯罪构成所要求的特定罪过形式与罪过内容,有助于正确区分罪与非罪以及此罪与彼罪的界限。对某些具体犯罪构成,法律还要求其主观方面具有特定的目的,查明这些特定目的是否具备,也有助于区分罪与非罪以及此罪与彼罪的界限。

第二,量刑方面。法律对故意犯罪和过失犯罪规定了轻重不同的刑罚,通过查明主观方面,正确地解决应定此罪还是彼罪的问题,首先保证了正确适用轻重不同的法定刑。同时,属于犯罪主观方面的心理态度范畴的犯罪动机、犯罪故意的不同表现形式、犯罪过失的严重程度等因素,是行为人主观恶性和人身危险性大小的重要表现,对犯罪案件的危害程度有重要影响,也直接关系到刑罚目的实现的难易程度,因而我国刑法立法和司法实践都十分注意这些因素对量刑的影响。查明这些主观因素并在运用刑罚时予以适当考虑和体现,无疑会有助于贯彻罪责刑相适应的原则和正确量刑。

第二节 犯罪故意

一、犯罪故意概述

我国刑法以处罚故意犯罪为原则,以处罚过失犯罪为例外。我国刑法规定的犯罪,要么属于故意犯罪,要么属于过失犯罪,不存在复合罪过(不存在同一犯罪包含故意与过失两种责任形式)的情形。

故意,是指明知自己的行为会发生危害社会的结果,并且希望或者放任这种结果发生的心理态度。

犯罪故意是认识因素与意志因素的有机统一。认识因素,是人的心理基础。意志因素,是人的心理活动中具有支配力的因素。意志带有强烈的主观能动性,使主观意识转化为外部动作,从而对人的行为起调节(发动和制止)作用。就认识和意志两者的关系而言,两者是密不可分的,由此形成人的同意的心理过程。虽然认识是意志的前提,但认识活动本身也不能离开意志,是在意志的主导下实现的,因此,在认识和意志的对立统一的矛盾关系中,意志占主导地位,认识居辅助地位。

（一）认识因素

犯罪故意的认识因素是指行为人明知自己的行为会发生危害社会的结果的心理态度。换言之，行为人认识到了自己的行为及结果是具有社会危害性的。具备这种认识因素，是犯罪故意与一般心理活动中的故意的根本区别所在。

犯罪故意的认识因素是对行为的法益侵害性或者威胁性的认识，包括对以下因素的认识。

（1）行为的性质。对行为性质的认识，是指对行为的自然性质或者社会性质的认识。对行为的法律性质的认识属于违法性认识，而非事实性认识。

（2）行为的客体。对行为客体的认识是指对行为客体的自然属性或者社会属性的认识。例如，在故意杀人罪中，须认识到被杀的是人。

（3）行为的结果。对行为结果的认识，是指对行为的自然结果的认识。这种认识，在很大程度上表现为一种预见，结果成为行为的可期待的后果。

（4）行为与结果之间的因果关系。对因果关系的认识，是指行为人意识到某种结果是本人行为引起的，或者行为人采取某种手段以达到预期的结果。在这种情况下，行为人都对行为与结果之间的因果关系具有事实上的认识。

（5）其他法定事实。例如犯罪的时间、地点、伴随情况等，如果其属于特定的构成要件要素，亦应属于认识内容。此外，某种行为的前提条件，亦在认识限度之内。

（二）意志因素

故意除具备认识因素外，还应当具备意志因素。意志对人的行动起支配作用，并且决定着结果的发生。犯罪故意的意志因素是行为人在明知自己的行为会发生危害社会的结果的基础上，决意实施这种行为的主观心理态度。因此，其可以分为希望（直接故意）和放任（间接故意）两种形态。

二、犯罪故意的分类

（一）犯罪故意的学理分类

从学理上，故意可以分为确定故意和不确定故意两种。确定故意，是指行为人对构成要件事实的认识较为清楚、犯罪意思确定的故意形态。不确定故意，是指行为人对犯罪对象、结果等构成事实缺乏具体认识的情形。不确定故意包括三种类型。

（1）未必的故意，是指行为人对结果的发生有一定预见，知道结果可能发生，也可能不发生，但结果一旦发生，行为人内心能够接受的罪过形式。

（2）择一的故意，是指行为人知道自己的侵害行为可能造成一定的危害结果，但是该后果究竟由谁承担，并不确定；无论对谁造成危害结果，都不违背行为人的本意。例如，甲知道自己的箱子里装的不是数量较大的毒品就是假币而持有，此时甲就具有择一的故意，如客观上是毒品，则成立非法持有毒品罪，不另成立持有假币罪未遂。

（3）概括的故意，是指行为人对结果的发生，仅有大致认识，而没有明确性认识。即认识到结果发生是确定的，但结果发生的行为对象的个数或者具体哪个对象不确定，或者行为人不清楚自己的第一个行为是否导致结果发生，为了确保结果发生，又实施第二个行为。例如，甲向人群投掷炸弹，但死亡的具体范围不确定。又如，甲以杀人故意将乙推下悬崖，但不确定乙是否死亡，于是用石头砸乙。事后查明，乙系被砸死。甲成立故意杀人罪既遂。

（二）犯罪故意的法律分类

《刑法》第14条规定："明知自己的行为会发生危害社会的结果，并且希望或者放任这种结果发生，因而构成犯罪的，是故意犯罪。故意犯罪，应当负刑事责任。"从理论上，可以将犯罪故意可分为直接故意和间接故意两种类型。

1. 直接故意

直接故意，是指行为人明知自己的行为会发生危害社会的结果，并且希望这种结果发生的心理态度。

根据认识因素的不同内容，直接故意又可以区分为两种情况。

一种是行为人明知自己的行为"必然"发生危害社会的结果，并且希望这种结果发生的心理态度。例如，甲想杀死乙，用枪顶在乙的脑袋上射击，他明知这种行为必然导致乙死亡仍决意为之，追求乙死亡结果的发生，甲的心理态度就是此种"必然＋希望发生"的直接故意。

另一种是行为人明知自己的行为"可能"发生危害社会的结果，并且希望这种结果发生的心理态度。例如，丙想枪杀丁，准备于晚上趁丁返家途中隔小河射击。由于光线不好，距离较远，丙的射击技术有限，因而他对能否射杀丁没有把握，但他不愿放过这个机会，希望能打死丁，并在此种心理的支配下实施了射杀行为。丙的心理态度就是属于"可能＋希望发生"的直接故意。

直接故意的意志因素是希望。希望不是对行为的态度，而是对结果的态度。例如，交通肇事中，行为人违章虽然是故意的，但对造成结果是过失的心态，因此仅能认定为过失犯罪（交通肇事罪）。希望，是指行为人追求某一目的的实现。在希望的情况下，行为人有意识地通过自己的行为实现某一目的。因此，行为与结果之间的关系是手段与目的之间的关系，意志通过行为对结果起支配作用。

在实践中，绝大多数犯罪都是出于故意而实施的，而在故意犯罪中，主要的是直接故意犯罪。直接故意犯罪中行为人对危害结果发生持希望态度，因此在犯罪实行过程中，行为人的犯罪目的都是明确的，而且行为人多具有较强的意志力，对所遇到的困难或阻力多会想方设法排除，以实现犯罪目的。因此，有直接故意的行为人具有较大的主观恶性。

2. 间接故意

间接故意，是指行为人明知自己的行为可能发生危害社会的结果，并且有意放任，以致发生这种结果的心理态度。

根据认识因素，间接故意表现为行为人认识到自己的行为"可能"发生危害社会结果的心理态度。即行为人根据对自身犯罪能力、犯罪对象情况、犯罪工具情况，或者犯罪的时间、地点、环境等情况的了解，认识到行为导致危害结果的发生只是具有或然性、可能性，而不具有必然性。这种对危害结果可能发生的认识，为间接故意的意志因素即"放任"心理的存在提供了前提和基础。如果明知行为必然发生危害结果而决意为之，就超出了间接故意认识因素的范围，应属于直接故意。例如，甲欲杀其仇人乙，但乙和丙同时坐在一辆车上，甲在该车上安装了爆炸力非常强的定时炸弹。甲对乙的死亡结果当然是直接故意，甲对丙的死亡也是直接故意，因为该行为必然会导致丙的死亡结果。

根据意志因素，间接故意表现为行为人"放任"危害结果发生的心理态度。所谓"放任"当然不是希望，不是积极追求，而是行为人在明知自己的行为可能发生特定危害结果的情况下，为了达到自己的既定目的，仍然决意实施这种行为，对阻碍危害结果发生的障碍不去排除，也不设法阻止危害结果的发生，而是听之任之，自觉自愿地听任危害结果的发生。例如，甲为了毁灭罪证，欲放火焚烧办公室。虽然明知放火可能烧死正在值班的乙，但仍然放火，也没有采取任何措施防止乙死亡，乙果真被烧死。甲对乙的死亡就是间接故意心态。

在司法实践中，犯罪的间接故意大致表现为以下三种情况。

第一，行为人追求某一个犯罪目的而放任另一个危害结果的发生。例如案例一中，张某明知投毒后其妻乙必然中毒身亡并积极追求这种结果的发生，甲对妻子乙构成杀人罪的直接故意无疑。但甲对其儿子丙死亡发生的心理态度就不同，他对儿子丙死亡结果的发生并不是希望，而是为了达到杀妻的结果而予以有意识的放任，这完全符合间接故意的特征，构成杀人罪的间接故意。因此，无论是对其妻子乙还是对其儿子丙，甲均构成故意杀人罪。

第二，行为人追求一个非犯罪的目的而放任某种危害结果的发生。例如，甲在林中打猎时，发现一个酣睡的猎物，同时又发现猎物附近有一个孩子在玩耍。根据自己的枪法和离猎物的距离，甲明知若开枪不一定能打中猎物，而有可能打中小孩。但甲打猎心切，不愿放过这一机会，又看到周围无其他人，遂放任可能打死小孩这种危害结果的发生，仍然向猎物开枪。结果子弹打偏，打死了附近的小孩。此例中，甲明知自己的开枪打猎行为可能打中小孩使其毙命，但为追求打到猎物的目的，仍然开枪打猎，放任打死小孩这种危害结果的发生。甲的行为具备了间接故意的认识因素和意志因素，因而构成犯罪的间接故意。

第三，突发性的犯罪，不计后果。例如，实践中，一些青少年在冲动下临时起意，不计后果，捅人一刀即扬长而去并致人死亡的案件就属于这种情况。这种案件里，行为人对用刀扎人必致人伤害是明知的和追求的，属于直接故意的范畴；对于其行为致人死亡的结果而言，他虽然预见到可能性，但持的却不是希望发生的态度，而是放任发生的态度，这完全符合犯罪间接故意的构成。

3. 直接故意与间接故意分类的意义

首先，有助于我们深入认识故意犯罪在主观方面的复杂情况，从而正确地把握犯罪故意完整的内涵和外延。

其次，有助于司法实践中正确定罪。阐明和把握了危害结果发生与否对两种故意尤其是间接故意定罪的意义，就有助于司法实践中正确地认定故意犯罪案件，做到定罪准确。

最后，有助于司法实践中对故意犯罪案件区分危害程度并予以轻重不同的处罚，这是区分和研究犯罪故意两种类型的主要实践意义。两种故意形式由于认识因素尤其是意志因素的不同，影响和决定了行为人主观恶性以及行为客观危害程度的不同。在绝大多数情况下，直接故意的社会危害性要大于间接故意。根据罪责刑相适应原则的要求，对直接故意犯罪的量刑一般应重于间接故意犯罪。

犯罪的两种故意是刑法理论分析刑法有关规定而作的理论概括，故《刑法》上并未载明直接故意和间接故意的概念术语，按照依法定罪的要求，司法文书中不宜将故意犯罪区分为直接故意犯罪与间接故意犯罪，而是统称为故意犯罪即可。为明确反映两种故意形式的不同危害程度以便在量刑时考虑，根据司法实践经验，可在司法文书中叙述事实的部分将行为的希望或放任心理予以明确表述和认定。

第三节 犯罪过失

一、犯罪过失概述

犯罪过失是过失犯罪的主观心理态度,它是与犯罪故意并列的犯罪主观罪过形式之一。《刑法》第15条规定:"应当预见自己的行为可能发生危害社会的结果,因为疏忽大意而没有预见,或者已经预见而轻信能够避免,以致发生这种结果的,是过失犯罪。过失犯罪,法律有规定的才负刑事责任。"据此,所谓犯罪过失,就是指行为人应当预见自己的行为可能发生危害社会的结果,因为疏忽大意而没有预见,或者已经预见而轻信能够避免的一种心理态度。

第一,犯罪过失与犯罪故意的区别。从认识因素上看,犯罪故意表现为行为人明知行为必然或者可能发生危害结果的心理态度;而犯罪过失表现为行为人对危害结果的发生虽然应当预见到但实际上并未预见到,或者只是预见到在他看来并非现实的可能性。从意志因素上看,犯罪故意的内容是希望或者放任危害结果发生的心理态度;而犯罪过失则对危害结果的发生既不是希望也不是放任,而是排斥、反对的心理态度,只是由于疏忽大意或者过于轻信能够避免结果发生的主观错误心理支配下的过失行为导致了结果的发生。简言之,犯罪故意对行为会致危害社会的结果是明知故犯的心理态度,犯罪过失则是由于缺乏必要的谨慎导致危害社会结果的心理态度。因而犯罪故意所表明的行为人的主观恶性明显大于犯罪过失。我国刑法认为,故意犯罪的危害性显然大于过失犯罪,因而对故意犯罪的惩处要比过失犯罪严厉。

第二,过失犯罪负刑事责任的主观根据。过失犯罪的情况下,行为人负刑事责任的客观基础是其行为对社会造成的严重危害结果。其主观根据就在于:行为人本来能够正确地认识一定的行为与危害社会结果之间的客观联系,进而正确选择自己的行为,避免危害社会结果的发生,但他却在自己意志的支配下,对社会利益和社会大众的安危采取了严重不负责任的态度,从而以自己的行为造成了严重危害社会的结果。总之,行为人的过失心理态度,就是他负刑事责任的主观根据。因此,国家有充分的理由要求过失犯罪的行为人对自己严重不负责任态度支配的行为所造成的严重后果负刑事责任。

二、犯罪过失的类型

按照犯罪过失心理态度的不同内容，刑法理论上把犯罪的过失区分为过于自信的过失与疏忽大意的过失两种类型。

（一）过于自信的过失

过于自信的过失，是指行为人预见到自己的行为可能发生危害社会的结果，但轻信能够避免，以致发生这种结果的心理态度。

1. 过于自信的过失的特征

（1）在认识因素上，行为人已经预见到自己的行为可能发生危害社会的结果。如果行为人行为时，根本没有预见到自己的行为会导致危害结果的发生，则不属于过于自信的过失，而有可能属于疏忽大意的过失或意外事件；如果行为人预见到自己的行为必然发生而不是可能发生危害社会的结果，则属于犯罪直接故意的心理态度，而不是过于自信的过失。

（2）在意志因素上，行为人之所以实施错误的行为，是轻信能够避免危害结果的发生。所谓"轻信"，就是过于相信自己的判断、能力等。包括：① 过高估计自己的能力；② 不当地估计了现实存在的客观条件对避免危害结果的作用；③ 误以为结果发生的可能性较小，因而可以避免结果发生。例如，甲、乙、丙三人周末相约到野外山林野炊。三人打了一只野兔，进行烧烤。正在这时，天空突然阴云密布，眼看就要下大雨了。甲提议赶快下山避雨；乙说先把火灭掉，不然会起火；丙说马上要下雨了，不灭也没有关系，还是躲雨要紧。经丙这样一说，三人扔下燃烧的火堆，慌忙向山下奔跑。结果刚到山下，云就散开了，不仅没有下雨，反倒起了一阵大风，将整个火堆吹得四散开来，结果引起了森林大火，造成严重损失。行为人主观上具有过于自信的过失，过于乐观地估计了当时的天气形势。

2. 过于自信的过失与间接故意的异同

犯罪的过于自信的过失心理与间接故意的心理，在认识因素上都预见到行为可能发生危害社会的结果，在意志因素上都不是希望危害结果的发生，因而二者容易混淆。但它们是性质截然不同的两种罪过形式，在认识因素和意志因素上都有着重要的区别。

（1）认识因素上，虽然都预见到行为发生危害结果的可能性，但二者对这种可能性是否会转化为现实性,即实际上发生危害结果的主观估计是不同的。间接故意的心理对可能性转化为现实性,并未发生错误的认识和估计,即行为人的主观认识与客观结果之间并未产生错误,其主客观是一致的。而过于自信的过失心理则不同,虽然也预见到危害结果发生的可能性,但在主观上认为,由于他的自身能力、技术、经验和某些外部条件,实施行为时,危害结果发生的可能性不会转化为现实性,即他对可能转化为现实的客观事实发生了错误认识。在危害结果发生的情况下,其主观与客观是不一致的。

(2) 意志因素上,虽然都不希望危害结果的发生,但深入考察,二者对发生危害结果的态度仍是不同的。① 过于自信的情形下,行为人预见到行为可能会造成危害结果,主观上排斥结果的发生,采取了一定的、看上去还可以的措施来避免危害结果的发生,或者相信一定的外部条件可以避免危害结果的发生。只是该措施或条件没有行为人预想得那么可靠,最终仍然是导致危害结果的发生。② 间接故意的情形下,放任结果的发生。行为人预见到行为可能会造成危害结果,听之任之、不采取任何措施去避免危害结果,或者采取的措施微不足道。例如,行为人虽然形式上也"排斥"危害结果的发生,但主、客观上没有任何依据来排斥结果,是间接故意。如在案例一中,结合日常生活经验,张某对其小孩丙死亡是"排斥"的,但他没有采取任何防止危害结果的措施,因此,张某对丙的死亡是间接故意。又如甲瓜地的瓜老是被人偷,于是甲就给瓜打了农药,并插了一面小白旗,上面标明"瓜内有毒,请勿食用"。此外,甲又到村里到处说,"我的瓜打了农药,偷吃出事我不负责"。如果他人摘瓜而吃下该瓜死亡的,甲应认定为故意杀人罪(间接故意)。因为行为人客观上虽然采取了一定的防止结果发生的措施,但该措施微不足道,只能认定为是间接故意。

(二) 疏忽大意的过失

疏忽大意的过失,是指行为人应当预见到自己的行为可能发生危害社会的结果,因为疏忽大意而没有预见,以致发生这种结果的心理态度。

1. 疏忽大意的过失的特征

(1) 行为人"应当"预见到自己的行为可能发生危害社会的结果。所谓"应当预见",是指行为人在行为时负有预见到行为可能发生危害结果的义务。这也是疏忽大意的过失与意外事件的区别所在。这种预见的义务,来源于法律的规定,或者职务、业务的要求,或是公共生活准则的要求。预见的义务与预见的实际可能是有机地联系在一起的,法律不会要求公民去做他实际上无法做到的事情,而只是对有实际预见可能的人赋予其预见的义务,行为人由于不可能预见而造成危害结果的，即使结果非常严重，也不能认定他对结果有过失而令其承担刑事责任。

我国刑法理论通说观点认为，要根据行为人本身的年龄状况、智力发育、文化知识水平、业务技术水平和工作、生活经验等因素决定其实际认识能力，同时结合行为当时的客观环境和条件，来具体分析在当时的具体情况下，对行为发生这种危害结果能否预见。按照这个标准，一般人在普通条件下能够预见的，行为人可以因为自身认识能力较低或者行为时的特殊条件而不能预见；反之，一般人在普通条件下不能预见的，行为人也可以是因为自身认识能力较高（如有专业知识和这方面的经验等），或者行为时的特殊条件而能够预见。因此，既不应无视行为人的实际认识能力，而拿一般人的认识能力来衡量他能否预见；也不宜脱离行为当时的具体条件，而按普通情况来判断行为人能否预见。也就是只能按照行为人的实际认识能力和行为当时的具体客观条件，来分析和判定行为人能否预见。例如，某电影放映员与一赶车人拉着电影胶片到农村放映。时值隆冬，赶车人到达地点后，即进屋烤火，顺手将电影胶片搬放在炉火旁。电影放映员没把胶片放好，就干别的事情去了，结果胶片受热起火，酿成火灾。就赶车人来说，他不懂胶片方面的技术知识，所以难以预见到这一无意的行为会造成什么样的后果。但对放映员来说，情况就不同了，他作为专业技术人员有预见能力，应当预见而没有预见，存在疏忽大意的过失。又如案例二中，李某对火灾的发生是一种过失的心态。李某应当预见自己从事废旧塑料打火机的回收、粉碎和加工行为可能发生危害社会的结果，因为疏忽大意而没有预见，或者已经预见而轻信能够避免，以致发生火灾，危害社会。其主观上是一种过失。其行为构成了《刑法》规定的失火罪。

（2）行为人由于疏忽大意，而没有预见到自己的行为可能发生危害社会的结果。所谓没有预见到，是指行为人在行为当时没有想到自己的行为可能发生危害社会的结果。这种主观上对可能发生危害结果的无认识状态，是疏忽大意过失心理的基本特征和重要内容。行为人之所以实施行为，并且未采取避免危害结果发生的必要措施，以致发生了危害结果，是因为他根本没有预见到自己的行为可能发生这种危害结果。正是这种疏忽大意的心理，导致行为人在应当预见也能够预见到自己行为发生危害结果的情况下，实际上并没有预见，进而盲目地实施了危害社会的行为，而且未采取必要的预防危害结果发生的措施，最终导致了危害社会的结果。法律规定惩罚这种过失犯罪，从客观方面看，是因为行为给社会造成了实际危害后果；从主观方面看，就是要惩罚和警诫这种对社会利益严重不负责任的疏忽大意的心理态度，以促使行为人和其他人戒除疏忽大意的心理，防止疏忽大意过失犯罪的发生。

2. 疏忽大意的过失与过于自信的过失的区别

作为犯罪过失的两种类型，过于自信的过失与疏忽大意的过失在认识因素和意志因素上都有所不同：在认识因素上，对于危害结果的可能发生，过于自信的过失已经有所预见，而疏忽大意的过失根本没有预见；在意志因素上，对于危害结果的可能发生，二者虽然都持排斥态度，但过于自信的过失是轻信能够避免，而疏忽大意的过失是疏忽。在刑法理论上把犯罪过失区分为过于自信的过失与疏忽大意的过失，有助于我们深入认识过失犯罪的复杂情况，从而完整地把握犯罪过失的内涵与外延，具体而准确地把过失犯罪与间接故意犯罪以及无罪过的意外事件区别开来。

第四节　犯罪主观方面的其他问题

一、无罪过事件

《刑法》第16条规定："行为在客观上虽然造成了损害结果，但是不是出于故意或者过失，而是由于不能抗拒或者不能预见的原因所引起的，不是犯罪。"这是关于不可抗力事件和意外事件的规定，也有刑法学者将二者合称为无罪过事件。

（一）不可抗力

所谓不可抗力事件，是指行为在客观上虽然造成了损害结果，但不是出于行为人的故意或者过失，而是由于不能抗拒的原因所引起的。

不可抗力事件具有三个特征。① 行为人的行为客观上造成了损害结果，与人无关的自然灾害等不属于刑法上的不可抗力事件。② 行为人主观上没有故意或者过失。③ 损害结果由不能抗拒的力量所引起。"不能抗拒"包括两层含义：在认识因素上，行为人已经认识到自己的行为可能发生危害社会的结果；在意志因素上，行为人排斥、反对危害结果的发生，但是受主客观条件的限制，行为人不可能排除或防止危害结果的发生。不可抗力的具体来源多种多样，如动物受惊、他人的捆绑、杀害威胁等强力。在不可抗力为他人的强制时，应当注意这种强制是否达到足以使行为人完全丧失意志自由的程度，如果这种强制不足以使行为人完全丧失意志自由的，不能认定为不可抗力事件。

(二)意外事件

所谓意外事件,是指行为在客观上虽然造成了损害结果,但不是出于行为人的故意或者过失,而是由于不能预见的原因所引起的。

意外事件也具有三个特征。① 行为人的行为客观上造成了损害结果。② 行为人主观上没有故意或者过失,行为人已经遵守了特定的规则,尽了必要的注意义务。③ 损害结果由不能预见的原因所引起。"不能预见"是指当时行为人对其行为发生损害结果不但没有预见,而且根据其实际能力和当时的具体条件,行为人于行为时也根本无法预见。如案例三中,王某缺乏预见可能性,因而属于意外,王某对小孩的死亡无须承担刑事责任。从认识因素上来讲,行为人没有认识到其行为会发生危害社会的结果;从意志因素上来讲,行为人对危害结果的发生持排斥、反对态度。

意外事件与疏忽大意的过失,二者均是没有预见,但区分的关键在于是否应该预见到,是否违反了相关的规则。前者是不可能预见,行为人已经遵守了特定的规则,尽了必要的注意义务;后者是应当预见而没有预见,进而盲目地实施了危害社会的行为,最终导致危害社会的结果。因此,根据行为人的实际能力和当时的情况,结合法律、职业等要求来认真考察其没有预见的原因,对于区分意外事件与疏忽大意的过失犯罪至关重要,这是罪与非罪的原则区分。例如,甲在自家院落晒易燃易爆物品,行人乙经过路边时,将烟头随便一扔,造成爆炸事故。甲违反了易燃易爆物品的堆放规则,乙也违反了日常生活规则,随便扔烟头,二者都没有尽到必要的注意义务,二人均成立过失犯罪。又如,丙开车正常行驶,车轮压起石子,该石子碰巧砸中路旁骑车人丁的脑袋,导致丁摔倒后脑出血死亡。交通规则防止汽车相撞或者撞向行人,丙已经遵守了必要的规定但仍然造成了他人死亡的结果,丙对丁的死亡结果没有具体预见可能性,不成立过失犯罪。

(三)不可抗力与意外事件之比较

不可抗力事件和意外事件的共同之处在于:① 行为人都对危害结果的发生持反对态度;② 主观上都没有故意或者过失。

二者的区别在于认识因素上,不可抗力事件中的行为人已经认识到自己的行为会发生危害社会的结果,而意外事件中的行为人没有认识到自己的行为会发生危害会的结果。

不可抗力事件和意外事件之所以不认为是犯罪,是由我国刑法所坚持的主客观相统一的定罪原则所决定的。在这种情况下,虽然行为人在客观上造成了损害结果，但其主观上既不存在犯罪的故意，也不存在犯罪的过失，因而缺乏构成犯罪和负刑事责任的主观根据，不能认定为犯罪和追究刑事责任。如果这时对行为人定罪和追究刑事责任，就是"客观归罪"，就有悖于主客观相统一的刑事责任原则的要求。

二、犯罪动机和犯罪目的

犯罪动机，是指激起和推动犯罪人实施犯罪行为的内心起因。犯罪动机是产生故意的源泉，它不仅确定犯罪目的，而且促使危害结果实现。但是，犯罪动机不是故意。知道财物是他人的而有意窃取，这是盗窃罪的故意；至于窃取财物是因为贫困交加、贪财还是接济他人，则属于动机的范畴。由于动机的性质、强弱直接反映行为人的主观恶性程度，因而动机是影响量刑的要素。

目的，是人们追求一定结果的一种主观愿望。犯罪目的是指犯罪人希望通过实施犯罪行为达到某种危害结果的心理态度。犯罪目的是直接故意的重要内容，它不仅表明行为人对行为可能发生的危害结果已有认识，而且反映了行为人对之积极追求的主观愿望。因此，犯罪目的对直接故意的形成具有重要的意义：① 在某些特定犯罪中，犯罪目的是构成要件要素之一，例如，走私淫秽物品罪必须"以牟利或者传播为目的"，是否具有此目的对犯罪的成立与否发生影响；② 在某些犯罪中，犯罪目的是区分此罪与彼罪的标准之一，例如，以出卖为目的收买被拐卖的妇女、儿童的，构成拐卖妇女、儿童罪；不具有这种目的的，只构成收买被拐卖的妇女、儿童罪。

犯罪动机和犯罪目的是仅存在于直接故意犯罪中，还是存在于一切故意犯罪中，在理论上存在一定分歧。由于犯罪动机是推动实施犯罪行为的内心起因，犯罪目的是行为人希望通过实施犯罪行为追求某种危害结果发生的心理态度，因此在实施行为时，行为人对行为的非法性质是已有认识的。而间接故意犯罪行为的性质在危害结果发生前并不确定，危害结果的发生也不是行为人追求的结果，因此间接故意犯罪不存在犯罪动机与犯罪目的。当然，间接故意犯罪可能存在其他动机与目的，但不能把它作为犯罪动机与犯罪目的看待，两者是有区别的。过失犯罪中没有犯罪动机和犯罪目的的存在。

犯罪动机和犯罪目的都是通过行为人的危害行为表现出来的主观心理活动，但两者存在以下区别。① 从顺序来看，动机产生在前，目的产生在后。② 从内容、性质、作用来看，动机表明行为人犯罪的起因，比较抽象，对犯罪行为起推动作用；目的表明行为人所追求的危害结果，比较具体，对犯罪行为起指引方向的作用。③ 同一性质的犯罪，目的相同，但动机可以各种各样；不同性质的犯罪，目的各不相同，动机可能相同。④ 犯罪目的既可以影响量刑，也可以影响定罪；犯罪动机则侧重影响量刑。因此，对犯罪动机与犯罪目的应当注意区分。

三、期待可能性

期待可能性是德日刑法中的重要理论问题。期待可能性，是指从行为时的具体情况看，可以期待行为人不为违法行为而实施适法行为的情形。

很早以来的法谚就说：法律不强人所难。只有当一个人具有期待可能性时，才有可能对行为人作出谴责。在期待不可能的情况下，也就不存在谴责可能性。在这个意义上说，期待可能性是一种归责要素。缺乏期待可能性则是一种责任排除事由。

期待可能性是就一个人的意志而言的，意志是人选择自己行为的能力，这种选择只有在具有期待可能性的情况下，才能体现行为人的违法意志。有无期待可能性是是否阻却责任的事由，不是由法律明确规定的，所以被称为"超法规的阻却责任事由"，其是否存在需由法官具体判断。期待可能性理论是规范责任论的核心，是责任论从心理责任论向规范责任论转向的必然产物。期待可能性理论来自德国法院 1897 年对"癖马案"所作的判决。行为人（车夫）多年以来受雇驾驶双匹马车，其中一匹马具有以其尾绕住缰绳并用力压低马车的癖性。行为人（车夫）多次要求换一匹马，但是，雇主没有答应他的要求。某日该马劣性发作，行为人（车夫）采取了所有紧急措施，但马仍然撞伤他人。法院判决行为人（车夫）无罪，因为很难期待行为人（车夫）坚决违抗雇主的命令，不惜失去职业而履行避免其已预见的伤害行为的结果发生的义务。"癖马案"的时代背景是：19 世纪末 20 世纪初的德国，经济较为落后，劳苦大众生活艰难，失业率高。在这种情况下，"癖马案"中期待行为人坚决违抗雇主的命令，不惜失去职业而履行避免其已预见的伤害行为的结果发生的义务，确实是强人所难。所以，法院根据行为人所处的社会关系、经济状况否定了期待可能性的存在，从而否定了在损害结果的发生上行为人的应受谴责性。

期待可能性理论经过不断发展和完善，为有的国家的刑法实务所承认。后来，这一理论被试探性地运用于司法实践中。运用期待可能性理论的好处在于：考虑行为人本身的情况，不强人所难，能达到事实上的合理，不给其附加多余的义务，刑法对脆弱的人性给予适度同情。但是，期待可能性理论也存在明显不足：期待可能性是超法规的事由，由法官具体解释，容易导致被告人以其他事由阻却责任，从而冲击成文法的权威和社会秩序。

无论如何,期待可能性毕竟是现行刑法上没有明确规定的所谓"超法规的责任阻却事由",是在利用成文刑法处理案件可能会导致不太容易被公众接受的场合,适度考虑人情世故,而对成文刑法进行的变通。但是,既然有成文刑法关于行为构成犯罪的规定,过于夸大期待可能性理论的意义,或者在实际处理案件时过度适用期待可能性,都可能使刑法的效力大打折扣,使法治的精神受到冲击。在一些高度法治化的大陆法系国家,虽然理论上和实务中都承认缺少期待可能性属于"超法规的责任阻却事由",但是,在具体判决中,对采用期待可能性理论持谨慎、消极态度。有的案件中,一审法院以缺少期待可能性作出无罪判决,二审法院可能以不符合构成要件或者不具有违法性为理由维持一审法院的无罪结论,尽量避免从正面讨论期待可能性的有无问题。

所以,要维护法治的精神,就应当对期待可能性理论谨慎适用。对极其个别的轻微犯罪、过失犯罪,确实不能期待行为人实施适法行为的,可以用期待可能性进行辩解。但是,对于绝大多数犯罪,尤其是情节严重、可能涉及被害人重大的人身和财产法益的犯罪,应当排斥期待可能性的适用。在刑法学理论体系改造过程中,期待可能性的价值绝对不能被夸大。

第五节 刑法上的认识错误

刑法学上所说的认识错误,是指行为人对自己行为的刑法性质、后果和有关的事实情况不正确的认识。这种认识错误可能影响罪过的有无与罪过形式,也可能影响行为人实施犯罪的既遂与未遂,从而影响行为人的刑事责任。刑法学上的认识错误可以分为两类:一是行为人在法律上认识的错误;二是行为人在事实上认识的错误。

一、法律认识错误

法律认识错误,又称违法性认识错误,即行为人在法律上认识的错误,是指行为人对自己的行为在法律上是否构成犯罪、构成何种犯罪或者应当受到什么样的刑事处罚的不正确的理解。法律认识错误原则上不影响对行为人的定罪量刑,行为人实施了犯罪行为,即便其认为该行为是合法的,原则上也不能阻却行为的犯罪性。但在特定情形下,如果行为人产生法律认识错误是基于不可避免的原因造成的，行为人不可能认识到自己行为的违法性，则不宜以犯罪论处。

（一）法律认识错误的类型

（1）直接禁止的错误，是指对禁止规范的存在有认识错误，即误将违法行为当作合法行为而实施的情形。例如，甲误以为刑法不禁止征得未满14周岁幼女乙同意而与之发生性关系。

（2）间接禁止的错误，是指行为人虽然认识到行为被法律禁止，但错误地认为，在具体案件中存在正当化规范，因而不违法，即行为人错误地为自己的违法行为建立起不存在的正当化基础。例如，甲知道非法拘禁是违法行为，但误以为任何人都可以拘禁吸毒者，便对吸毒者实施了拘禁行为，但法律根本不承认这种正当化事由。又如，法律允许公民扭送现行犯至公安机关，甲就误认为任何公民都可以杀死现行犯，于是杀死了现行犯，就属于对"扭送"作了超出允许界限的扩大解释。

（3）涵摄的错误，是指对某一法律概念的错误理解，误认为自己的行为不符合犯罪构成要件要素的情形。例如，甲知道刑法禁止醉酒后在道路上驾驶机动车，但误认为拖拉机不属于机动车，进而醉酒后在道路上驾驶拖拉机的，不影响其危险驾驶罪的认定。又如，行为人明知道刑法禁止毁坏他人财物，但误以为动物不属于刑法上的财物，于是将他人饲养的价值10万元的宠物杀害，其仍然构成故意毁坏财物罪。再如，赵某误以为猎杀的对象猫头鹰不属于濒危野生动物而去捕杀，仍然构成《刑法》第341条的危害珍贵、濒危野生动物罪。

（4）有效性的错误，是指对法律的有效性发生错误认识，即行为人知道禁止规范，但误以为该规范已失效。

（二）法律认识错误回避可能性的判断

原则上，任何人对自己行为的违法性都应当认识到。其理由在于，凡是有严重社会危害性的行为，法律就将其规定为是违法犯罪行为，或者说，法律所规定的违法犯罪行为，原则上都是有严重社会危害性的行为。因此，行为人如果能认识到其行为可能是有害的、有社会危害性的，就推定其认识到了行为的违法性。例如，行为人认识到杀人是有危害性的，那么就可以推定其认识到自己行为是违法的。但的确存在例外的案件，行为人虽然实施了危害社会的行为，但基于特殊原因，不可能认识到行为是违法的，不可避免地产生了法律认识错误。如果这种错误是不可避免的（没有违法性认识的可能性），则可以成为责任阻却事由，进而阻却行为的犯罪性。

（1）对法的状况产生了疑问时。如果行为人没有认真地考虑疑问，实施了违法行为，就属于可以避免的违法性认识错误，应当成立故意犯罪。如果行为人对行为违法与否的疑问，向官方进行了认真的咨询后得知行为不违法才去实施，即使行为实际上违法，也不成立犯罪。例如案例四中，孙某信赖法院的正式答复，导致有法律认识错误产生，孙某对此是没有违法性认识可能性的，所以不成立犯罪。但是，行为人基于一定的信赖、按照"专家"的意见而产生了违法性的认识错误时，原则上成立故意犯罪。专家一般只是作为某个领域的专家，对于自己领域内的问题发表看法，虽然具有一定的权威性，但这代表不了公信力。未得到司法机关授权或委托，专家意见一般只是代表个人观点，并不是官方意见表达。

（2）知道要在法的特别规制领域进行活动时。行为人必须努力收集相关法律情报，如果没有认真收集，认为自己的行为是合法的，如果实施的行为实际上是违法的，应当成立故意犯罪。例如，在投标过程中，行为人没有熟悉相关的法律法规而贸然行动，认为自己行为是合法的，但实际上是犯罪行为，应以犯罪论处。

（3）知道其行为侵害基本的个人、社会利益时。此种情形下，即使违法性的认识发生了错误，也成立故意犯罪。例如，把小偷抓回来打一顿，基于大义灭亲把自己孩子杀了，这些侵犯基本人权的行为都是犯罪。如果产生了法律认识错误，认为该行为是合法的，应该以犯罪论处。

二、事实认识错误

事实认识错误，即行为人在事实上认识的错误，是指行为人主观上的认识与构成要件事实不相符合——行为人的主观认识与客观结果不一致。这类错误是否影响行为人的刑事责任，要区分情况：如果属于对犯罪构成要件的事实情况的错误认识，就要影响行为人的刑事责任；如果属于对犯罪构成要件以外的事实情况的错误认识，则不影响行为人的刑事责任。事实认识错误，通常表现为以下几种情况。

1. 客体的错误

客体的错误即行为人意图侵犯一种客体，而实际上侵犯了另一种客体。例如，着便衣的警察抓获了正在盗窃的甲，出示证件后将甲带往附近派出所。行至途中，被甲的朋友乙遇见，乙以为警察是与甲打架的公民，上前将警察打倒在地，造成轻伤，甲、乙二人逃走。在此案件中，乙意图侵犯的是他人的健康权利，却由于其认识错误，实际上侵犯了国家机关工作人员正在执行的正常公务活动。对这种客体认识错误的案件，应当按照行为人意图侵犯的客体定罪，上述案件应认定为故意伤害罪。又如，丙本欲盗窃一般财物，却误将枪支当作一般财物实施盗窃。丙主观上是想实施盗窃罪，但实际上却触犯了盗窃枪支罪。丙没有盗窃枪支的故意，不能认定为是盗窃枪支罪，只能认定为盗窃罪。

2. 对象的错误

第一，具体的犯罪对象不存在，行为人误以为存在而实施犯罪行为，因而致使犯罪未得逞的，应定为犯罪未遂。例如，行为人误以为野兽、牲畜、物品、尸体是人而开枪射杀的，应承担故意杀人罪（未遂）的刑事责任。

第二，行为人误以人是兽而实施杀伤行为，误把非不法侵害人认为是不法侵害人而进行防卫，这类情况下显然不是故意犯罪，根据实际情况或是过失犯罪，或是意外事件。

第三，具体目标的错误。例如，把甲当作乙而加以杀害或伤害。这种对具体目标的错误认识，对行为人的刑事责任不发生任何影响，行为人仍应承担故意杀人罪或故意伤害罪的刑事责任，因为甲乙的生命、健康在法律上的价值一样，同样受到法律保护。

3. 行为实际性质的错误

行为实际性质的错误，即行为人对自己行为的实际性质发生了错误的理解。例如，假想防卫，行为人把不存在的侵害行为误认为正在进行的不法侵害行为实行防卫而致人受伤或死亡，由于行为人不存在犯罪的故意，因而不应以故意犯罪论处，而应根据具体情况，判定为过失犯罪或者意外事件。

4. 打击错误

打击错误，也被称为方法错误、实行失误，是指由于行为人行为本身的误差，导致行为人所欲攻击的对象与实际受害的对象不一致。打击错误具体包括两种情形。

（1）同一犯罪构成内的错误。即行为人意欲侵害的对象和实际侵害的对象体现着相同的社会关系或者相同的犯罪客体。例如，甲欲杀害乙，由于枪法不准，击中了乙身边的丙，造成丙死亡。法定符合说认为，行为人主观上具有杀人故意、客观上的行为也导致他人死亡，定故意杀人罪（既遂），即便被害的对象与主观上意欲杀害的对象不是具体的一致，也不影响故意犯罪既遂的成立，因为意欲杀害的对象与实际侵害的对象在法律规定的层面都是"人"。具体符合说则认为，由于客观上所造成的结果与行为人的主观认识没有具体符合，行为人是一行为触犯数罪名（故意杀人未遂、过失致人死亡），以一重罪论处。

（2）不同犯罪构成间的错误。即行为人意欲侵害的对象和实际侵害的对象体现着不同的社会关系或者不同的犯罪客体。例如，甲意欲对乙实施开枪杀害行为，但由于枪法不准，击中了乙身边其所养的狗。甲成立故意杀人罪（未遂），对于其过失导致狗死亡（乙的财物被损毁）的行为不以犯罪论处。由于行为人只有一行为，只能以故意杀人罪（未遂）论处。

5. 因果关系的错误

因果关系的错误，即侵害的对象没有错误，但造成侵害的因果关系的发展过程与行为人所预想的发展过程不一致，以及侵害结果推后或者提前发生的情况。因果关系的错误主要包括以下三种情况。

（1）狭义的因果关系错误，指结果的发生不是按照行为人对因果流程的预设来实现的情况。例如，甲为了让乙在深水中被淹死，而将其推下桥，实际上乙是因其头部撞上桥墩而死亡的。注意，甲将乙推下桥，便制造了乙的生命危险，这种危险会以多种方式演变为死亡结果，如可能淹死、可能休克、可能撞上桥墩或柱子，这些死亡方式都是甲能够认识到的。因此，乙撞向桥墩死亡能够归责于甲的故意。再如，甲利用手机群发"房租请打到房东新换的银行卡上"的短信实施诈骗，乙收到短信后被骗，将房租1万元汇入短信提供的银行账号，后乙又将短信转发给在外地出差的合租同伴丙，丙于是也将房租1万元汇入该账号。首先，甲群发诈骗短信行为制造了法益风险。其次，在"合租"现象大量存在的前提下，甲群发的短信可能被不同个人分别收到，也可能由他人再行转发，这些方式都是甲能够认识到的。同时，既然是群发短信，谁收到，谁付款，谁就上当，甲对此结局是有认识并希望的，因此，由乙转发短信导致丙被骗的结果也应当归责于甲的行为。因果关系错误并不影响甲的故意及诈骗罪的既遂。

狭义的因果关系错误通常不阻却故意。但也有很多例外情形。例如，甲想杀死乙，在被害人乙手上割了一个小口后，乙大呼"救命"，甲害怕被抓而逃离现场，甲不知乙患有血友病，乙很快因失血过多而亡。甲认识到的是自己轻伤乙所引起的相应危险，但这种轻伤并不具有类型化的导致他人死亡的危险。轻微危险竟能导致死亡结果，显然超出了甲的生活经验。虽然在客观上甲的行为与乙的死亡有（相当性意义上的）因果关联，但甲对这种相当性显然缺乏预见，因此，这种因果关系错误能够阻却故意，甲至多可能视情形对乙的死亡承担过失致人死亡罪的责任。

(2) 结果的推迟发生。行为人误认为自己的行为已经发生了预期的侵害结果，为达到另一目的，又实施了另一行为，事实上行为人所预期的结果是后一行为所造成的。例如，甲为杀人而先实施伤害行为（第一个行为），被害人重伤昏迷，甲以为被害人已经死亡，为了隐匿罪迹，将被害人扔至水中（第二个行为），被害人醒后溺水而亡。甲是否成立故意杀人既遂？理论上对此问题存在不同的观点。第一种观点认为，行为人的第一行为成立故意杀人罪（未遂），第二行为成立过失致人死亡罪；其中有人认为成立想象竞合犯，有人主张成立数罪。第二种观点认为，如果在实施第二行为之际，对于死亡持未必的故意（或间接故意），则整体上成立一个故意杀人罪（既遂）；如果在实施第二行为之际，相信死亡结果已经发生，则成立故意杀人罪（未遂）与过失致人死亡罪。第三种观点认为，将两个行为视为一个行为，将支配行为的故意视为概括的故意，只成立一个故意杀人罪（既遂）。第四种观点认为（通说观点），将前后两个行为视为一体，视为对因果关系的认识错误处理，只要因果关系的发展过程是在相当的因果关系之内，就成立一个故意杀人罪（既遂）。

(3) 结果的提前实现。在行为人的计划中有两个行为，其希望通过第二个行为导致结果的发生，但事实上前一行为就导致结果发生。例如，甲准备在欺骗乙吃安眠药熟睡后用铁棍将其打死，但在甲用铁棍打乙之前，乙由于服用甲提供的安眠药过量而死亡。在这种场合，由于甲的第一行为已经具有导致乙死亡的危险，甲对此也有认识，所以，故意杀人罪（既遂）应当能够成立。再如，甲准备了毒酒，准备晚餐时毒死妻子，甲中午回家后出门打牌，妻子提前下班回家，发现甲包内的毒酒，妻子在不知情的情况下自酌一杯死亡。此时，甲属于故意杀人罪（预备）与过失致人死亡罪的想象竞合。注意，因果关系是实行行为与结果之间的引起与被引起的关系，而不是预备行为与结果之间的因果关系。如果危害结果是实行行为导致的，则成立故意犯罪的既遂；如果不是，则否认故意犯罪的既遂，因为还没有"着手"实施实行行为，不可能是既遂。

归结起来讲，故意的成立要求行为人认识因果关系，但是，这种认识只是大致的认识，而不是具体的认识，不要求认识到细节。按照具体符合说，只要实际的因果经过（即便有所偏离，也还在生活经验法则的框架内）从整体上看处于客观上可归责的范围内，就可以认定行为人对这种因果偏离仍存在预见，对因果关系的认识错误就不具有重要性，不阻却故意。因此，因果关系错误在刑法评价上是否重要，需要在个案中进行具体判断。

每章一练

一、单项选择题

1. 根据我国刑法规定，犯罪故意可以分为（　　）。
   A. 直接故意与间接故意
   B. 概括故意与确定故意
   C. 预谋故意与突发故意
   D. 事前故意与事后故意

2. 甲与乙有仇，欲置乙于死地。某日，甲见乙与丙被绳索悬吊于半空中一起洗擦楼房外墙玻璃，便用刀割断绳索，致乙、丙一起坠地死亡。对此，甲的主观罪过形式是（　　）。
   A. 对乙属直接故意，对丙属间接故意，具有两个罪过
   B. 对乙属直接故意，对丙属轻信过失，具有两个罪过
   C. 对乙属直接故意，丙的死亡依附于乙的死亡，只具有一个罪过
   D. 对乙属直接故意，对丙属意外事件，只具有一个罪过

3. 甲为了掩盖自己的贪污罪行，企图放火烧毁会计室。深夜放火时甲发现乙在会计室睡觉，明知放火行为可能烧死乙，但仍然放火，也没有采取任何措施防止乙死亡。乙果真被烧死。甲对乙的死亡在主观方面具有（　　）。
   A. 直接故意
   B. 间接故意
   C. 过于自信的过失
   D. 疏忽大意的过失

4. 张某意图杀害李某，一日晚藏于李某院门外，从虚掩的门缝中见一黑影在移动，即认为是李某，遂举枪射击。次日方知打死的不是李某，而是李某家中的一头牲畜。张某的行为属于（　　）。
   A. 对象错误
   B. 打击错误
   C. 因果关系错误
   D. 法律认识错误

5. 甲为了使乙溺死而将乙推入井中，但井中没有水，乙摔死在井中。对甲的行为应认定为（　　）。
   A. 甲的行为与乙的死亡没有因果关系
   B. 甲应负故意杀人既遂的责任

C. 甲应负故意杀人未遂的责任

D. 只是意外事件，甲不负刑事责任

6. 甲准备使乙吃安眠药熟睡后将其绞死，但未待甲实施绞杀行为时，乙由于安眠药过量而死亡。这种情况对于甲属于（　　）。

   A. 对象错误

   B. 打击错误

   C. 事前故意

   D. 因果关系错误之结果的提前实现

7. 胡某，37岁，非常喜欢邻居家4岁的男孩小强。一日，胡某带小强到一座桥上玩，胡某提着小强的双手将其悬于桥栏处，开玩笑说要把他扔到河里去。小强边喊害怕边挣扎，胡某手一滑，小强掉入河中。胡某急忙去救，小强已溺水而亡。从刑法理论上看。胡某对小强的死亡结果在主观上所持的心理态度是（　　）。

   A. 间接故意

   B. 疏忽大意的过失

   C. 过于自信的过失

   D. 意外事件

8. 司机王某，平日酒量为白酒一斤。一日，王某赴同事婚宴，喝了半斤白酒，自认为没事，离席后即驾车回单位，途中因头晕刹车不及，将一位正在人行横道上过马路的老人撞死。王某的主观方面是（　　）。

   A. 王某仅饮酒半斤，没有超过他平时的酒量，对于交通肇事行为不存在主观上的罪过

   B. 王某明知自己饮酒，还要驾车回去，结果撞死行为，其主观上对于交通肇事结果存在犯罪故意

   C. 王某明知自己饮酒，但认为没事，在主观方面为疏忽大意的过失

   D. 王某明知自己不应酒后驾车，但自认酒量大，应该没事，结果驾车肇事，在主观方面存在着过于自信的过失

9. 甲贩运假烟，驾车经过检查站时，被工商执法部门拦住检查。检查人员乙正登车检查时，甲突然发动汽车夺路而逃。乙抓住汽车车门的把手不放，甲为摆脱乙，在疾驶时突然急刹车，导致乙头部着地身亡。甲对乙死亡的心理态度属于（　　）。

   A. 直接故意

   B. 间接故意

C. 过于自信的过失

D. 疏忽大意的过失

10. 雨天夜晚，司机甲开车在公路上行驶。一个醉酒的人乙躺在公路中间一块塑料布下，甲不知情，开车从上面驶过，造成乙当场死亡。对甲的行为应认定为（　　）。

    A. 疏忽大意过失致人死亡

    B. 过于自信过失致人死亡

    C. 不构成犯罪

    D. 交通肇事罪

二、多项选择题

1. 下列关于罪过的说法正确的有（　　）。

    A. 罪过有故意和过失两种形式

    B. 罪过只能是行为时的心理态度，不能以行为前或者行为后的为准

    C. 行为虽然在客观上造成了损害结果，但不是出于故意或者过失的，不认为是犯罪

    D. 认识错误内容一般都能影响到刑事责任的有无和性质

2. 赵某杀死了作恶多端的儿子，认为自己是大义灭亲。其行为（　　）。

    A. 不构成犯罪

    B. 正当防卫

    C. 构成故意杀人罪

    D. 是对法律的认识错误

3. 行为人在事实上的认识错误包括（　　）。

    A. 对因果关系认识的错误

    B. 对犯罪客体认识的错误

    C. 对犯罪对象认识的错误

    D. 对行为性质认识的错误

4. 李某基于杀害潘某的意思将潘某勒昏，误以为其已死亡，为毁灭证据而将潘某扔下悬崖。事后查明，潘某不是被勒死而是从悬崖坠落致死。关于本案，说法正确的是（　　）。

    A. 李某在本案中存在因果关系的认识错误

    B. 李某在本案中存在打击错误

    C. 李某构成故意杀人罪（未遂）与过失致人死亡罪

    D. 李某构成故意杀人罪（既遂）

5. 下列关于意外事件与疏忽大意的过失的说法正确的有（　　）。
   A. 疏忽大意的过失与意外事件有相似之处
   B. 意外事件是能够预见的，疏忽大意的过失是不能够预见的
   C. 疏忽大意的过失是能够预见、应当预见，而因疏忽大意才没有预见
   D. 意外事件是不能够预见、不应当预见的

第九章

故意犯罪停止形态

◆ 知识目标

1. 掌握犯罪既遂形态、犯罪预备形态。
2. 掌握犯罪未遂、犯罪中止形态。

◆ 能力目标

1. 判断故意犯罪的停止形态。
2. 在具体案例中根据停止形态作出正确处理。

◆ 案例导入

【案例一】

某日晚12时许,李某从一朋友处喝酒后回家。行至一小路岔口处,看到前面有一妇女单身行走,便起歹意。遂从后面冲上去,抓住该妇女的皮包就往回跑。刚跑出不到10米,只听后面喊:"李某,你怎么抢我的东西?"李某回头一看,见被抢者是其同学的妹妹,便赶紧走上前说:"阿妹,我看你一个人走路,不放心,逗你玩的。走吧,我把你送回家。"遂将该妇女护送到家。当时,该妇女包内有现金3000元。

问:李某的行为是否属于犯罪既遂?

【案例二】

张某持刀往仇人乙的住所,欲杀害乙。到达乙居住地附近,发现周围停有多辆警车,并有警察在活动,感到无法下手,遂返回。

问:张某的行为属于何种犯罪停止形态?

【案例三】

王某因赌博欠债,难以偿还,便图谋盗窃本厂财务室保险柜里的现金。某日晚10时许,王某撬开了财务室的房门,但因无法打开小保险柜,于是,王某将小保险柜搬离财务室,隐藏在厂内仓库旁,想等待时机再打开小保险柜,窃取现金。第二天,财务室的会计发现办公室门被撬、小保险柜失踪,当即报案。公安人员在厂内仓库旁找到保险柜,柜门尚未打开,柜内人民币也原封未动。

问:王某的行为是盗窃既遂还是盗窃未遂?

【案例四】

陈某欲盗窃某仓库的财物,并事先去仓库周围踩点。某夜,陈某按照预先观察好的路线进入仓库,在搬东西时,碰翻了堆放在仓库中的水桶,水桶发出巨大响声。陈某惊恐,急忙逃走。

问:陈某的行为属于犯罪中止还是犯罪未遂?

第一节　故意犯罪停止形态概述

一、故意犯罪停止形态的概念和特征

（一）故意犯罪停止形态的概念

故意犯罪停止形态是指故意犯罪在其产生、发展和完成的过程及阶段中，因主客观原因而停止下来的各种犯罪状态。

根据犯罪的实现程度，故意犯罪的停止形态可以区分为两种基本类型。一是犯罪的完成形态，即犯罪的既遂形态，是指完全实现了法条规定的构成要件，行为人完成了犯罪的情形。二是犯罪的未完成形态，是指没有完全实现法条规定的构成要件，行为人未完成犯罪的情形。包括犯罪预备、犯罪未遂和犯罪中止。比如故意杀人，将人杀死，是既遂；为杀人购买刀具，未曾实施即被抓获，是预备；杀人时，因晕血而昏迷，被害人逃走，是未遂；杀人过程中，良心发现，放下屠刀，是中止。

（二）故意犯罪停止形态的特征

（1）故意犯罪停止形态是针对直接故意犯罪而言的。一般认为，间接故意犯罪、过失犯罪，必须造成结果才能定罪处罚，没有造成结果的不处罚，也就不存在犯罪未遂、中止等未完成形态。

（2）故意犯罪停止形态不具有可转换性。即这种停止不是暂时性停顿，而是结局性的停止，如成立既遂后不可能再回到中止。但同时需要明白的是，主观的任何一种犯罪停止形态（预备、未遂、中止、既遂），都不可能再回到其他犯罪停止形态。从这一意义上看，犯罪停止形态具有不可转换性。

（3）故意犯罪停止形态作为故意犯罪行为过程中因主客观的原因不再发展而固定下来的相对静止的不同结局，它们之间是一种彼此相对独立存在的关系，不能发生相互转化，如犯罪预备形态不能再前进为未遂形态，未完成形态不可能再转化为完成形态，完成形态也不可能再转化为未完成形态。

（4）对于一个故意犯罪行为而言，只要出现了任何一种故意犯罪停止形态，都不可能再出现其他犯罪停止形态。就同一起犯罪而言，不可能并存两个故意犯罪停止形态，各个故意犯罪停止形态之间是排斥关系，而非并存关系。例如，出现了犯罪既遂，不可能回到犯罪中止；出现了犯罪未遂，也不可能再出现犯罪既遂。

（5）故意犯罪停止形态的要件。主观上，行为人"自认为"自己的犯罪行为实施完毕了（如自己停止下来，或者被他人制止后停止下来），结果也出现了或者不可能继续向前发展，事态不会继续向前发展。客观上，行为人的行为停止了。

二、犯罪形态和犯罪阶段

一个标准的直接故意犯罪有如下几个阶段：起意阶段、预备阶段、实行阶段、实行后阶段。起意阶段没有刑法意义，它只是一种思想的流露。在预备阶段中如果出于意志以内的原因放弃犯罪，属于犯罪中止（预备终止）；如果出于意志以外的原因放弃犯罪，属于犯罪预备。在实行阶段中，如果出于意志以外的原因放弃犯罪，属于犯罪未遂，如果出于意志以内的原因放弃犯罪，则属于犯罪中止（实行中止）。在实行后阶段，如果自动有效地防止犯罪结果的发生，也可以成立犯罪中止（实行后终止）。

可见，犯罪阶段是一个时间跨度概念，而犯罪形态则是在犯罪阶段中的一种静止状态，两者不能混淆。形态之间是不可逆的，成立中止之后就不可能成立未遂、预备和既遂，成立既遂后也不能成立中止、未遂和预备。

第二节 犯罪既遂

一、犯罪既遂的概念和特征

犯罪既遂是指行为人故意实施的行为已经具备了刑法分则规定的某种犯罪的全部构成要件。其基本特征是：① 犯罪既遂的主观条件方面，行为人必须有犯罪故意；② 犯罪既遂的时间条件方面，行为人已经着手实施刑法分则规定的某种犯罪构成要件的行为；③ 犯罪既遂的核心条件方面，已经具备了刑法总则和分则规定的某种犯罪构成的全部要件。

案例一中，李某的行为属于抢夺罪的既遂形态。根据我国刑法理论，抢夺罪的既遂标准是行为人已经将财物抢夺到手、占为己有。本案中，李某趁被害人不备，从身后冲上去将包抢到手，且已经逃离，此时他已完成了抢夺犯罪行为。至于在逃跑时由于被被害人认出而将已经取得的财物返还,属于犯罪既遂之后的事情,与犯罪的既遂与否不再有关系。因此在抢夺他人财物之后被人认出又主动返还财物的,不影响犯罪既遂的成立。

二、犯罪既遂的类型

根据我国刑法分则对直接故意犯罪构成要件的不同规定,犯罪既遂主要有以下几种类型。

1. 结果犯

结果犯是指不仅要实施具体犯罪构成客观要件的行为,而且必须发生某种法定的犯罪结果才构成既遂的犯罪。即必须造成法定的结果,才构成犯罪既遂。最典型的是故意杀人罪,故意杀人且把人杀死才能构成犯罪既遂,如果故意杀人未造成他人死亡结果,就只能成立故意杀人罪的未遂或中止。

2. 行为犯

行为犯是指以法定犯罪行为的完成作为既遂标志的犯罪。即既不要求危害结果也不要求有现实危险,只要犯罪行为进展到一定程度就为犯罪既遂。例如脱逃罪,如果脱逃行为达到了使行为人摆脱监管机关和监管人员的实际控制的状态和程度的,即为脱逃罪的既遂。

3. 危险犯

危险犯是指以行为人实施的危害行为造成法律规定的发生某种危害结果的危险状态作为既遂标志的犯罪。即危害行为造成某一危害结果发生的具体危险为犯罪既遂。主要集中于危害公共安全类犯罪。例如,甲为了使火车颠覆,将一块大石头搬到铁轨上,在回家路上产生后悔的想法,在火车到来之前将石头搬走,甲的行为就是破坏交通设施罪的既遂。

4. 举动犯

举动犯也称即时犯,是指行为人着手犯罪实行作为即告犯罪完成和完全符合构成要件,从而构成既遂的犯罪。举动犯在我国现行刑法中,可以分为两类:一类是将预备性质的行为提升为实行行为,如组织、领导、参加恐怖组织罪等,另一类是将教唆、煽动性质的行为规定为实行行为的犯罪,如煽动分裂国家罪等。

三、既遂犯的处罚原则

由于我国刑法分则对各种具体犯罪的法定刑都是以犯罪既遂为标准设置的，因此，对既遂犯应当直接按照刑法分则中相对应犯罪的法定刑处罚。当然，刑法总则所规定的一般量刑原则必须严格遵守。

第三节 犯罪预备

一、犯罪预备的概念和特征

《刑法》第22条第1款规定："为了犯罪，准备工具、制造条件的，是犯罪预备。"所谓犯罪预备，是指为了犯罪，准备工具、制造条件，但由于行为人意志以外的原因而未能着手实行犯罪的情形。

构成犯罪预备，必须同时具备以下特征。

（1）主观上具有犯罪的目的。犯罪目的对于决定预备行为的性质具有非常重要的作用。例如，为了实施杀人犯罪，行为人购买刀具，这就是杀人的预备行为；如果购买刀具是为了实施抢劫，那就是一个抢劫的预备行为，因此主观意图对行为的性质具有很大的主导作用。如果没有犯罪意图，买刀只是为了做饭，就是一个合法的行为。总之，一个行为之所以成为犯罪的预备行为，取决于支配行为的犯罪意图。

（2）客观上实施了犯罪预备行为。犯罪预备行为是为了犯罪，准备工具、制造条件的行为。常见的预备行为有7种：① 准备工具，如为杀人而买刀。② 练习犯罪的手段，如练习射击技术。③ 进行犯罪前的调查，如踩点，明了被害人作息起居情况。④ 排除实行犯罪的障碍，如为了盗窃，先把看门的狗毒死。⑤ 前往犯罪现场或诱骗被害人去犯罪现场。⑥ 尾随和守候行为。⑦ 勾引共犯，其中也包括为了实施某种犯罪而组织犯罪集团，这样组织参加犯罪集团的行为也是犯罪的预备行为。例如，为了盗窃和抢劫而勾结共犯或者组织犯罪集团，就是盗窃、抢劫的预备行为。

（3）事实上未能着手犯罪。犯罪预备必须在预备阶段停顿下来，行为人由于意志以外的原因而没有能够"着手"。假如行为人已经着手犯罪，由于意志以外的原因没有既遂的，是犯罪未遂，不是犯罪预备。

（4）未能着手实行犯罪是由于行为人意志以外的原因。如果是出于意志以内的原因，则属于预备阶段的犯罪中止。

案例二中，张某到达乙的住地时，发现有警车停放此处和警察在活动，感到无法下手而没有着手实施杀人行为。警车的存在和警察活动属于张某意志以外的因素，该因素使得其不得不放弃了原来的犯罪计划，故构成犯罪预备。

二、预备犯和犯意表示的区别

犯意表示不成立预备犯，不应以犯罪论处。犯意表示是一种思想流露，还没有表现为行为，不属于刑法打击范围。犯意表示一般是以口头、书面或者其他方法，将真实犯罪意图表现于外部的行为。例如，某人说："我真恨某某，我真想把他给杀了！"但是没有任何行动。这本身不是行为，不是犯罪预备。

犯罪预备与犯意表示的最本质的区别在于犯罪行为是为了犯罪准备工具，制造条件，对实行犯罪起到促进作用，对刑法保护的法益构成了现实的威胁，犯意表示并没有对实行犯罪起到作用，对法益没有构成现实的威胁，属于思想的表达。

需要注意的是，语言表示一般认为是犯意表示，不应该以犯罪论处。但是部分犯罪本身就是通过语言实施的，因此这种情形下的语言表示成立犯罪，具体包括两类。① 成立预备犯。语言的表示或文字的表示实际上是为了实施某种犯罪而采取的预备行为，而不仅仅是犯意流露，例如为了犯罪而勾结共同犯罪人。② 成立实行犯。言语本身是一种实行行为，例如通过语言敲诈勒索他人（敲诈勒索罪）。

三、预备犯的处罚原则

根据《刑法》第22条第2款的规定，对于预备犯，可以比照既遂犯从轻、减轻或者免除处罚。

第四节 犯罪未遂

一、犯罪未遂的概念和特征

《刑法》第23条第1款规定："已经着手实行犯罪，由于犯罪分子意志以外的原因而未得逞的，是犯罪未遂。"根据上述规定，我国刑法中的犯罪未遂是指行为人已经着手实施具体犯罪构成的实行行为，由于其意志以外的原因而未能完成犯罪的一种犯罪停止形态。

犯罪未遂具有三个特征。

（1）已经着手实行犯罪。"着手"是犯罪实行行为的起点，是犯罪未遂与犯罪预备相区别的主要标志。所谓"着手"实行犯罪是指开始了犯罪的实行行为。而实行行为是指行为人实施的分则条文所规定的行为。因此所谓"着手"，既可以说开始了实行行为，也可以说是开始了实施分则条文规定的犯罪行为，如故意杀人罪中的杀害行为、抢劫罪中侵犯人身的行为和劫取财物的行为等。

判断是否"已经着手实行犯罪"是一个比较复杂而困难的问题，不可能有一个绝对、统一的标准。我国的主流观点从形式和实质两个角度判断着手，从形式上讲，行为人开始实施了刑法规定的行为，从实质上讲，对法益有现实侵害的紧迫性。不同的犯罪，其实行行为是不同的，所以着手的特点也不一样。在枪杀的情况下，一般认为举枪瞄准，正要扣动扳机的时候是杀人的着手。在刀杀的场合，一般认为，举刀要砍的时候是杀人的着手，因为此时才对法益有现实侵害的危险性。

（2）犯罪未得逞。"未得逞"不等于不发生任何损害结果，而是指没有具备刑法分则的条文规定的某一犯罪构成的全部要件。这是未遂和既遂的区别的关键。如果由于意志以外的原因没有完全实现分则所规定的犯罪构成的全部要件，就是未遂；如果完全实现了就是犯罪既遂。

（3）由于意志以外的原因而没有既遂。这是犯罪未遂与犯罪中止的显著特征，意志以外的原因指并非出于行为人的意愿而是遭遇客观障碍，被迫停止于既遂之前。常见的意志以外的原因有：① 被害人强烈的反抗。例如抢劫时反而被被害人打昏。② 第三人的出现、制止、抓获。例如警察的制止。③ 自身能力的不足。例如晕血，杀人一见血就晕倒。④ 自然力的破坏。例如放火时突然下雨无法点着目的物。⑤ 认识错误。例如把男人当成女人予以强奸。

案例三中，王某的行为属于犯罪未遂。根据我国刑法理论和司法实践经验，盗窃罪的既遂是以财物所有人、监管人失去对财物的控制和行为人实际控制财物为标准的。如果仅仅是行为人控制了物品，但财物的所有人、监管人尚未失去控制的，盗窃行为仍未达到既遂状态。本案中，王某已经着手实施盗窃行为，但是由于无法打开小保险柜以及工厂及时报案、公安人员及时寻找这些意志以外的原因，王某未取得对财物的实际控制，工厂也尚未丧失对财物的控制。所以，对王某仍应以盗窃未遂处理。

二、犯罪未遂的种类

犯罪未遂，欲达目的而不能。一般根据两种不同标准，把犯罪未遂分为以下两类。

1. 实行终了的未遂与未实行终了的未遂

根据犯罪人自认为的犯罪行为是否实施完毕，分为实行终了的未遂和未实行终了的未遂。实行终了的未遂，是指犯罪人已将其认为达到既遂所必需的全部行为实行终了，但由于意志以外的原因未得逞。例如，行为人在他人碗里投毒然后离去，但被害人在欲吃饭时因饭被狗打翻了而未吃。从行为人的主观想法来看，他认为其犯罪行为已经实施完毕。未实行终了的未遂，是指由于意志以外的原因，犯罪人未能将他认为达到了既遂所必需的全部行为实行终了。例如，正在杀人时被抓获。

2. 能犯未遂与不能犯未遂

以犯罪行为实际上能否达到既遂状态为标准可分为能犯未遂与不能犯未遂。能犯未遂，是指有既遂的可能性，只是由于遇到了意志以外的原因而没有既遂。在能犯未遂的情况下，犯罪行为本身是可以既遂的，只是由于行为人自身的原因导致犯罪没有成功。例如，甲开枪射击乙，第一枪未中，在准备开第二枪时，被警察当场抓获，即为能犯未遂。不能犯未遂，是指由于行为人对有关犯罪事实的认识错误，而使该犯罪行为在当时不可能达到既遂的情况。分为对象不能犯和手段（工具）不能犯。对象不能犯，是指由于行为人的错误认识，使得其犯罪行为所指向的犯罪对象在行为当时不存在。例如，将稻草人作为仇人开枪，属于对象不能犯。手段（工具）不能犯是指行为人具有现实犯罪的意图，但使用的手段方法根本不可能导致结果的发生。例如，误以为枪支（空枪）有子弹而对他人实施枪击行为，就属于手段（工具）不能犯。

三、未遂犯的处罚原则

根据《刑法》第23条第2款规定，对于未遂犯，可以比照既遂犯从轻或者减轻处罚。

第五节 犯罪中止

一、犯罪中止的概念和特征

根据《刑法》第 24 条的规定，犯罪中止是指在犯罪过程中，行为人自动放弃犯罪或者自动有效地防止犯罪结果的发生，而未完成犯罪的犯罪停止形态。犯罪中止存在两种情况：一是在犯罪预备阶段或者是在实行行为还没有实行终了的情况下，自动放弃犯罪；二是在实行行为终了的情况下，自动有效地防止犯罪结果的发生。

犯罪中止，想达目的而不愿。犯罪中止具有以下特征。

1. 在犯罪过程中

犯罪中止必须发生在犯罪过程中，即自开始实施犯罪预备行为到犯罪既遂之前（预备阶段、实行阶段、实行后阶段都可以成立中止）。需要注意如下几个问题。

（1）犯罪既遂以后不成立中止。例如，张三盗窃之后非常后悔，又把原物返还的，只能算犯罪后的悔罪表现，不成立犯罪中止。

（2）未遂之后不可能再成立中止。在犯罪阶段停下来，就不会再向前发展，因此如果在犯罪过程中遭遇客观障碍，行为明显地告一段落归于未遂的，就不再成立中止。例如，甲对仇人李某猛砍 10 刀后离开现场。1 个小时后，甲为寻找销毁犯罪工具回到现场，见李某仍然没有死亡。甲忽觉李某极其可怜，即将其送到医院治疗。甲的行为就不属于犯罪中止，而是犯罪未遂。

（3）自动放弃可重复加害的行为，成立中止。例如，甲欲杀死乙，第一发子弹击中乙的腿部，第二发子弹打中乙的腹部，乙随即倒地，痛苦不堪。甲见状，未再继续枪杀。在这种情况下，数个枪击的举动都属于一个整体的故意杀人行为，在这个行为过程中自动停止，是可以成立犯罪中止的。

2. 自动放弃犯罪

所谓自动放弃犯罪，是指行为人在认为能够完成犯罪的情况下，出于本人意志自动停止犯罪。自动性是犯罪中止的本质特征，也是犯罪中止与犯罪预备、犯罪未遂的根本区别所在。

"自动"应理解为行为人认识到客观上可能继续实施犯罪或者可能既遂，但自愿放弃原来的犯罪意图。其中，"能"与"不能"应以行为人的主观认识为标准。

(1) 行为人主观上认为"能"完成犯罪，但主观上停止下来的，成立犯罪中止。虽然存在客观障碍，但行为人没有认识到，而自愿中止犯罪的，成立犯罪中止；行为人认识到了客观障碍，但同时认为该客观障碍并不足以阻止其继续犯罪，而是由于其他原因放弃犯罪的，也应认定为是犯罪中止。

(2) 行为人主观上认为"不能"完成犯罪，进而停止下来的，成立犯罪未遂。虽然行为客观实际能够达到犯罪既遂，但行为人主观上认为"不能"达到既遂，因而停止下来的，成立犯罪未遂。例如，甲在实施抢劫行为时听到警车声便逃走的，成立抢劫未遂。

3. 客观上必须具有中止行为

成立犯罪中止，不仅要有中止的想法，更要有中止的行为，行为人必须在客观上真实放弃了犯罪，即犯罪中止必须具有彻底性。彻底性主要是针对自动放弃犯罪的情况而言。彻底性不仅表明了行为人自动停止犯罪的真诚和决心，而且表明行为人在客观上不再实施犯罪行为。如果因为准备不充分、时机不成熟、环境条件不利等而停止当时的犯罪行为，意图等待条件成熟时再继续实施该项犯罪，就不符合彻底性的要求，因而不能成立犯罪中止，而是犯罪的暂时中断。

4. 有效地防止犯罪结果的发生

犯罪中止必须具有有效性。所谓有效性，是指由于行为人彻底放弃犯罪意图，自动放弃犯罪行为，或者采取积极的防止措施，从而有效地防止了犯罪结果的发生。这是犯罪中止与犯罪既遂的区别所在。犯罪中止必须是没有发生既遂标志的犯罪结果，行为人虽然自动放弃犯罪或者自动采取措施防止结果发生，但如果发生作为既遂标志的犯罪结果，就不成立犯罪中止，而是犯罪既遂。

案例四中，陈某的行为属于盗窃犯罪的中止形态。陈某在行窃时将仓库中的水桶碰翻，发出巨大响声，这的确是他意志以外的原因。在出现这种意志以外的原因的情况下停止继续犯罪，是构成犯罪中止还是犯罪未遂，主要应考察这种现象对行为人的影响，即这种意志以外的原因对行为人停止犯罪是否起了主要作用。如果意志以外的原因的出现并不足以阻止行为人继续实施犯罪，而行为人基于这种不利条件放弃犯罪的，应成立犯罪中止；如果意志以外的原因的出现足以阻止行为人继续实施犯罪的，应当成立犯罪未遂。本案中，陈某在盗窃时碰翻水桶，水桶发出巨大响声，只是为他继续实施盗窃行为制造了不利条件，但并不足以阻止其继续实施盗窃行为。所以，陈某的行为成立犯罪中止。

二、犯罪中止的主要表现

行为人中止犯罪的原因是多种多样的，但主要有以下表现：

（1）真诚悔悟，良心发现而停止。

（2）因被害人的哀求、对被害人的怜悯、第三人的劝说而停止。

（3）因为敬畏而放弃。例如，杀人时突然打雷，行为人以为自己的行为遭雷劈而放弃；杀人时听到教堂钟声而放弃。

（4）基于嫌弃厌恶而放弃。例如，性侵时嫌弃对方长相而放弃；杀人时，嫌弃对方血太腥臭而放弃。

（5）害怕受到刑法处罚。例如，实施犯罪行为时看到普法宣传标语，害怕事后被抓而放弃。

（6）发现被害人是熟人而放弃，但若为关系极其密切之人，一般为未遂。例如，抢劫遇到同事而放弃，这是中止；抢劫遇到亲妈而放弃，这是未遂。

三、中止犯的处罚原则

根据《刑法》第 24 条第 2 款规定，对于中止犯，没有造成损害的，应当免除处罚，造成损害的，应当减轻处罚。

每章一练

一、单项选择题

1. 《刑法》第114条规定："放火、决水、爆炸以及投放毒害性、放射性、传染病病原体等物质或者以其他危险方法危害公共安全，尚未造成严重后果的，处三年以上十年以下有期徒刑。"本条规定的是（　　）。

   A. 基本犯

   B. 未遂犯

   C. 预备犯

   D. 结果加重犯

2. 甲拦路抢劫，将被害人打倒在地后发现原来是自己的邻居乙（造成乙轻微伤），于是说"不好意思，认错人了"，并赔偿乙100元钱，让乙赶快离开，自己继续等待下一个行人。甲对乙的行为属于（　　）。

   A. 抢劫罪（既遂）

   B. 抢劫罪（中止）

   C. 抢劫罪（预备）

   D. 故意伤害罪（既遂）

3. 甲开枪杀害其妻子，开了两枪后，看到妻子痛苦万分，又将其送往医院，经抢救生还，但造成终身残疾。甲的行为构成（　　）。

   A. 故意杀人罪（中止）

   B. 故意杀人罪（未遂）

   C. 故意杀人罪（既遂）

   D. 故意伤害罪（既遂）

4. 刘某父亲病重，刘某担心其继母分得父亲遗产，于是买了一盒阿胶用毒药浸泡，意图杀害继母。刘某将阿胶交给继母数日后，心生悔意，于是打电话告诉继母事情真相。继母告诉刘某说，她已经发现阿胶有异，早将其丢弃。刘某的行为属于（　　）。

   A. 犯罪既遂

   B. 犯罪未遂

   C. 犯罪中止

   D. 不构成犯罪

5. 甲投毒杀姚某，姚某呕吐不止，甲又觉得姚某可怜，送姚某到医院。医生鉴定甲的毒药不纯，不会致命，吐一会就会康复。甲的行为属于（　　）。

A. 犯罪既遂

B. 犯罪未遂

C. 犯罪中止

D. 犯罪预备

6. 甲扬言要杀死抢走自己女友的乙，甲的行为属于（　　）。

A. 犯意表示

B. 预备行为

C. 实行行为

D. 教唆行为

7. 故意杀人罪属于（　　）。

A. 实害犯

B. 危险犯

C. 行为犯

D. 迷信犯

8. 甲趁在路上行走的妇女乙不注意之际，将乙价值12000元的项链一把抓走，并立即逃跑。跑了50米之后，甲认为乙的项链根本不值钱，又转身回来，跑到乙跟前，打了乙两耳光，并说："出来混，也不知道戴条好项链。"然后将项链扔给乙。甲的行为应当定性为（　　）。

A. 抢夺罪（未遂）

B. 抢夺罪（中止）

C. 抢夺罪（既遂）

D. 抢劫罪（转化型抢劫）

9. 甲与一女子有染，其妻乙生怨。某日，乙将毒药拌入菜中意图杀甲。因久等未归且又惧怕法律制裁，乙遂打消杀人恶念，将菜倒掉。关于乙的行为，下列选项正确的是（　　）。

A. 犯罪预备

B. 犯罪预备阶段的犯罪中止

C. 犯罪未遂

D. 犯罪实行阶段的犯罪中止

10. 甲架好枪支准备杀乙，见已患绝症的乙跄跄走来，顿觉可怜，认为已无杀害乙的必要。甲收起枪支，但不小心触动扳机，乙中弹死亡。关于甲的行为定性，正确的是（　　）。

A. 仅构成故意杀人罪（既遂）

B. 仅构成过失致人死亡罪

C. 构成故意杀人罪（中止）、过失致人死亡罪

D. 构成故意杀人罪（未遂）、过失致人死亡罪

11. 犯罪中止的本质特征是（   ）。

    A. 时间性

    B. 自动性

    C. 客观有效性

    D. 阶段性

12. 下列犯罪中，属于实害犯的是（   ）。

    A. 绑架罪

    B. 投放危险物质罪

    C. 故意毁坏财物罪

    D. 拐卖妇女、儿童罪

二、多项选择题

1. 下列犯罪中，不存在犯罪的未完成形态的是（   ）。

    A. 直接故意犯罪

    B. 间接故意犯罪

    C. 疏忽大意的过失犯罪

    D. 过于自信的过失犯罪

2. 下列犯罪中，属于行为犯的是（   ）。

    A. 绑架罪

    B. 拐卖妇女、儿童罪

    C. 故意杀人罪

    D. 破坏交通设施罪

3. 下列情形中，属于故意杀人罪预备行为的是（   ）。

    A. 甲为谋杀刘某而持刀潜入刘某家中隐藏、守候

    B. 乙为谋杀刘某而购买砍刀一把

    C. 丙为谋杀刘某而引诱刘某前往荒郊野外

    D. 丁多次宣称一定要杀死刘某全家

4. 甲深夜潜入乙家行窃，发现留长发穿花布睡衣的乙正在睡觉。甲意图奸淫，便扑在乙身上强脱其衣。乙惊醒后大声喝问，甲发现乙是男人，慌忙逃跑被抓获。甲的行为属于（   ）。

    A. 实行终了的未遂

    B. 未实行终了的未遂

C. 能犯未遂

D. 不能犯未遂

5. 犯罪中止可以发生在（　　）。

   A. 犯罪的预备阶段

   B. 犯罪的实行阶段

   C. 犯罪行为尚未实行完毕的情况下

   D. 犯罪行为已经实行完毕的情况下

6. 下列犯罪中，属于危险犯的是（　　）。

   A. 破坏交通工具罪

   B. 故意毁坏财物罪

   C. 放火罪

   D. 诬告陷害罪

7. 下列关于犯罪既遂的说法，正确的是（　　）。

   A. 犯罪既遂是刑法分则规定的某种犯罪构成的完成形态

   B. 犯罪既遂是依照刑法分则条文规定的法定刑进行处罚的标准形态

   C. 通说采取目的说作为判断犯罪既遂的标准

   D. 行为人没有实现犯罪预期的目的，不可能构成犯罪既遂

8. 下列犯罪中，存在未遂形态的是（　　）。

   A. 故意杀人罪

   B. 诈骗罪

   C. 销售伪劣产品罪

   D. 交通肇事罪

9. 下列关于预备行为和实行行为的说法，正确的是（　　）。

   A. 实行行为与预备行为的实质区别在于是否能直接侵害犯罪客体

   B. 磨刀行为对于故意杀人罪而言属于预备行为

   C. 为杀人而制造枪支，制造枪支的行为只可能是预备行为

   D. 盗窃枪支后又使用该枪支杀人，该情形中存在两个实行行为

10. 下列选项中，属于犯罪中止的原因的有（　　）。

    A. 真诚的悔悟

    B. 害怕受到刑罚的惩罚

    C. 他人的阻止

    D. 害怕受到上天的报应

第十章

共 同 犯 罪

◆ **知识目标**

1. 掌握共同犯罪的概念和成立条件,并运用原理分析实际问题。
2. 理解共同犯罪的形式。
3. 熟悉共同犯罪人的种类及刑事责任。

◆ **能力目标**

1. 分析具体案例中是否存在共同犯罪。
2. 认定主犯、从犯、胁从犯和教唆犯。

◆ 案例导入

【案例一】

李某和王某合谋盗窃甲公司,王某私配了一把"万能钥匙"给李某,二人约定某日晚前去甲公司盗窃。王某因妻子规劝,未按约定的时间到现场。李某到现场后,未等到王某,便用"万能钥匙"打开了公司大门,窃得价值5万余元的电脑配件。事后,李某分了8000元给王某,王某拒绝,分文未拿。

问:李某和王某是否构成共同犯罪?

【案例二】

某晚,余某因怀疑同宿舍工友王某窃取其洗涤用品而与王某发生纠纷,遂打电话给亦在温州市务工的陈某,要陈某前来教训王某。次日晚8时许,陈某携带尖刀伙同同乡吕某来到某鞋业有限公司门口与余某会合,此时王某与被害人胡某及武某正从门口经过。经余某指认,陈某即上前责问并殴打胡某,余某、吕某也上前分别与武某、王某对打。其间,陈某持尖刀朝胡某的胸部、大腿等处连刺三刀,致被害人胡某左肺破裂、左股动静脉离断,急性失血性休克死亡。

问:陈某与余某是否构成故意杀人犯罪的共犯?

【案例三】

甲喝醉酒后,女友乙要求甲开车送其回家。甲表示自己醉酒了,不能开车,但是拗不过女友乙的坚持,只好同意开车送她。甲驾车时,由于醉酒原因,不慎撞伤行人丙,致其重伤。

问:甲、乙构成共同犯罪吗?

第一节 共同犯罪概述

一、共同犯罪的概念

犯罪是一种非常复杂的社会现象,就实施犯罪的人数而言,有一人独立实施的犯罪,也有两人以上实施的犯罪。前者称为单独犯罪,后者称为共同犯罪,当然共同犯罪并不是若干个独立犯罪的简单相加。

共同犯罪,是指二人以上共同故意犯罪,是故意犯罪的一种特殊形态,是相对于单个人故意犯罪而言的。《刑法》第25条规定:"共同犯罪是指二人以上共同故意犯罪。"同时规定:"二人以上共同过失犯罪,不以共同犯罪论处;应当负刑事责任的,按照他们所犯的罪分别处罚。"这一规定特别强调了共同故意对共同犯罪构成的作用,同时对共同犯罪的含义作了进一步说明和补充。

二、共同犯罪的成立条件

根据我国刑法的规定,共同犯罪的成立必须具备如下条件。

(一)共同犯罪的主体要件

共同犯罪的主体必须是二人以上达到刑事责任年龄、具有刑事责任能力的人(或者单位)。

(1)行为人是二人以上,一个人单独实施犯罪,不发生共同犯罪问题。两个以上的人既包括自然人,又包括单位。自然人与自然人之间、自然人与单位之间、单位与单位之间均可成为共同犯罪的主体。

(2)就自然人而言,二人以上必须是达到刑事责任年龄、具有刑事责任能力的人。如果其中一个达到刑事责任年龄并具有刑事责任能力,而另一个没有达到刑事责任年龄或者不具有刑事责任能力,那就不能构成共同犯罪。根据《刑法》关于刑事责任年龄的规定,已满16周岁的人犯罪,应当负刑事责任;已满14周岁不满16周岁的人,只有犯故意杀人、故意伤害致人重伤或者死亡、强奸、抢劫、贩卖毒品、放火、爆炸、投放危险物质罪的,应当负刑事责任。这表明已满16周岁、具有刑事责任能力的人,可以成为任何犯罪的共同犯罪主体;已满14周岁不满16周岁的只能成为刑法规定的这8类犯罪的共同犯罪主体。

需要注意的是，二人以上具有不同身份的人可以构成共同犯罪。刑法中有很多犯罪要求行为人有特殊身份，如受贿罪，受贿罪的主体只能是国家工作人员，但不影响非特殊身份的人成为受贿罪的共同犯罪主体。如非国家工作人员教唆国家工作人员受贿，就与国家工作人员构成受贿罪的共同犯罪。

（二）共同犯罪的主观要件

共同犯罪的主观要件是两个以上的行为人具有共同犯罪故意。所谓"共同犯罪故意"，是指各行为人通过意思联络，明知自己与他人共同实施犯罪行为，且明知该共同的犯罪行为会发生某种危害社会的结果，并决意参加共同犯罪，希望或放任这种结果发生的心理态度。这要求各行为人之间不仅有相同的犯罪故意，且相互间有意思联络。具体包括以下内容。

（1）认识因素。明知自己与他人配合共同实施犯罪行为，不仅认识到自己的行为会发生某种危害社会的结果，而且认识到其他共同犯罪人的行为也会引起该危害结果；各共同犯罪行为人都预见到共同犯罪行为与共同犯罪结果之间有因果关系。

（2）意志因素。各共犯人是经过自己的自由选择而决意参加共同犯罪，而且对共同犯罪行为会发生危害社会的结果皆采取希望或者放任的态度。例如，甲、乙共谋放火烧毁丙家的房子，明知丙4岁的孩子在家，可能会被烧死，但仍放火。其中甲希望丙家的孩子被烧死，而乙持放任态度。

（三）共同犯罪的客观要件

共同犯罪的客观要件是指二人以上具有共同犯罪的行为。所谓"共同犯罪行为"，是指各犯罪人为追求同一社会危害结果，完成同一犯罪，而实施的相互联系、相互配合的犯罪行为。具体可以从以下方面理解。

（1）各共同犯罪人都实施了同一犯罪构成客观要件的行为。

（2）各共同犯罪人的行为在共同故意支配下指向同一目标，彼此联系、相互配合，形成一个有机的犯罪活动整体。

（3）在发生危害结果的情况下，不仅各共同犯罪人的行为作为一个整体与危害结果之间具有因果关系，而且每个人的行为都与危害结果之间具有因果关系。具体来说，在没有具体分工的情况下，实行共同犯罪的场合，如果其中一个人的行为直接引起危害结果的发生，其他共犯人的行为虽然没有直接产生危害后果，但根据共同犯罪行为整体性的特点，也认为其他共犯人的行为与危害结果之间具有因果关系，不影响共同犯罪的成立，只影响行为人刑事责任的大小。例如，甲、乙约定杀害丙，两人同时向丙开枪，结果甲的子弹出现偏差没有击中丙，乙的子弹击中丙，导致丙死亡。该案中，甲、乙共同对丙的死亡承担故意杀人罪（既遂）的刑事责任。

从行为方式上看，共同犯罪行为的表现形式，可以存在以下三种情形。① 共同作为，即各共犯人的行为均为作为。如甲、乙共同动手抢劫丙的财物，这是犯罪行为的主要形式。② 共同不作为，即各共犯人的行为均为不作为。如夫妻二人共同遗弃年老有病的父亲，致其走投无路自杀。③ 作为与不作为的结合。如仓库管理员甲与意图盗窃之人乙事前通谋，乙夜间去仓库盗窃，甲借故离开，致使乙窃取大量财物。

从分工上看，共同犯罪行为可分为实行行为与非实行行为。实行行为是指实施符合犯罪构成客观方面要件的行为。实施实行行为的人可以成为实行犯。例如，贪污罪的实行行为，即利用职务上的便利，侵吞、窃取、骗取或者以其他手段非法占有公共财物的行为。非实行行为包括组织行为、教唆行为和帮助行为。组织行为，即组织、领导、策划、指挥共同犯罪的行为；教唆行为，即故意劝说、收买、威胁或者采用其他防范唆使他人故意实施犯罪的行为；帮助行为，即在共同犯罪中起辅助作用的人，如提供信息、工具或者排除障碍协助他人故意实施犯罪的行为。共同犯罪的共同行为，可能是行为人共同实施实行行为，也可能有人实施组织行为、教唆行为或者帮助行为，这些都是共同犯罪。

应当指出的是共同犯罪行为既包括共同实行行为，即具体犯罪构成的客观方面的行为，如盗窃行为，也包括共同预备行为，即为犯罪准备工具、制造条件的行为，还包括预备行为和实行行为的结合。因此，仅参与犯罪预备行为，而未参加犯罪实行行为，同样构成共同犯罪行为。

案例一中，王某和李某共谋盗窃，二人有共同实施犯罪的故意。案发现场只有李某一人到现场实施了盗窃行为。王某因妻子规劝，未到现场实施盗窃，事后也没有接受赃款。我国刑法规定，犯罪中止的条件之一是必须有效地停止了犯罪行为或者有效地避免了危害结果的发生。而本案中，王某并未消除其先行行为对共同犯罪的作用和影响，李某利用王某提供的"万能钥匙"让盗窃行为顺利完成。综上所述，在共同犯罪中，虽然有一人停止了自己的行为，但只要其他共犯人达到了既遂，所有共犯人都是既遂。因此，王某与李某构成共同犯罪既遂。

三、共同犯罪的认定

（一）不构成共同犯罪的情形

1. 共同过失犯罪

共同犯罪的特点是主观上要有共同的犯罪故意，是每个人的行为形成一个共同的有机整体，具有更大的社会危害性。而共同过失犯罪，行为人之间缺乏意思联络，不可能构成共同犯罪的有机整体，而且共同过失犯罪中，不存在主犯、从犯、教唆犯、帮助犯的区分，只存在过失责任大小的区分。关于共同过失犯罪，尽管在刑法理论与实务界争议颇多，但《刑法》第25条第2款规定："二人以上共同过失犯罪，不以共同犯罪论处；应当负刑事责任的，按照他们所犯的罪分别处罚。"

2. 同时犯

指二人以上没有共同的犯罪故意而同时在同一场所实行同一性质的犯罪。例如，甲、乙不约而同地同时在丙的食物中投毒致丙死亡。甲、乙虽然都是故意犯罪，但缺乏共同故意的意思联络，所以不构成故意犯罪，而是同时实行的单独犯，各人只对自己的犯罪行为承担刑事责任。

3. 故意犯与过失犯

二人以上共同实施危害行为造成某种危害结果，但一人是出于故意，一人出于过失，不成立共犯。如监狱民警擅离职守，重大罪犯脱逃，前者为过失，后者为故意，客观上有一定的联系，但是缺乏共同犯罪的故意，因此，不成立共犯。

4. 故意内容不同的共同行为

二人以上共同实施的犯罪行为，如果行为人故意内容及行为的整体性质不属于同一个犯罪构成，也不构成共同犯罪，由行为人对自己的行为各自负责。例如，甲、乙同时侵害丙，甲是出于伤害的故意，乙是出于杀人的故意，结果乙打中了丙的要害部位导致其死亡。由于没有共同的犯罪故意，不能按共犯处理，而是按照甲、乙各自的犯罪行为定罪，甲定故意伤害罪，乙定故意杀人罪。

5. 实行过限行为

指在共同犯罪过程中，有的行为人超出了共同故意的范畴，单独实施其他犯罪，由于其他行为人缺乏共同故意，只能由实施该种犯罪的行为人单独承担刑事责任，对其他的人不能按共犯处理。例如，甲、乙、丙三人约好晚上入室抢劫，晚上三人如约而至。乙在门口放风，甲、丙破门而入，发现只有女主人一人在家。丙用刀控制住女主人，甲到处寻找财物。其间，丙见色起意，顺势将女主人强奸。甲、乙对丙的强奸行为一无所知，那么丙所实施的强奸罪就不属共同犯罪的范畴，而只能以抢劫罪追究甲、乙的刑事责任。

案例二中，余某只是纠集陈某一起去教训被害人，陈某在余某不知情的情况携带尖刀，在打斗过程中，陈某持尖刀将被害人捅死。余某既没有故意杀人的共同故意，也没有共同实施故意杀人的行为，故余某不属于故意杀人犯罪的共犯，陈某的行为属于实行过限行为。

6. 事前无通谋的窝藏、包庇等行为

行为上虽然有联系，但事前无通谋的窝藏、包庇、销赃等行为，不构成共犯，应分别成立窝藏、包庇等罪。《刑法》第310条第2款规定："犯前款罪，事前通谋的，以共同犯罪论处。"

（二）片面共犯

指二人以上共同针对同一犯罪对象实施犯罪行为，但只有一方有共同犯罪故意，另一方无此犯意的情形。例如，张某对李某有仇，手持凶器追杀李某，王某见状后，立即在李某逃跑必经之路设置障碍阻止逃跑，结果李某被张某追上杀死。在此案中就存在片面共犯的情形。

第二节　共同犯罪的形式

一、共同犯罪形式的概念

共同犯罪的形式，是指二人以上共同犯罪的存在方式、结构形式和共同犯罪之间的结合状态。

共同犯罪的存在方式，是指共同犯罪是如何形成的；共同犯罪的结构形式，是指共同犯罪内部有无分工；共同犯罪人的结合状态，是指共同犯罪是否具有组织形式。

二、共同犯罪形式的种类

共同犯罪的形式是多种多样的，不同的共同犯罪形式具有各自的特点和不同程度的社会危害性。我国刑法理论采取"四类八种"分类法。

1. 任意的共同犯罪与必要的共同犯罪

这是以共同犯罪是否按照法律的规定任意形成为标准对共同犯罪所作的分类。

任意的共同犯罪，是指刑法分则规定的一人能够单独实施的犯罪，当二人以上共同故意实施时所构成的共同犯罪的情形。这种共同犯罪的特点就是对犯罪主体人数没有限制。这种犯罪既可以是一个人单独实施，也可以二人以上共同实施。刑法分则规定的绝大多数犯罪，都可以形成任意的共同犯罪。例如，放火、故意杀人、故意伤害、抢劫、强奸等犯罪。

必要的共同犯罪，是指刑法分则规定的必须由二人以上共同故意实施的犯罪。这种共同犯罪的特点就是犯罪主体人数只能是二人以上，而且具有共同的犯罪故意和行为，一个人不可能单独实施此种犯罪。我国刑法中的必要共犯主要有两种形式。一是聚众性共同犯罪，我国刑法中规定的聚众性共同犯罪是指以不特定多数人的聚合行为为犯罪构成要件的共犯。例如，《刑法》第292条规定的聚众斗殴罪。二是集团性共同犯罪，是指三人以上有组织地实施的共同犯罪，简称集团犯罪。例如，《刑法》第120条规定的组织、领导、参加恐怖活动罪。

2. 事前有通谋的共同犯罪和事前无通谋的共同犯罪

这是按照共同故意犯罪形成的时间为标准所作的划分。

事先通谋的共同犯罪，是指共同犯罪人在着手实行犯罪前已经形成共同犯罪故意的共同犯罪。根据我国刑法分则的规定，有的犯罪以事先是否有通谋作为划分该罪的共同犯罪和他罪的单独犯罪的标准。根据《刑法》第310条规定，明知是犯罪的人而为其提供隐藏处所、财物，帮助其逃匿或者作假证明包庇的，构成窝藏、包庇罪；但如果事先就事后窝藏、包庇犯罪人、窝藏、销售赃物等通谋的，构成共同犯罪。

事先无通谋的共同犯罪，是指共同犯罪人在着手实行犯罪之时或实行犯罪的过程中形成共同犯罪故意的共同犯罪。这种共同犯罪形式中，由于共同犯罪人是在着手实行犯罪后临时形成的，往往缺乏周密的谋议，社会危害性较小。例如，甲正在殴打丁，恰逢乙经过，甲提出邀请让乙帮忙，乙二话不说就和甲一起将丁打成重伤。本案中，甲、乙的共同犯罪就是事前无通谋的共同犯罪。

3. 简单的共同犯罪与复杂的共同犯罪

这是以共同犯罪人之间有无分工为标准所作的划分。

简单的共同犯罪，是指各共犯人共同实施某一犯罪构成客观要件行为的共同犯罪。也就是说，每一个共同犯罪人都是实行犯，而不是说有的是实行犯，有的是帮助犯，有的是教唆犯等。如何解决简单的共同犯罪人的刑事责任，需遵循以下原则。

（1）部分实行全部负责的原则。例如，甲、乙共同开枪射击丙，甲射中而乙未射中，致使丙死亡，乙也应对丙的死亡承担刑事责任。

（2）区别对待原则。例如，在坚持部分实行全部负责原则的基础上，按照各共犯人在共同犯罪中起的作用大小，区分主犯、从犯与胁从犯，依照刑法的有关规定予以处罚。例如，组织、领导犯罪集团进行犯罪活动的犯罪分子，也就是犯罪集团的首要分子，就是主犯的一种，按照集团所犯的全部罪行处罚。

（3）罪责自负原则。各共犯人只对共同故意实施的犯罪负责，对他人超出共同故意以外的犯罪不承担刑事责任。犯罪的主体只能是实施了犯罪的人，刑罚的对象只能是犯罪者本人。

复杂的共同犯罪，是指共同犯罪人之间有分工的共犯形式。共犯之间有一定的分工，即有的是教唆犯，有的是帮助犯，有的是实行犯。例如，甲明知乙欲杀丙，仍然为其提供杀人工具，并为乙出谋划策。这里，乙是实行犯，甲是帮助犯，甲、乙二人所实施的共同犯罪是复杂共犯。

简单的共同犯罪中，各共同犯罪人都是实行犯，因而处理起来比较容易。复杂的共同犯罪中，行为人之间的分工不同，所起的作用不尽相同，因此各自承担的刑事责任也不同，在处罚时应该区别对待。

4. 一般的共同犯罪与特殊的共同犯罪

这是以共同犯罪有无组织形式为标准进行划分。

共同犯罪分为一般共犯和特殊共犯两种。一般共犯是指二人以上共同故意犯罪；特殊共犯是指有组织的共同犯罪，即通常所说的犯罪集团，指三人以上为共同实施犯罪而组成的较为固定的犯罪组织，是犯罪集团。根据《刑法》第26条第2款规定，三人以上为共同实施犯罪而组成的较为固定的犯罪组织，是犯罪集团。犯罪集团一般具有以下特征。

（1）犯罪主体人数较多，即三人以上。这是区别犯罪集团与一般共同犯罪的人数标准。

（2）有严密的组织性。犯罪集团中有首要分子、骨干分子，还有一般成员等。

（3）有明确的犯罪目的。犯罪集团都是基于反复多次共同实施某一种或多种犯罪而组织起来的。

第三节 共同犯罪人的种类及刑事责任

共同犯罪人的种类是根据各参与人所处的地位和所起的作用不同,按照一定的标准进行的划分,其承担的刑事责任也不同。因此,需根据一定的标准对共同犯罪人进行分类,正确量刑。我国刑法关于共同犯罪人的分类,是按照共同犯罪人在共同犯罪中所起的作用兼顾分工标准,主要分为主犯、从犯、胁从犯、教唆犯。

一、主犯及其刑事责任

(一)主犯的概念和种类

《刑法》第26条第1款规定:"组织、领导犯罪集团进行犯罪活动的或者在共同犯罪中起主要作用的,是主犯。"主犯可以分为两类。

(1)组织、领导犯罪集团进行犯罪活动的犯罪分子,即犯罪集团的首要分子。这种主犯具有以下特征:一是只存在于犯罪集团之中;二是必须是犯罪集团中起组织、领导犯罪集团进行犯罪活动的犯罪分子,具体表现为负责犯罪集团的组建、网罗犯罪集团成员、制订犯罪行动计划、召集犯罪会议、布置犯罪任务、指挥犯罪成员进行具体的犯罪活动等。

(2)在共同犯罪中起主要作用的犯罪分子。这种犯罪是指犯罪集团首要分子以外的在共同犯罪中起主要作用的犯罪分子。主要包括以下三种情况。一是在犯罪集团中虽然不是组织、领导者,但积极参与犯罪集团犯罪活动的人,即犯罪集团的骨干分子。二是在一般共同犯罪中起主要作用的犯罪分子,主要表现为在共同犯罪中直接造成严重危害结果、积极献言献策、在完成共同犯罪中起关键性作用、在共同犯罪中罪行重大或情节特别严重等。三是聚众共同犯罪中的首要分子和在其他聚众共同犯罪中起主要作用的犯罪分子。

对于主犯的认定,除认定犯罪集团和聚众共同犯罪的首要分子时应考虑犯罪人在犯罪集团和聚众犯罪组织中是否起到组织、策划作用外,对其他主犯的认定,需综合考虑以下因素:一是实施犯罪前犯罪人的表现;二是实施犯罪过程中犯罪人的表现;三是犯罪完成后犯罪人的表现。

共同犯罪中,主犯可能是一个,也可能是多个,只要符合主犯特征,全部都按主犯论处。

（二）主犯的刑事责任

根据《刑法》第 26 条第 3、4 款规定，主犯的刑事责任分两种情况。

第一，对组织、领导犯罪集团的首要分子，按照集团所犯的全部罪行处罚。犯罪集团所犯的全部罪行，指首要分子组织、领导的犯罪集团在预谋犯罪的范围内所犯的全部罪行。但是，其他成员超出犯罪集团的预谋所实施的其他犯罪，由其成员自己负责，首要分子不承担责任。

第二，对犯罪集团首要分子以外的其他主犯，应当按照其所参与或者组织、指挥的全部犯罪处罚。分两种情况处理：一是组织、指挥共同犯罪的，如聚众犯罪中的首要分子，应按照其组织、指挥的全部罪行负刑事责任；二是没有进行组织、指挥活动但参与实行犯罪的，应当按其所参与的全部犯罪负刑事责任。

二、从犯及其刑事责任

（一）从犯的概念和种类

《刑法》第 27 条第 1 款规定："在共同犯罪中起次要或者辅助作用的，是从犯。"据此，从犯可以分为以下两种。

（1）在共同犯罪中起次要作用的犯罪分子。这种从犯直接实施了具体犯罪构成客观要件的行为，但在整个共同犯罪中所起的作用比主犯小。比如，在犯罪集团中，听从首要分子或其他主犯的指挥，罪行较小或者情节不严重；在一般共同犯罪中，虽然直接参与实行犯罪，但是所起作用不大，不能直接、单独引起严重后果。

（2）在共同犯罪中起辅助作用的犯罪分子，即帮助犯。这种从犯不直接实施具体犯罪构成客观要件的行为，而是为共同犯罪创造条件，辅助实行犯罪。比如，提供犯罪工具，排除犯罪障碍，事前通谋、事后隐匿或者销赃、窝藏等。

（二）从犯的刑事责任

《刑法》第 27 条第 2 款规定："对于从犯，应当从轻、减轻处罚或者免除处罚。"在具体案件中，对从犯按从轻还是减轻或者免除处罚，应综合考虑共同犯罪的性质、情节轻重、从犯的参与程度、对危害结果产生的作用大小等因素。

三、胁从犯及其刑事责任

（一）胁从犯的概念和特征

胁从犯是指被迫参加犯罪的人。所谓"胁迫"，是指通过暴力控制或精神威胁、被迫参加犯罪活动。胁从犯具有以下两个特征：一是行为人虽然主观上不自愿或不完全自愿参加共同犯罪，但因受到他人的胁迫，导致客观上实施了犯罪行为。二是虽然行为人参与了共同犯罪，但是在实施犯罪中表现不积极，主观恶性小，在共同犯罪中所起作用小。

（二）胁从犯的刑事责任

《刑法》第 28 条规定："对于被胁迫参加犯罪的，应当按照他的犯罪情节减轻处罚或者免除处罚。"在具体案件中，对胁从犯减轻处罚还是免除处罚，应综合考虑其参加共同犯罪的性质、犯罪行为危害的大小、被胁迫程度的轻重及在共同犯罪中所起的作用等因素。

四、教唆犯及其刑事责任

（一）教唆犯的概念和成立条件

教唆犯是指故意唆使他人实行犯罪的人。构成教唆犯，应当具备以下条件。

（1）主观上具有教唆他人犯罪的故意。这里的"故意"是指，认识到他人没有犯罪的决意，预见到自己的教唆行为将会引起被教唆者产生犯罪决意，希望或放任教唆行为所产生的结果。因此，教唆的主观方面可以是间接故意或者直接故意。

（2）客观上具有唆使他人犯罪的行为。所谓教唆，就是使具有刑事责任能力的没有犯罪故意的人产生犯罪故意。教唆的对象是具有刑事责任能力的人，教唆的内容必须是犯罪行为，教唆的方式既可以口头也可以书面。

（二）认定教唆犯时需要注意的问题

第一，对于教唆犯，应当按他所教唆之罪定罪，而不能笼统地定教唆罪。如教唆他人犯抢劫罪的，定抢劫罪；教唆他人犯放火罪的，定放火罪；但教唆他人犯盗窃罪的,对教唆犯定盗窃罪,而被教唆者实施了其他犯罪或超出了被教唆之罪的范围,教唆犯只对自己所教唆之罪负刑事责任。

第二,把教唆犯与以教唆方法独立构成犯罪的情形作区分。当刑法分则条文将教唆他人实施特定犯罪的行为规定为独立犯罪时,就不再适用刑法总则关于教唆犯的规定。比如《刑法》第295条规定的传授犯罪方法罪。

案例三中,甲醉酒驾驶,构成危险驾驶罪,乙教唆甲实施故意犯罪,构成教唆犯。甲醉酒驾车造成了重伤结果,构成交通肇事罪,根据吸收犯原理,重罪吸收轻罪,因此,甲构成交通肇事罪,乙是危险驾驶罪的教唆犯。

(三)教唆犯的刑事责任

根据《刑法》第29条规定:"教唆他人犯罪的,应当按照他在共同犯罪中所起的作用处罚。教唆不满十八周岁的人犯罪的,应当从重处罚。如果被教唆的人没有犯被教唆的罪,对于教唆犯,可以从轻或者减轻处罚。"

根据刑法规定,对教唆犯应该按照以下原则处罚。

(1)教唆他人犯罪的,应当按照他在共同犯罪中所起的作用处罚。这里是指被教唆人已经犯了所教唆的犯罪的情况。即在教唆犯与被教唆的人构成共同犯罪的情况下,以及被教唆的人虽然没有犯被教唆的罪,但在二人以上共同故意教唆他人犯罪,因而构成共同犯罪的情况下,对于教唆犯应当按照他在共同犯罪中所起的主次作用来处罚。如果起主要作用,就按主犯处罚;如果起次要作用,则按从犯从轻、减轻或者免除处罚。

(2)被教唆的人没有犯被教唆的罪,对于教唆犯,可以从轻或者减轻处罚。这种情况在刑法理论上称为"教唆未遂"。通常包括以下情况:① 被教唆的人拒绝教唆犯的教唆;② 被教唆的人虽然接受教唆,但并没有实施犯罪行为;③ 被教唆的人实施犯罪并不是教唆犯的教唆行为所致;④ 被教唆的人虽然实施了犯罪,但所犯之罪的性质与教唆犯所教唆之罪的性质完全不同。在上述情况下,教唆行为并没有造成危害结果,故对教唆犯可以从轻或者减轻处罚。

(3)教唆不满18周岁的人犯罪的,应当从重处罚。这是因为:① 选择不满18周岁的人作为教唆对象,既说明行为人的主观恶性严重,又说明教唆行为本身的腐蚀性大,社会危害性严重,理应从重处罚;② 不满18周岁的未成年人处于身心发育的关键阶段,思想还不成熟,辨别是非能力差,容易接受教唆,误入歧途,必须给予特殊保护。

每章一练

一、单项选择题

1. 根据共同犯罪人之间有无犯罪分工，可以把共同犯罪分为（   ）。
   A. 一般共犯与特殊共犯
   B. 简单共犯与复杂共犯
   C. 事前共犯与事中共犯
   D. 任意共犯与必要共犯

2. 如果被教唆的人没有犯被教唆的罪，对于教唆犯，（   ）处罚。
   A. 从轻
   B. 减轻
   C. 免除
   D. 从轻或减轻

3. 甲、乙、丙三人共同盗窃，甲负责调查地形，乙负责望风，丙负责入室行窃。三人的共同犯罪属于（   ）。
   A. 犯罪集团
   B. 必要的共同犯罪
   C. 简单的共同犯罪
   D. 复杂的共同犯罪

4. 教唆者与被教唆者之间构成共同犯罪的是（   ）。
   A. 某甲没有教唆他人实施犯罪的故意，但因言行不慎而起到了教唆某乙实施犯罪的作用
   B. 某乙未实施某甲所教唆的犯罪，却实施了其他的犯罪
   C. 某乙实施了某甲所教唆的犯罪而未遂
   D. 被教唆者未达到法定刑事责任年龄或不具备刑事责任能力

5. 根据我国刑法规定，下列关于首要分子的表述正确的是（   ）。
   A. 首要分子只能是组织领导犯罪集团的人
   B. 首要分子只能是在聚众犯罪中起组织、策划、指挥作用的犯罪分子
   C. 首要分子都是主犯
   D. 首要分子既可以是主犯，也可以不是主犯

6. 董某、陈某都和周某有仇，都伺机杀周某。董某与陈某素无来往，也无意思联络。一天，董某在周某的饭里放了老鼠药，按其投入的分量，不足以致周某

死亡。恰在董某下毒后一会儿，陈某也在周某的同一饭碗里投下了砒霜，按其分量也不足以致周某死亡，但他们各自下毒的分量加在一起，导致了周某的死亡。下列关于董某、陈某的行为，说法正确的是（　　）。

A. 构成片面共犯
B. 构成共同犯罪
C. 以共同犯罪论处
D. 各自单独构成故意杀人罪

二、多项选择题

1. 我国刑法中规定的共同犯罪主犯包括（　　）。
   A. 在犯罪集团中起组织、领导作用的首要分子
   B. 在聚众犯罪中起组织、策划、指挥作用的犯罪分子
   C. 在犯罪集团中起主要作用的犯罪分子
   D. 在其他共同犯罪中起主要作用的犯罪分子

2. 犯罪集团与事前通谋的一般共同犯罪的区别有（　　）。
   A. 前者有较严密的组织，首要分子领导、指挥普通成员，有较为固定的组织分工；后者没有领导与被领导关系，分工不固定
   B. 前者有相对的稳定性；后者较为松散
   C. 前者有较严密的行动计划，犯罪手段复杂；后者则不具备这些特点
   D. 前者逃避法律制裁的能力较强；后者则相对较弱

3. 下列说法正确的有（　　）。
   A. 从犯是在共同犯罪中起次要作用的犯罪分子
   B. 从犯是在共同犯罪中起辅助作用的犯罪分子
   C. 对于从犯，可以从轻、减轻处罚或者免除处罚
   D. 对于从犯，应当从轻、减轻处罚或者免除处罚

4. 下列关于共同犯罪的判断正确的有（　　）。
   A. 甲教唆赵某入户抢劫，但赵某接受教唆后实施拦路抢劫。甲是抢劫罪的共犯
   B. 乙为吴某入户盗窃望风，但吴某入户后实施抢劫行为。乙是盗窃罪的共犯
   C. 丙以为钱某要杀害他人而为其提供了杀人凶器，但钱某仅欲伤害他人而使用了丙提供的凶器。丙对钱某造成的伤害结果不承担责任
   D. 丁知道孙某想偷车，便将盗车钥匙给孙某，后又在孙某盗车前要回钥匙，但孙某用其他方法盗窃了轿车。丁对孙某的盗车结果不承担责任

5. 丁某教唆17岁的肖某抢夺他人手机，肖某在抢夺得手后，为抗拒抓捕将追赶来的被害人打成重伤。关于本案，下列说法正确的有（　　）。

A. 丁某构成抢夺罪的教唆既遂

B. 肖某构成转化型抢劫

C. 对丁某教唆肖某犯罪的行为应当从重处罚

D. 丁某与肖某之间不构成共同犯罪

第十一章

罪　数

◆ 知识目标

1. 掌握一罪的类型和处罚原则。
2. 掌握数罪的类型和处罚原则。

◆ 能力目标

1. 能够正确区分一罪和数罪。
2. 能够用一罪、数罪原理分析案情。

◆ 案例导入

【案例一】
甲向乙讨债不成，遂将乙劫持并关押数月余。
问：试分析甲的行为的罪数形态。

【案例二】
甲为杀死乙，放火把乙家的房屋点着，造成乙一家三口死亡，房屋烧毁。
问：试分析甲的行为的罪数形态。

【案例三】
甲出于盗窃枪支的故意，窃得警察的手枪一支，随后藏于家中。
问：试分析甲的行为的罪数形态。

【案例四】
甲长期以赌博所得为主要生活来源。某日，甲在抢劫赌徒乙的赌资得逞后，为防止乙日后报案，将其杀死。
问：试分析甲的行为的罪数形态。

第一节 罪数形态概述

一、罪数的概念及其意义

在刑法理论上和司法实践中，经常会遇到的一个难题就是行为人犯的是一罪还是数罪的问题。罪数，就是关于犯罪的个数。正确区分罪数，有利于正确追究行为人的刑事责任。按照罪刑法定原则，犯一罪与犯数罪的刑事责任完全不同。如果行为人犯了数罪，按照一罪处理，就可能轻纵犯罪，导致罪刑失衡；同样，如果行为人犯了一罪，实际上按数罪处理，则会导致重判，出现一罪多罚。

一罪与数罪，看起来是一个简单的算术问题，实际上由于犯罪现象和法律规定的复杂性，区分一罪和数罪成为复杂的理论问题。正确区分一罪与数罪，阐明各种罪数形态的构成要件和本质属性即实际罪数，进而确定适用于各种不同罪数形态的处理原则，对司法实践具有重大意义。

（1）有助于刑事审判活动中准确定罪。定罪准确是刑事审判活动最基本的要求之一。要做到准确定罪，首先需要查明行为人的行为是否构成犯罪、构成何种犯罪，同时还要确定构成什么犯罪形态，其中包括需要确定是一罪或者是数罪。如果本来是一罪却定为数罪，或者本来是数罪却定为一罪，都会导致定罪上的失误。研究罪数形态，正确区别一罪与数罪，有助于涉及罪数形态问题时定罪的准确性。

（2）正确适用刑罚的重要条件。在量刑时，审理的案件往往涉及罪数形态。这首先应确定是一罪还是数罪，是并罚的数罪还是非并罚的数罪，然后才能正确适用刑罚，否则，必然量刑不当，造成处断刑畸轻畸重的后果。这也要求我们必须将罪数形态及其处罚原则研究清楚，才可能在量刑时正确地适用刑罚。

（3）关系到我国刑法中一些重要制度的适用。在我国刑法中，有些罪数形态，如连续犯、继续犯、牵连犯、集合犯等，与刑法的空间效力、时间效力、追诉时效等制度都有密切关系。可以说研究罪数形态，是正确适用上述刑法制度之所必需。

二、一罪和数罪的类型

关于罪数的分类,有许多理论,我国传统的罪数理论将罪数作如下分类。

1. 一罪的类型

(1) 实质的一罪,包括继续犯、想象竞合犯和结果加重犯。
(2) 法定的一罪,包括结合犯和集合犯。
(3) 处断的一罪,包括连续犯、牵连犯和吸收犯。

2. 数罪的类型

(1) 实质数罪与想象数罪。
(2) 异种数罪与同种数罪。
(3) 并罚数罪与非并罚数罪。
(4) 判决宣告以前的数罪与刑罚执行期间的数罪。

第二节　一罪的类型

一罪数罪模式主要是通过建立实质一罪、法定一罪、处断一罪等一罪和数罪的概念,实现对各种复杂犯罪形态的概括和描述,并据以对各种罪数形态进行分类。

一、实质的一罪

1. 继续犯

继续犯,也称持续犯,是指作用于同一对象的一个犯罪行为从着手实行到行为终了,犯罪行为与不法状态在一定时间内同时处于继续状态的犯罪。

继续犯具有如下特征。

(1) 必须是一个犯罪行为。继续犯之所以是一个犯罪行为,因为在主观上继续犯支配行为的犯意只有一个,并且这种犯意贯穿实行行为的开始到终了,在客观上继续犯自始至终只有一个实行行为，并不因实行行为持续时间的长短而改变，即使行为地发生变化，仍然是一个实行行为。例如，行为人第一天将被害人拘禁于甲地，第二天转移拘禁于乙地，第三天再转移拘禁于丙地。尽管拘禁地一再转移，但非法拘禁行为并未间断，仍然是一个非法拘禁行为，而不是数个非法拘禁行为。继续犯通常由作为构成，如非法拘禁罪中的非法拘禁，就是作为；也可能由不作为构成，如遗弃罪的遗弃，即负有扶养义务而拒绝扶养，就是不作为。

（2）必须是持续地作用于同一对象。继续犯持续作用的对象只能是同一对象。例如非法拘禁罪，行为人非法拘禁某甲一月有余，在持续非法拘禁一个多月的时间里，非法拘禁的对象始终只是某甲。这是继续犯。如果前天非法拘禁张三，昨天非法拘禁李四，今天非法拘禁王五，非法拘禁的对象不同，如果不是出于一个非法拘禁的概括故意，则构成数个非法拘禁罪，而不可能是一个继续犯。

（3）必须是犯罪行为与不法状态同时继续。这是构成继续犯的重要条件，也是继续犯与有关形态相区别的显著特征。如果只是犯罪行为所造成的不法状态处于持续之中，而犯罪行为一经实行即已完成，并不处于继续状态，就不是继续犯。例如，行为人实施盗窃罪后占有赃物，是不法状态的继续，但盗窃罪不是继续犯。因为作为盗窃罪构成要件的盗窃行为已经结束，而不是处于继续状态。而非法拘禁罪在行为人将被害人非法拘禁期间，既是非法拘禁行为的继续，同时也是非法拘禁不法状态的继续，所以是继续犯。

（4）必须是从着手实行到行为终了继续一定时间。具有时间上的持续性，是继续犯的又一要件。没有一定的时间过程，就谈不到犯罪行为和不法状态的继续，从而也就谈不到继续犯。例如，行为人将被害人非法拘禁3分钟，就构不成非法拘禁罪。至于构成继续犯的时间继续应以多长时间为准，法律并没有规定，应当根据犯罪的性质和情节，具体分析加以认定。

继续犯的处断原则。《刑法》第89条第1款规定："追诉期限从犯罪之日起计算；犯罪行为有连续或者继续状态的，从犯罪行为终了之日起计算。"这是我们研究继续犯的法律根据。刑法分则对属于继续犯的犯罪设专条加以规定，并置以相应的法定刑。所以对继续犯应依刑法规定以一罪论处，不实行数罪并罚，继续时间的长短在裁量刑罚时可以作为量刑情节加以考虑。

案例一中，行为人甲出于同一罪过针对乙的人身自由，从着手实行犯罪到犯罪终了的一段时间内，犯罪行为一直处于持续状态。非法拘禁罪是典型的继续犯。

2. 想象竞合犯

想象竞合犯，也称想象的数罪、观念的竞合，是指一个行为触犯数个罪名的犯罪形态。

想象竞合罪具有以下特征。

（1）行为人只实施了一个行为。这是构成想象竞合犯的前提条件，如果是实施了数个行为，则不可能构成想象竞合犯。如开一枪，打死一人，打伤一人。所谓一行为触犯数罪名，即将死、伤的结果包括在这一行为之内。

（2）一个行为触犯了数个罪名。所谓一个行为触犯数个罪名，就是一个行为在形式上或外观上同时符合刑法规定的数个犯罪构成。想象竞合犯只能是一个行为触犯数个罪名，如果是数个行为触犯数个罪名，则是实际的数罪；如果是作为犯罪手段的行为或结果的行为分别触犯不同的罪名，则构成牵连犯，均非想象竞合犯。

想象竞合犯的处断原则。对想象竞合罪，应该按行为上所触犯的刑罚中的一重罪论处，而不能以数罪论处。

案例二中，行为人甲以一个杀人故意，实施一个犯罪行为，触犯了故意杀人罪和放火罪，属于想象竞合犯，从一重罪论处。

3. 结果加重犯

结果加重犯，也称加重结果犯，是指实施基本犯罪构成要件的行为，发生基本犯罪构成要件以外的重结果，因而刑法规定加重刑罚的犯罪形态。例如，《刑法》第260条规定，虐待罪处2年以下有期徒刑、拘役或者管制；致被害人重伤、死亡的，处2年以上7年以下有期徒刑。虐待致人重伤或死亡，就是结果加重犯。

结果加重犯具有以下特征。

（1）实施了基本犯罪构成要件的行为。基本犯罪构成是结果加重犯存在的前提，没有基本犯罪构成就没有结果加重犯。如虐待罪中，实施了未造成重伤、死亡的打骂、冻饿等虐待行为就是基本犯罪构成要件的行为。

（2）产生了基本犯罪构成以外的重结果。构成结果加重犯，以发生重结果为不可缺少的条件，并且重结果必须由基本犯罪的犯罪行为所引起，即重结果与基本犯罪行为之间必须具有因果关系；否则，不构成结果加重犯。例如，甲殴打乙致伤，乙住院治疗时，因建筑事故病房倒塌而死亡。甲只构成伤害罪，而不构成伤害致人死亡的结果加重犯。

（3）刑法规定了比基本犯罪较重的刑罚。对结果加重犯，各国刑法都规定了重于基本犯的刑罚，这也是构成结果加重犯不可或缺的条件，如果对重结果没有较重刑罚的规定，也就谈不到结果加重犯了。

结果加重犯的处断原则。由于刑法对结果加重犯规定了比基本犯罪较重的法定刑，所以对结果加重犯只能依照刑法的规定，在较重的法定刑幅度内量刑，而不实行数罪并罚。

二、法定的一罪

1. 结合犯

结合犯是指数个各自独立的犯罪行为，根据刑法的明文规定，结合而成为另一个独立的新罪的犯罪形态。例如《日本刑法典》第241条规定的"犯强盗罪，而又强奸妇女者"，构成强盗强奸罪，就是结合犯的典型。我国刑法中没有结合犯的典型，这里只略作说明，以供参考。

结合犯具有以下特征。

（1）结合犯所结合的数罪，原为刑法规定为数个独立的犯罪。如上例所举的强盗强奸罪是由强盗罪和强奸罪相结合而成，强盗罪和强奸罪就是刑法规定的各自独立的不同的犯罪。

（2）结合犯是将数个独立的犯罪，结合成为另一个独立的新罪。结合犯之所以将数个犯罪结合在一起，往往是由于数个犯罪行为之间具有一定的牵连关系。用方程式表述，即甲罪＋乙罪＝丙罪，丙罪便是结合犯。

结合犯的处断原则。由于结合犯是刑法规定将原来的数罪结合成为一个新罪，并规定相应的法定刑，应当依照刑法规定以新罪一罪论处，不实行数罪并罚。

2. 集合犯

集合犯，是指行为人以实施不定次数的同种犯罪行为为目的，虽然实施了数个同种犯罪行为，刑法规定还是作为一罪论处的犯罪形态。刑法理论通常将集合犯分为常业犯和营业犯。例如常习犯的场合，常习赌博者即使实施数次赌博行为，只能构成常习赌博一罪。又如营业犯的场合，即使反复实施未经准许的医业行为，仍不过是成立未经准许医业罪一罪。

集合犯具有以下特征。

（1）集合犯是行为人以实施不定次数的同种犯罪行为为目的。即行为人不是意图实施一次犯罪行为即行结束,而是预计实施不定次数的同种犯罪行为。例如,《刑法》第336条规定的非法行医罪,行为人就是意图实施不定次数的非法行医行为。这是集合犯主观方面的特征。

(2) 集合犯通常实施了数个同种的犯罪行为。集合犯虽然是行为人意图实施不定次数的同种犯罪行为,并且通常也实施了数个同种的犯罪行为。如非法行医罪,虽多次非法行医,仍然只构成非法行医一罪;但行为人即使非法行医一次,情节严重的,如因非法行医造成就诊人身体健康受到严重损害,也构成非法行医罪。

(3) 集合犯必须是刑法将可能实施的数个同种犯罪行为规定为一罪。因为构成要件本身预定同种行为的反复,所以被反复的同种行为无例外地予以包括,被作为一罪评价。

集合犯的处断原则。集合犯是法定的一罪,刑法分则有明文规定,对集合犯,只能根据刑法的规定,以一罪论处,不实行数罪并罚。

三、处断的一罪

1. 连续犯

连续犯是指基于同一或者概括的犯罪故意,连续实施性质相同的独立成罪的数个行为,触犯同一罪名的犯罪形态。

连续犯具有以下特征。

(1) 必须实施性质相同的独立成罪的数个行为。这是连续犯成立的前提条件,没有实施数个行为,只实施一个行为的,不可能成立连续犯。例如,行为人以数个举动完成犯罪,而数个举动仅形成一个行为,就不是连续犯,而是接续犯。同时数个行为必须独立成罪,即各个行为都独立具备犯罪构成的要件,连续犯才可能成立。如果数个行为刑法规定作为一罪论处的,则是集合犯,而不是连续犯。并且数个行为还必须是性质相同的,例如实施数个行为,都是杀人行为,可能构成杀人罪的连续犯。

(2) 数个行为必须基于同一的或概括的犯罪故意。连续犯实施的数个犯罪行为,必须是基于同一的或概括的犯罪故意。同一的犯罪故意,指行为人预计实施数次同一犯罪的故意,每次实施的具体犯罪都明确地包含在行为人的故意内容之中。概括的犯罪故意,指行为人概括地具有实施数次同一犯罪的故意,每次实施的具体犯罪并非都是明确地包含在行为人的故意内容之中。例如,某甲与某乙有仇,蓄意报复某乙,准备对某乙及其家人造成伤害,除了明确伤害某乙之外，对其家属并无明确的伤害目标。随后，某甲伤害了某乙的儿子，不久又伤害了某乙。这同样构成伤害罪的连续犯。

（3）性质相同、独立成罪的数个行为必须具有连续性。这是连续犯构成的重要条件；否则，独立成罪的数个行为之间，如果不具有连续性，则只能构成独立的数罪，而不构成连续犯。例如，某甲在国道上抢劫旅客，一月接连作案四次，最后一次被抓获。这里数次抢劫行为就具有时间上的连续性。如果前罪已被判决，服刑期间脱逃后再犯性质相同之罪，数个犯罪行为之间，由于前罪的判决被隔断，在时间上就不具有连续性，从而就不能按连续犯处理。

（4）数个行为必须触犯同一罪名。独立成罪的数个行为均与具体犯罪的基本构成相符合的，当然是同一罪名。数个行为中有的与具体犯罪的基本构成相符合，有的与由该基本构成派生的构成即加重或减轻的构成相符合，亦成立同一罪名。数个行为中有的与具体犯罪的基本构成相符合，有的与该基本构成的修正构成即共犯或犯罪停止形态的构成相符合，也是触犯同一罪名。

连续犯的处断原则。按照一罪处断，不实行数罪并罚。对连续犯的处理，应当按照不同情况，依据刑法的有关规定分别从重处罚或者加重处罚。

2. 牵连犯

牵连犯是指以实施某一犯罪为目的，其方法行为或结果行为又触犯其他罪名的犯罪形态。例如以伪造国家机关公文的方法（方法行为）骗取公私财物（目的行为），分别触犯了伪造国家机关公文罪和诈骗罪。

牵连犯具有以下特征。

（1）牵连犯是以实施一个犯罪为目的，这是牵连犯的本罪。牵连犯是为了实施某一犯罪，其方法行为或结果行为，又构成另一独立的犯罪，这是牵连犯的他罪。牵连犯的本罪是一个犯罪，他罪是围绕本罪而成立的。

（2）牵连犯必须具有两个以上的行为。这是牵连犯与想象竞合犯的重要区别。即牵连犯是数个行为，想象竞合犯是一个行为。

（3）牵连犯的数个行为之间必须具有牵连关系。数行为之间为目的行为与手段行为或原因行为与结果行为的关系。

（4）牵连犯的数个行为必须触犯不同的罪名。这就是牵连犯以实施某一罪为目的，其方法行为或结果行为又触犯了其他罪名。

牵连犯的处断原则。对牵连犯的处理不实行数罪并罚，而应"从一重处罚"，即按照数罪中最重的一个罪所规定的刑罚处理，在该最重的罪所规定的法定刑范围内酌情确定执行的刑罚。

3. 吸收犯

吸收犯，是指数个犯罪行为，其中一个犯罪行为吸收其他的犯罪行为，仅成立吸收的犯罪行为一个罪名的犯罪形态。

吸收犯具有以下特点。

（1）吸收犯必须具有数个犯罪行为，这是吸收犯成立的前提。因为吸收犯的特点是一个行为吸收其他行为，如果没有数个行为，就谈不到一个行为吸收另一个行为，从而也就无所谓吸收犯。同时吸收犯的数个行为还必须都是犯罪行为，即每个行为都符合刑法规定的犯罪构成。

（2）吸收犯的数个行为之间必须具有吸收关系，这是吸收犯成立的关键。如果数个犯罪行为之间不存在一个犯罪行为吸收其他犯罪行为的关系，也就不可能成立吸收犯。所谓吸收，即一个行为包容其他行为，只成立一个行为构成的犯罪，其他行为构成的犯罪失去存在的意义，不再予以定罪。

吸收犯的处断原则。依照吸收行为所构成的犯罪处断，不实行数罪并罚。

案例三中，甲非法持有枪支的行为是盗窃枪支的必然结果，属于吸收犯，仅成立吸收行为一罪的情况。甲的行为成立盗窃枪支罪。

第三节　数罪的类型

一、数罪的特征

1. 事实特征：具有数个独立的行为

一个危害社会的行为既可以触犯刑法分则的一个具体罪名，也可以触犯两个以上的具体罪名，但只能受到刑法的一次评价。两个以上各自独立的危害社会的行为才能受到刑法的多次评价，受两次以上的刑事责任。行为人实施了两个以上的相互独立的行为，是数罪的事实特征。

2. 法律特征：数个行为分别符合数个犯罪构成

数个危害社会的行为不一定就是数罪，刑法分则规定的一些犯罪是复合行为的犯罪，这些犯罪不是由一个而是由数个危害社会的行为构成，法律将这些行为合并起来，设立为一个犯罪构成，成立一个犯罪，而不能成立数罪。只有数个危害社会的行为分别符合数个犯罪构成，能成立数罪。数个行为只要在客观上符合了数个犯罪构成，无论主观上是故意还是过失、已完成形态还是未完成形态、同种犯罪构成还是异种犯罪构成、单独实施还是与他人共同实施，都不影响数罪的成立。

3. 主体特征：分别符合数个犯罪构成的数行为是由一个人实施

数行为分别由不同的人实施，虽然符合数个犯罪构成，但数个犯罪分子之间没有犯意和行为上的联系，也只能是数个独立的一罪，不是数罪并罚制度中的数罪。如甲实施的强奸罪、乙实施的贪污罪，此之间没有任何刑法上的联系，不存在数罪并罚的适用。数行为由一个人实施，不是意味着必须由一个行为人单独实施，也可以与他人共同实施，或者部分行为单独实施，另一部分与他人共同实施，同时犯罪分子实施的数个部分或全部行为与他人实施的数个部分或全部行为有必然联系，形成一个整体，属于数罪。

二、数罪的类型

1. 实质数罪与想象数罪

实质数罪，是指行为人实施了数个犯罪行为，数个犯罪行为符合数个犯罪构成的要件，又由数个独立或者相对独立之罪构成其犯罪形态。例如，甲实施了一个盗窃财物的犯罪行为，又实施了一个故意伤害他人的犯罪行为，两个行为分别构成盗窃罪和故意伤害罪。

想象数罪，即想象竞合犯，是指行为人实施一个犯罪行为同时触犯数个罪名的情况。例如，将飞机劫持到外国，一个劫机犯罪行为同时触犯劫持航空器罪和偷越国境罪两个罪名。想象数罪是假想的数罪，是不完备的数罪，与实质数罪的区别在于它只有一个行为，而法律在数罪的构成中不允许重复评价一种行为。司法实践中，想象的数罪按一罪从重处罚，不适用数罪并罚。

2. 同种数罪与异种数罪

按照行为人实施数罪的罪名是否相同，或者行为人实施的犯罪事实是否符合数个同一性质的犯罪构成为标准，数罪包含同种数罪和异种数罪。

同种数罪，意为行为人由于多个故意或过失，施行了多个犯罪行为，侵犯了多个相同性质的直接客体，属于多个犯罪构成，违反了刑法规定的相同罪名的数罪。例如，行为人实施三次盗窃财物的行为，均可独立成罪，但符合同一个犯罪构成，性质和罪名完全相同，故为同种数罪。同种数罪可分为先于判决宣告发现的行为人所触犯的同种数罪和后于判决宣告、刑罚未执行完毕以前发现的同种数罪。

异种数罪，又称为不同种数罪，意为行为人由于多个故意或过失，施行了多个犯罪行为，侵犯了多个不同性质的直接客体，属于多个犯罪构成，违反了刑法规定的不同罪名的数罪。例如，行为人实施一次盗窃财物的行为，一次故意杀人的行为，分别符合盗窃罪和故意杀人罪两个不同的犯罪构成，成立盗窃罪和故意杀人罪，故为异种数罪。

将数罪划分为同种数罪还是异种数罪并非没有任何意义，在通常情况下，对异种数罪必须实行并罚，而对同种数罪无须实行并罚。但特定情况下，对同种数罪也可以实行并罚，同时无须并罚的同种数罪亦要从重处罚。

3. 并罚的数罪与非并罚的数罪

并罚的数罪和非并罚的数罪是以对行为人的犯罪事实已构成的实质数罪是否实行数罪并罚为标准，对数罪所进行的分类。

并罚的数罪是指依照法律规定应当予以并罚的实质数罪。非并罚的数罪是指无须予以并罚而应对其适用相应处断原则的实质数罪。

区分并罚的数罪和非并罚的数罪的主要意义在于：明辨实质数罪中应予并罚的数罪范围，针对非并罚的实质数罪（包括其中的异种数罪和同种数罪，如牵连犯、连续犯等犯罪形态），确定与之相应的处断原则。

4. 判决宣告以前的数罪与刑罚执行期间的数罪

判决宣告以前的数罪和刑罚执行期间的数罪是以实质数罪发生的时间条件为标准对数罪所进行的分类。

判决宣告以前的数罪是指行为人在判决宣告以前实施并被发现的数罪。刑罚执行期间的数罪是指在刑罚执行期间发现漏罪或再犯新罪而构成的数罪。

区分判决宣告以前的数罪和刑罚执行期间的数罪的意义在于：明确应予并罚的数罪实际发生的时间条件，对发生于不同阶段或法律条件下的数罪依法适用相应的法定并罚规则，决定应予执行的刑罚。

案例四中，甲长期以赌博所得为主要生活来源，由此可认定其"以赌博为业"故构成赌博罪。甲抢劫赌资以后，因担心乙日后报案而将其杀死，属于"为灭口而故意杀人"，应以抢劫罪与故意杀人罪数罪并罚。又因甲触犯赌博罪的相关规定，故应以三罪数罪并罚。

每章一练

一、单项选择题

1. 狱警甲虐待被监管人员致被害人轻伤,该行为同时符合虐待被监管人罪和故意伤害罪的犯罪构成。按照我国刑法理论,该情形（　　）。
   A. 应数罪并罚
   B. 属于法条竞合犯
   C. 属于想象竞合犯
   D. 属于结果加重犯

2. 关于结果加重犯,下列说法正确的是（　　）。
   A. 强奸罪和强制猥亵、侮辱罪的犯罪客体相同,强奸和强制猥亵、侮辱行为致妇女重伤的,均成立结果加重犯
   B. 故意杀人包含了故意伤害,故意杀人罪实际上是故意伤害罪的结果加重犯
   C. 甲抢劫乙后,为了灭口杀死乙。甲在抢劫过程中杀害他人,甲成立抢劫致人死亡的结果加重犯
   D. 甲将乙拘禁在宾馆,声称只要乙还债就放人。乙无力还债,跳楼身亡。甲的行为不成立非法拘禁罪的结果加重犯

3. 依法被关押的罪犯在脱逃过程中使用暴力致人死亡的,属于（　　）。
   A. 牵连犯
   B. 吸收犯
   C. 数罪并罚
   D. 想象竞合犯

4. 甲以非法占有为目的,在签订合同过程中骗取对方当事人乙50万元定金后逃匿。甲的行为属于（　　）。
   A. 法条竞合犯
   B. 想象竞合犯
   C. 结果加重犯
   D. 结合犯

5. 下列选项中,不属于继续犯的是（　　）。
   A. 非法持有毒品罪
   B. 战时拒绝、逃避服役罪
   C. 绑架罪
   D. 盗窃罪

6. 甲为了冒充国家工作人员招摇撞骗，而伪造公文用于诈骗活动。甲的行为属于（ ）。

    A. 结果加重犯

    B. 吸收犯

    C. 牵连犯

    D. 连续犯

7. 甲盗割正在使用中的铁路专用电话线，在构成犯罪的情况下，对甲应当认定为（ ）。

    A. 破坏公用电信设施罪

    B. 破坏交通设施罪

    C. 盗窃罪与破坏交通设施罪中处罚较重的犯罪

    D. 盗窃罪与破坏公用电信设施罪中处罚较重的犯罪

8. 李某与邻居因占地种树发生纠纷，2019年6月19日清晨，李某基于报复心理，持刀一连杀死邻居家四口人，甲的行为属于（ ）。

    A. 继续犯

    B. 连续犯

    C. 牵连犯

    D. 集合犯

二、多项选择题

1. 下列情形属于吸收犯的是（ ）。

    A. 制造枪支后又持有所制造的枪支

    B. 为骗取保险金而杀害被保险人

    C. 为伪造发票而伪造其上的印章

    D. 制造毒品后又持有该毒品

2. 下列属于结果加重犯的是（ ）。

    A. 绑架罪过失致人死亡

    B. 暴力干涉婚姻自由，导致被害人自杀身亡

    C. 强奸致被害人重伤

    D. 遗弃致被害人死亡

3. 下列选项中，属于法条竞合的是（ ）。

    A. 诈骗罪与合同诈骗罪

    B. 过失致人死亡罪与重大责任事故罪

C. 故意伤害罪与寻衅滋事罪

D. 协助组织卖淫罪与帮助犯的规定

4. 下列选项中，符合我国通说的结合犯特征的是（　　）。

   A. 甲罪＋乙罪＝丙罪

   B. 甲罪＋乙罪＝甲乙罪

   C. 甲罪＋乙罪＝甲罪

   D. 甲罪＋乙罪＝乙罪

5. 下列属于继续犯的罪名是（　　）。

   A. 非法持有毒品罪

   B. 遗弃罪

   C. 绑架罪

   D. 非法行医罪

6. 下列属于实质的一罪的是（　　）。

   A. 吸收犯

   B. 继续犯

   C. 连续犯

   D. 想象竞合犯

7. 下列属于处断的一罪的有（　　）。

   A. 法条竞合犯

   B. 结合犯

   C. 连续犯

   D. 牵连犯

8. 下列属于法定的一罪的有（　　）。

   A. 集合犯

   B. 连续犯

   C. 想象竞合犯

   D. 结合犯

9. 下列情形中，属于想象竞合犯的是（　　）。

   A. 甲盗割正在使用的电话线，导致通信中断

   B. 乙使用暴力妨害公务，致人轻伤

   C. 丙以非法占用目的在签订合同过程中骗取对方 50 万元

   D. 丁非法拘禁他人致他人重伤

第十二章

正当行为

◆ **知识目标**

1. 了解几种正当行为的概念和特征。
2. 掌握正当防卫制度的相关规定。
3. 掌握紧急避险制度的相关规定。

◆ **能力目标**

1. 运用正当防卫和紧急避险制度分析案情。
2. 了解正当行为的立法初衷。

◆ 案例导入

【案例一】

2018年8月27日21时30分许,于某某骑自行车在道路上正常行驶,刘某醉酒驾驶小轿车(经检测,血液酒精含量87mg/100ml),向右强行闯入非机动车道,与于某某险些碰擦。

刘某的一名同车人员下车与于某某争执,经同行人员劝解返回时,刘某突然下车,上前推搡、踢打于某某。虽经劝解,刘某仍持续追打,并从轿车内取出一把砍刀(系管制刀具),连续用刀面击打于某某颈部、腰部、腿部。刘某在击打过程中将砍刀甩脱,于某某抢到砍刀,刘某上前争夺,在争夺中于某某捅刺刘某的腹部、臀部,砍击其右胸、左肩、左肘。刘某受伤后跑向轿车,于某某继续追砍2刀均未砍中,其中1刀砍中轿车。刘某逃离后,倒在附近绿化带内,后经送医抢救无效,因腹部大静脉等破裂致失血性休克于当日死亡。于某某经人身检查,见左颈部条形挫伤1处、左季肋部条形挫伤1处。

问:本案是否属于正当防卫?

【案例二】

郑某,男,48岁,某海轮船长。1998年11月,郑某的船由南美载货回国,途经公海时收到台风紧急预报。由于船远离陆地,不可能进港;而在原地抛锚或者继续前行、返航均不能避免台风的袭击。郑某为减轻船的负荷,以免船毁人亡,即命令船员将所载货物的10%(价值10余万元人民币)抛入大海。然后继续前行。10小时后,台风突然转向,该船未遭到台风袭击。

问:郑某的行为是否构成犯罪?

第一节　正当防卫

一、正当防卫的概念

正当防卫，是指为了使国家、公共利益、本人或者他人的人身、财产和其他权利免受正在进行的不法侵害，而对不法侵害者实施的制止其不法侵害且未明显超过必要限度的行为。正当防卫的本质是制止不法侵害，保护合法权益，强调对正在进行的不法侵害采取的行为。

正当防卫是犯罪论的主要观点，其意义是消除了防御行动的犯罪属性，确定了犯罪行为的消极条件。同时，其又是刑法赋予公民的一种基本权利，从而促使国民合理使用正当防卫的手段同各种犯罪行为作斗争，有力地震慑违法行为者，进而降低违法犯罪活动。

二、正当防卫的条件

1. 起因条件：不法侵害实际产生

不法侵害既是防卫活动的客观缘起和前提条件，也是防卫活动赖以形成的客观前提和依据。一般认为，所谓不法侵害，指自然人实施的不法侵害；侵害具有紧迫性；侵害造成一定物质上的危害结果；是针对不法侵害行为的防卫；具有一定暴力性。同时，不法侵害应是客观真实的存在，而不是行为人所臆想或推测的。如果行为人反击了主观臆测的"正在进行的不法侵害"的人，那他的行为就是假想防卫。

假想防卫具有三个基本特征：其一，行为人主观存在防卫意图，以为自己是对不法侵害人实行正当防卫；其二，行为人的行为客观上损害了未实施不法侵害的人的人身权利和其他权利，具有社会危害性；其三，行为人基于认识错误而产生防卫意图。假想防卫是由于行为人对事实认识的错误而发生的，因此，应依事实认识错误的处理原则来解决其法律责任问题，即如果行为人应当预见到对方行为可能不是不法侵害，那么他在主观上有过失，应对其假想防卫所造成的损害负过失犯罪的责任；如果行为人在当时情况下不能预见到对方行为不是不法侵害，那么他在主观上无罪过，其假想防卫造成的损害属于意外事件，不负刑事责任。

2. 时间条件：不法侵犯活动还未完成

不法侵害正处于已经开始并且尚未结束的进行阶段，是允许实施正当防卫的时间。当侵害行为尚未开始，尚未危及合法利益，没有必要实施正当防卫；当侵害行为已经结束，危害结果已经发生，正当防卫毫无意义。事前防卫和事后防卫，均不属于正当防卫。事前防卫虽不属于正当防卫，但允许行为人采取合法的预防措施。对侵害的事先预防和事后处罚，法律规定了其他措施。不法侵害已经开始，是指侵害人已经着手直接实行侵害行为。例如，杀人犯持刀向受害人砍去，强奸犯对妇女施以暴力或暴力威胁，殴打他人者对受害人举拳打击等，不法侵害就已经开始。不法侵害尚未结束，是指不法侵害行为或其导致的危害状态尚在继续中，防卫人可以用防卫手段予以制止或排除。具体而言，不法侵害的尚未结束，可以是不法侵害行为本身正在进行中，例如纵火犯正在向房屋泼洒汽油并着手实施点燃目标物的行为；也可以是行为已经结束而其导致的危险状态尚在继续中，例如抢劫罪犯已打昏物主抢得某种财物，但他尚未离开现场。在上述两种情况下，防卫人的防卫行为均可有效地制止不法侵害行为，或排除不法侵害行为所导致的危险状态。注意，在有些情况下，虽然不法侵害所导致的危险状态尚在继续中，但正当防卫行为并不能将其排除，则应视为不法侵害已经结束。例如，纵火犯向目标物纵火后逃跑，已经造成了危及公共安全的危险状态，就无法通过杀死或伤害纵火犯的防卫手段来排除，对之采取正当防卫也就失去了适时性。

3. 主观条件：具有正当防卫意图

正当防卫意图是指防卫人对正在进行的不法侵害有明确认识，并希望以防卫手段制止不法侵害，保护合法权益的心理状态。它包括防卫认识和防卫目的两方面的内容。

（1）防卫认识。即防卫人对正在进行的不法侵害的认识，包括对不法侵害的诸多事实因素的认识，其基本内容是：其一，明确认识侵害合法权益的不法行为的存在；其二，明确认识不法侵害正在进行；其三，明确认识不法侵害者；第四，明确认识不法侵害的紧迫性，且能够以防卫手段加以制止。此外，还应基本认识到防卫行为所需要的手段、强度及可能造成的必要损害后果。

（2）防卫目的。即防卫人以防卫手段制止不法侵害，以保护合法权益的心理愿望。凡正当的防卫意图都必须以保护合法权益、制止不法侵害为目的。防卫目的是确定防卫意图的关键。正当防卫的目的包括两个层次：第一层次是制止不法侵害；第二层次是通过制止不法侵害，保护合法权益。

不具有维护个人正当权益的目的，而进行的貌似正当防卫的活动，如防挑唆、互相斗殴等，都并非正当防卫。

防卫挑唆，又称防卫挑拨，是指行为人出于侵害目的，以故意挑衅、引诱等方法促使对方进行不法侵害，尔后借口防卫加害对方的行为。当然，防卫挑拨不成立正当防卫一般也仅限于当时的情形下，如甲在今日挑唆乙，但乙几日后又再威胁甲或找好帮手后再攻击甲，则甲可以对乙实行正当防卫。

互相斗殴，是指当事人为侵害他人的故意而实施的互相打骂、攻击的行为。不过，双方打斗完毕后，一方再次纠集帮手伤害对方，而对方没有继续打斗的故意，此时可以对伤害的一方进行正当防卫。

4. 对象条件：不法侵害人

一般认为，针对不法侵害者本人进行防卫，这是正当防卫的对象要求。正当防卫不能针对第三人，其理由如下。

（1）正当防卫的目的是及时有效地制止正在进行的不法侵害，而达到这一目的的最直接途径，大多数情况下就是对不法侵害人的人身、财产等权益造成必要的损害。

（2）不法侵害人行为的非法性，是法律上允许防卫人对其权益进行某种反击的根据。因此，即使对第三者权益的反击有可能制止不法侵害行为，也不能对不法侵害者以外的第三者实施防卫。如果非法侵害人是多个的，既可以针对其中的一人实施防卫，也可以针对多个同时进行；既可以针对已执行了最严重侵害行为的人实施，也可以针对未执行最严重侵害行为的人实施。

5. 限度条件：防卫行为没有明显超过必要限度，造成重大损害

如何把握正当防卫的限度，这是一个很复杂的问题，也是一个颇有争议的问题。增加限度条件，这是由刑法的基本原则"罪刑相当"所决定的，是刑法基本原则在正当防卫中的体现。法律不允许为了保护微小合法权益而造成重大损害。实践中，要正确判断一个防卫行为对不法侵害人造成的损害是否超过法律容许的限度，一般从不法侵害行为的手段、不法侵害行为的缓急程度、不法侵害危害的权益的性质、不法侵害行为与防卫行为所处的客观背景条件、双方的力量对比等因素来考虑。

三、防卫过当

1. 防卫过当的概念

防卫过当是对正当防卫制度的不正确运用，在很多情况下表现为对正当防

卫权的一种滥用。所以我国刑法规定防卫过当是一种犯罪行为，应当承担刑事责任。根据《刑法》第 20 条第 2 款的规定，防卫过当是指正当防卫明显超过必要限度，造成重大损害的行为。

防卫过当是防卫行为的正当性和损害结果的非正当性的统一。防卫行为的正当性表现为：实施防卫行为时确有不法侵害存在（不同于假想防卫）；不法侵害正在进行（不同于防卫不适时）；防卫的目的是保护合法权益不受非法侵害（不同于防卫挑唆等）；防卫行为是针对不法侵害者本人实施（不同于防卫对象错误）。可见，在正当防卫的 5 个正当性要件中，防卫过当具备了 4 个。从这个意义上讲，防卫过当具有正当性的一面。但是，从另一方面看，防卫行为的强度和力度明显超过了不法侵害的强度和力度，对不法侵害人造成了重大损害，从而使合法的防卫行为变成了不法的侵害行为，也使正当性的行为转化成非正当性的行为。

2. 防卫过当的刑事责任

防卫过当不是一种单独的犯罪行为。因此，防卫过当不是单独的犯罪，也不是单独的法定刑，而是根据行为人所违反的相关法律条文来定罪量刑。根据《刑法》第 20 条第 2 款的规定，防卫过当应当减轻或者免除处罚。应当减轻或免除处罚是因为它具有正当性这个前提存在，之所以要处罚，是因为它过当了。

四、特殊正当防卫

《刑法》第 20 条第 3 款规定，对正在进行行凶、杀人、抢劫、强奸、绑架以及其他严重危及人身安全的暴力犯罪，采取防卫行为，造成不法侵害人伤亡的，不属于防卫过当，不负刑事责任。此即无过当防卫，亦可称为无限防卫。无限防卫不是没有限度，它仍然要满足正当防卫的其他四个条件，只是限度条件被取消。

案例一中，于某某的行为属于正当防卫。本案中，虽然刘某的死亡是由于于某某的捅刺，但于某某对刘某的砍杀完全是出于反抗。根据《刑法》第 20 条的规定，本案中于某某遭遇刘某的砍杀后，遭遇的是严重危及生命的暴力危险，应当适用特殊防卫规则，故于某某的行为属于正当防卫。

第二节　紧急避险

一、紧急避险的基本含义

根据《刑法》第21条的规定，紧急避险是指为了使国家、公共利益、本人或者他人的人身、财产和其他权利免受正在发生的危险，不得已而采取的损害另一较小合法权益的行为。

紧急避险与正当防卫一样，也是我国刑法明文规定的正当行为之一。与正当防卫不同，正当防卫是正对不正，而紧急避险两者权益都是合法的，可以用"舍车保帅"来形容。紧急避险的本质在于，在两个合法权益相冲突，又只能保全其中之一的紧急状态下，法律允许为了保全较大的权益而损害较小的权益。虽然造成了较小的权益的损害，但从整体上说，它是有益社会的行为，不仅不应承担刑事责任，而且应当受到国家法律的保护、鼓励和支持。

二、紧急避险的要件

1. 起因条件：危险实际存在

合法权益面临实际的威胁，是紧急避险的前提和根据。危险必须是客观现实的存在，而不是假想的、推测的存在。如果实际上并不存在危险，行为人却由于对事实的认识错误，误认为危险存在，因而实行了所谓的紧急避险，刑法理论上称之为假想避险。假想避险不是紧急避险，因假想避险而对他人的合法权益造成损害的，应根据处理事实认识错误的原则，决定是否应负刑事责任。

2. 时间条件：危险正在发生或迫在眉睫，对合法权益形成了紧迫的、直接的危险

危险正在发生，是指已经发生的危险将立即损害合法权益，或正在造成合法权益损害而尚未结束。紧急避险只能在危险已经出现而又尚未结束的时间条件下进行，否则就不是紧急避险。如果危险还处于潜在状态，其是否出现还存在或然性，公民可以采取某些防范措施，则法律不允许实施紧急避险。危险一

旦结束，紧急避险也就失去了其合法存在的时间条件，因为此时损害已经造成，实行紧急避险已不能保全合法权益，不实行紧急避险也不会使合法权益再遭受损害或遭受进一步的损害。

行为人在危险尚未出现或者已经结束的情况下实施所谓避险，刑法理论上称为避险不适时。避险不适时不是紧急避险，行为人因此而对合法权益造成损害，达到犯罪程度的，应当负相应的刑事责任。

3. 对象条件：针对的是第三者的合法权益

紧急避险的本质特征，就是为了保全一个较大的合法权益，而将其面临的危险转嫁给另一个较小的合法权益，即以损害某一较小合法权益保全另一较大合法权益。因而，紧急避险行为所指向的对象，不是危险的来源，而是第三者的合法权益。如果行为人的行为是对危险的直接对抗，那么该行为就不是紧急避险。例如，行为人通过损害不法侵害者的人身权利或财产权利，来排除遭受不法侵害的危险，其行为就不是紧急避险而是正当防卫。

4. 紧急避险的限制

根据《刑法》第21条第3款的规定，紧急避险中关于避免本人危险的规定，不适用于职务上、业务上负有特定责任的人。这是紧急避险的禁止条件。所谓在职务上、业务上负有特定责任，是指某些人依法担任的职务或所从事的业务本身，要求他们在特定的危险环境或状态下坚守职责、履行义务。例如，军人就必须服从命令参加战斗，面对战死沙场的危险；消防队员就必须奋勇扑火，面对烧伤的危险；医生、护士在治疗疾病时，必须面对病菌感染的危险。法律不允许职务上、业务上负有特定责任的人对个人面临的危险实行紧急避险，或者说《刑法》第21条第3款规定的确切含义是指，职务上、业务上负有特定责任的人，不能为避免本人所面临的危险而不履行排险职责或义务。具体而言，职务上、业务上负有特定责任的人在本人的人身、财产和其他权利遭受危险侵害时，只有避险行为与所承担的特定责任不相冲突，职务上、业务上负有特定责任的人才可以实施紧急避险。

5. 主观条件：行为人必须有正当的避险意图

正当避险意图，是指避险人对正在发生的危险有明确的认识，并希望以避险手段保护较大合法权益的心理状态。避险意图中包含有避险认识和避险目的两部分内容。

（1）避险认识。主要是对正在发生的危险的认识，应当包括：第一，认识到正在发生的危险的存在；第二，认识到这种危险只能以紧急避险的方法来排除；第三，认识到损害另一较小的合法权益可以达到避险效果。另外，避险人对自己避险行为的手段、强度、可能造成的后果等亦应有基本认识。

（2）避险目的。即行为人实施避险行为所希望达到的结果。根据刑法规定，行为人只能出于避免国家、公共利益、本人或他人的人身、财产或其他权利遭受正在发生的危险的正当目的，才能进行紧急避险，不能为了保护某种非法利益而实施所谓的紧急避险。

6. 限度条件：紧急避险不能超过必要的限度，造成不应有的损害

紧急避险的必要限度，刑法对此并没有明确的规定。但是刑法理论界和司法实务界对紧急避险的必要限度的认识是一致的，那就是：紧急避险造成的损害必须小于所避免的损害。换言之，为了保护一个合法权益而损害的另一合法权益，既不能等于、更不能大于所保护的权益。例如，不能为了保护一个人的健康权利，而去损害第三者的健康权利甚至生命权利；也不能为了保护某人的财产利益，而去损害他人的或者国家的、公共的同等价值或者更大价值的财产利益。

案例二中，郑某的行为属于紧急避险。根据《刑法》第 21 条的规定，紧急避险是指为了使国家、公共利益、本人或者他人的人身、财产和其他权利免受正在发生的危险，不得已而采取的损害另一较小合法权益的行为。本例中，在收到台风预警时，郑某为了避免船毁人亡的后果，不得已采取了牺牲另一个较小的正当权益的方法，符合紧急避险的规定。

三、避险过当及其他不当避险的刑事责任

《刑法》第 21 条第 2 款规定："紧急避险超过必要限度造成不应有的损害的，应当负刑事责任，但是应当减轻或者免除处罚。"据此，避险过当是指避险行为超过必要限度，造成不应有的损害的行为。紧急避险的意义在于损害较小的合法权益以保护较大的合法权益。如果避险人实际损害了较大的或者价值相等的利益，造成了不必要的损害，避险便失去了意义。所以，我国刑法明确规定，避险过当应当负刑事责任。

1. 避险过当具备避险性与过当性的双重属性

构成避险过当，必须具备主客观两方面的要件。其一，行为人在主观上对

避险过当行为具有罪过。一般说来，避险过当的罪过形式通常是疏忽大意的过失，即行为人应当预见到自己的避险行为所损害的权益可能等于或者大于所保全的权益，因为疏忽大意而没有预见，以致超过必要限度造成了不应有的损害。少数情况下，避险过当的罪过形式也可能是间接故意或过于自信的过失。其二，行为人在客观上实施了超过必要限度的避险行为，造成了合法权益的不应有的损害。避险行为所损害的合法权益大于或等于所保全的合法权益时，该行为就超过了必要限度，属于过当行为。例如，为了保全本人的某种财产利益而牺牲他人或公共的更大的财产利益，为了保全自己的健康或生命而牺牲他人的生命，就属于避险过当的行为。

2. 避险过当的刑事责任

《刑法》第 21 条第 2 款的规定表明，避险过当是犯罪行为，应当依据该犯罪行为具体触犯的分则规范或者所符合的具体罪名承担相应的刑事责任，但是应当减轻或者免除处罚。所以，避险过当不是独立的罪名，在追究避险过当的刑事责任时，应当根据行为人的主观罪过形式及过当行为特征，按照刑法分则中的相应条款定罪量刑。

根据《刑法》第 21 条第 2 款的规定，对于避险过当行为，量刑时应当减轻或者免除处罚。至于在何种情况下减轻处罚（包括减轻处罚的程度），在何种情况下免除处罚，应当综合考虑避险目的、罪过形式、保护权益的性质、过当程度等诸种因素。

第三节　其他正当行为

一、自救行为

自救行为，是指法益受到侵害之人，在公权力救济不可能或明显难以恢复的情况下，依靠自己的力量来救济法益。例如，盗窃罪的被害人，在盗窃犯即将毁损所盗物品或者逃往外地等场合，来不及通过司法机关挽回损失，使用暴力等手段迅速从盗窃犯手中夺回财物的，就是自救行为。

自救行为所采取的救济手段应当具有适当性，所造成的侵害与救济的法益应当具有相当性。

二、自损行为

自损行为，是指自己损害自己合法权益的行为。这些行为一般不成立犯罪。但是，当自损行为同时危害国家、社会利益或他人权益时，则可能成立犯罪。比如，战时自伤罪，因为军人担负着保家卫国的光荣使命，在战时履行自己的军事义务，是每一名军人的神圣职责。战时自伤身体的行为不仅使行为人丧失了履行军事义务的条件，逃避了军事义务，而且影响部队的士气，直接危及军队的作战利益，所以军职人员在战时为了逃避履行军事义务而伤害自己身体的行为构成犯罪。

三、正当业务行为

正当业务行为，是指虽然没有法律、法规、法令的直接规定，但在社会观念上被认为是正当的业务上的行为。因此，只有业务本身是正当的，而且没有超过业务的范围时，才排除犯罪。职业性的体育活动，属于正当业务行为。

医生基于患者的承诺或推定的承诺，采取医学上承认的方法，客观上伤害患者的行为，是正当业务行为，但其排除犯罪的条件更为严格：

（1）治疗行为在医学上是被承认的方法，其实质是具有安全性、有效性与必要性。

（2）必须有患者的承诺或推定的承诺。

（3）必须以医治疾病为目的。人体试验、性转换手术，不属于治疗行为。

四、基于权利人承诺或自愿的损害

被害人请求或者许可行为人侵害其合法权益，意味着被害人放弃了其合法权益，放弃了对其权益的保护。既然如此，法律就没有必要予以保护，侵害被放弃的合法权益的行为，就不构成犯罪。但这并不意味着行为只要经被害人承诺就不成立犯罪。例如，奸淫幼女、基于重伤或死亡的承诺，这种行为仍然是犯罪。

经被害人承诺的行为必须符合以下条件：

（1）承诺者对被侵害的法益有处分的权限。承诺者无权处分社会利益。例如，得到妻子同意的重婚行为也构成重婚罪。

（2）承诺者必须有承诺能力。例如，不满14周岁的幼女就没有性承诺能力，即使是她同意的性行为，也不能否定强奸罪的成立。

（3）承诺必须事先作出，事后承诺是无效的，否则国家的追诉权就会受到被害人意志的左右。

（4）经承诺的行为不能超出承诺的范围。

（5）承诺必须出于承诺者的真实意志，强迫下的承诺是无效的。

（6）经承诺所实施的行为本身必须不违反法律规定与公序良俗。例如，即使是对方同意，也不能在公共场合性交。

在对危害行为实行私人复仇的历史阶段，是否给予制裁（复仇）完全取决于被害人本人或者被害人家族的意志。在对危害行为的制裁变成国家行为的历史阶段，是否制裁取决于通过法律体现出来的国家意志，所以一般说来"被害人同意"不能作为免除犯罪人刑事责任的根据。因为犯罪行为直接或间接地侵犯了公众利益，不能私下了结。例如，丈夫在身患不治之症而又痛苦不堪的妻子的再三恳求下，给妻子服用超剂量安眠药，从而导致妻子死亡。丈夫不因妻子事先同意被杀死而免负杀人的罪责。

五、法令行为

法令行为，是指基于成文法律、法规、法令的规定，作为行使权利或者承担义务所实施的行为。法令行为具体包括：① 职权（职务）行为，即公务人员根据法律行使职务或者履行职责的行为，既包括基于法律的直接规定所实施的行为，也包括基于上级的职务命令所实施的行为（下级执行上级命令本身也是有法律根据的，上级命令也必须以法律为根据，故可以将执行上级命令的行为归入法令行为），如司法工作人员对犯罪嫌疑人实行逮捕。② 权利（义务）行为，即在法律规定上作为公民的权利（义务）的行为，如一般人扭送现行犯。

法令行为是基于法律、法规、法令的规定所实施的行为，因此，如果行为人所实施的行为没有法律、法规、法令的根据，或者虽有一定根据但在实体上或程序上违反了法律、法规、法令的规定，则不属于法令行为，而可能是犯罪行为。

六、义务冲突

义务冲突，是指存在两个以上不相容的法律上的义务，为了履行其中的某种义务,而不得已不履行其他义务的情况。例如,律师为了在法庭上维护被告人的合法权益,不得已泄露被告人的隐私。

义务冲突与紧急避险有相似之处,但紧急避险下,本人权益面临危险时,如果愿意忍受危险,可以不实行紧急避险,而义务冲突时,负有义务的人必须履行其中的某项义务。

义务冲突应该符合以下两个条件:

(1) 存在两个以上的法律上的义务,不包括道义上与宗教上的义务。

(2) 必须权衡义务的轻重,即必须是为了履行重要义务,放弃非重要的义务。为了履行非重要义务而放弃重要义务的,可能成立犯罪。

每章一练

一、单项选择题

1. 乙持刀抢劫出租车司机甲，刺了甲一刀后强行抢走财物后下车逃跑。甲发动汽车追赶，在乙往前跑了 100 米处将其撞成重伤并夺回财物。关于甲的行为性质，下列说法正确的是（　　）。

   A. 防卫过当

   B. 紧急避险

   C. 正当防卫

   D. 事后防卫

2. 甲与乙因生活琐事互相斗殴，乙感到不是甲的对手而逃跑。甲紧追不舍，乙逃出 500 米后被甲追上。甲用木棒朝乙劈头盖脸打来，情急之下，乙抽出随身携带的水果刀朝甲刺去，致甲重伤。乙的行为（　　）。

   A. 构成故意杀人罪（未遂）

   B. 构成故意伤害罪

   C. 构成寻衅滋事罪

   D. 不构成犯罪

3. 甲为了抢救伤员，在过往汽车拒绝将伤员送往医院时，将汽车司机推出车外，强行拦截过往汽车将伤员送往医院。甲的行为构成（　　）

   A. 抢劫罪

   B. 抢夺罪

   C. 正当防卫

   D. 紧急避险

4. 甲和乙分别属于两个流氓团伙。一天，这两个团伙在街头争地盘时发生打斗，打斗中甲持刀朝乙脑门劈来，乙及时抢起大棒将甲打成重伤，躲过一劫。关于乙的行为的认定，下列说法正确的是（　　）。

   A. 正当防卫

   B. 紧急避险

   C. 聚众斗殴罪和过失致人重伤罪数罪并罚

   D. 故意伤害罪

5. 甲外出时在自己的住宅安放了防卫装置。某日晚，乙撬门侵入甲的住宅后，被防卫装置打成重伤。甲的行为属于（　　）。

   A. 故意伤害罪

B. 正当防卫

C. 防卫不适时

D. 民事侵权行为，不构成犯罪

6. 关于正当防卫与紧急避险，下列说法正确的是（   ）。

    A. 为保护国家利益实施的防卫行为，只有当防卫人是国家工作人员时，才成立正当防卫

    B. 甲、乙在海上遇险，小船只能承受一人重量。甲为了救自己，将乙推入海中。甲成立紧急避险

    C. 为摆脱合法追捕而侵入他人住宅的，可认定为紧急避险

    D. 为保护个人利益免受正在发生的危险，不得已也可通过损害较小公共利益的方法进行紧急避险

7. 甲遭乙追杀，情急之下夺过丙的摩托车骑上就跑，丙被摔成骨折。甲的行为属于（   ）。

    A. 正当防卫

    B. 紧急避险

    C. 抢夺罪

    D. 过失致人死亡罪

8. 甲制服不法侵害人后，为泄愤又对不法侵害人实施加害行为造成他人重伤，甲的行为属于（   ）。

    A. 正当防卫

    B. 紧急避险

    C. 故意犯罪

    D. 自救行为

9. 下列关于防卫过当的说法中，不正确的是（   ）。

    A. 防卫过当的基本特征是客观上造成了不应有的损害

    B. 防卫过当主观上对造成的过分损害存在过失甚至故意

    C. 防卫过当应当负刑事责任，但是应当减轻或者免除处罚

    D. 防卫过当的，应当定防卫过当罪

二、多项选择题

1. 下列选项中，属于正当化事由的有（   ）。

    A. 法令行为

    B. 自救行为

C. 被害人承诺

D. 正当业务行为

2. 关于正当防卫,下列表述正确的是( )。

   A. 正当防卫的起因条件是有不法侵害行为发生

   B. 正当防卫的时间条件是不法侵害行为即将发生或者正在进行;特殊情况下,对已经结束的侵害也可以正当防卫

   C. 防卫的目的是保护合法权利免受不法侵害

   D. 正当防卫与防卫过当区别的关键在于是否明显超过必要限度造成重大损害

3. 下列关于紧急避险的说法,错误的是( )。

   A. 紧急避险的危险来源不能是人的不法侵害

   B. 紧急避险只能在迫不得已的情况下才能实行

   C. 紧急避险损害的合法利益可以等于所保护的合法利益

   D. 紧急避险不适用于职务上、业务上负有特定责任的人

4. 下列关于紧急避险的说法,正确的是( )。

   A. 紧急避险属于正当化事由

   B. 避险过当应当负刑事责任

   C. 避险过当不是独立的罪名

   D. 避险过当应当从轻或减轻处罚

5. 下列关于正当防卫和紧急避险的说法,正确的是( )。

   A. 正当防卫和紧急避险的危险来源是相同的,都来源于人的不法侵害

   B. 正当防卫和紧急避险在合理限度内造成某种利益损害的,都可以不负刑事责任

   C. 正当防卫和紧急避险是每一个公民的权利,平等地适用于所有人

   D. 正当防卫和紧急避险都是为了保护公共利益、本人或他人的合法权利

第十三章

刑罚概述

◆ 知识目标

1. 了解刑罚与其他法律制裁方法的区别。
2. 理解刑法功能的概念和内容。
3. 掌握刑罚的概念和特征。
4. 理解对犯罪人适用刑罚的目的。
5. 掌握我国刑罚关于各种主刑与附加刑的具体规定。

◆ 能力目标

正确适用我国刑法关于各种主刑与附加刑的具体规定,分析解决实际问题。

◆ 案例导入

2012年7月12日,王某与邻居李某因琐事发生激烈争吵。晚上,王某喝酒后带着水果刀找李某报复,见到李某后,拔出水果刀朝李某的胸口连捅两刀,致其当场死亡。李某妻子张某回家看到这一幕,随即拨打报警电话。公安机关以王某涉嫌故意杀人为由对其逮捕。随后检察院以故意杀人罪向人民法院提起公诉。2012年8月22日,一审人民法院开庭审理,以故意杀人罪判处被告人王某死刑立即执行,剥夺政治权利终身;二审法院对被告人王某改判为无期徒刑,剥夺政治权利终身。

问:

(1) 王某能否被判处死刑立即执行?二审法院的改判是否正确?

(2) 本案涉及了哪些刑种?

第一节　刑罚的概念和特征

一、刑罚的概念

刑罚也称刑事罚，是刑法规范所使用的法律制裁手段，用以作为犯罪行为最主要的法律后果。刑罚是国家创制的、对犯罪人适用的特殊制裁方式，是对犯罪人某种利益的剥夺，是建立在剥夺性痛苦基础上的最为严厉的制裁措施的总和，表现出国家对犯罪人及其行为的否定评价。

二、刑罚的特征

刑罚的外在特征，也就是刑罚与其他法律强制方法的区别之处，表现为以下几方面。

（1）制裁程度的严厉性。刑罚是最严厉的制裁方法，这在它所剥夺的权利与利益上得到充分体现，刑罚可以剥夺犯罪人的财产、人身自由乃至生命，可以说是生杀予夺在此一举，其制裁程度的严厉性昭然可见。其他任何制裁方法，都不能达到这样的严厉程度。

（2）适用对象的特定性。刑罚只适用于触犯刑法而构成犯罪的人，无罪的人绝对不受刑事追究。而其他法律制裁方法主要适用于一般违法行为。将刑罚的适用对象限于犯罪人是刑罚正当性的基本前提，也是刑罚与其他法律强制方法的根本区别之一。

（3）法律程序的专门性。刑罚只能由人民法院代表国家依照专门的刑事诉讼法使用。其他法律强制方法则按照其他程序适用，两者有根本区别。

三、刑罚体系

刑罚体系，是指按照一定的标准对各种刑罚方法进行排列而形成的刑罚序列。在我国刑法中，刑罚可以分为主刑和附加刑，按照轻重程度依次排列，形成我国刑法中的刑罚体系。

（一）刑罚的种类和结构

我国刑法中的刑种共 9 种。其中，主刑 5 种，包括管制、拘役、有期徒刑、无期徒刑和死刑。附加刑 4 种，包括罚金、剥夺政治权利、没收财产和驱逐出境。按照刑罚方法的性质，又可概括地分为自由刑、生命刑、财产刑和资格刑 4 大类。其中，管制、拘役、有期徒刑和无期徒刑均属于自由刑（管制是限制自由刑，拘役、有期徒刑和无期徒刑是剥夺自由刑；管制、拘役和有期徒刑是有期自由刑，无期徒刑是终身自由刑），死刑是生命刑，罚金和没收财产是财产刑，剥夺政治权利和驱逐出境是资格刑。整体而言，以自由刑为中心，与生命刑、财产刑和资格刑一起，构成我国刑罚体系的合理结构。

（二）刑种组合和适用的基本规则

按照我国刑法规定，主刑是对犯罪适用的主要刑罚方法，只能独立适用，不能附加适用。因此，一个犯罪只能适用一种主刑，不能适用两种以上的主刑。附加刑，又称为从刑，是补充主刑适用的刑罚方法。附加刑既可以附加适用，又可以独立适用。适用附加刑时，一个犯罪可以同时适用两个以上的附加刑。

第二节　刑罚的种类

一、主刑

主刑，是对犯罪分子独立适用的主要刑罚方法。

主刑只能独立适用，不能附加适用；一个罪行只能适用一个主刑，不能同时适用两种以上的主刑，也不能在附加刑独立适用时再适用主刑。

（一）管制

1. 管制的特征

管制，是指对犯罪分子不实行关押，交由执行机关管束，实行社区矫正，限制其一定自由的刑罚方法。

（1）对犯罪分子不予关押，不剥夺其人身自由。被判处管制的犯罪分子在服刑期间，不羁押在监狱、看守所等执行场所中，仍留在原工作单位或居住地，也不离开自己的家庭，不中断与社会的正常交往。对罪犯不予关押，是管制刑与其他刑罚方法的重要区别。

(2) 被判处管制刑的罪犯须由执行机关管束，实行社区矫正，其自由受到一定限制。限制罪犯自由主要表现在限制罪犯的政治自由、担任领导职务、外出经商、迁居等自由。

(3) 被判管制刑的罪犯可以自谋生计，在劳动中与普通公民同工同酬。

2. 管制的适用对象

管制是我国主刑中最轻的一种刑罚方法，适用于罪行较轻、人身危险性较小、不需要关押的犯罪分子。

管制的适用对象具有以下特点。

(1) 罪行性质轻、危害小。我国刑法分则规定可以适用管制的犯罪主要集中在妨害社会管理秩序罪和妨害婚姻家庭罪中，这些犯罪的共同特点是罪行性质不十分严重、社会危害性较小。

(2) 人身危险性较小。管制并不剥夺犯罪人的人身自由，只是在一定程度上限制其人身自由，所以，适用管制刑的犯罪分子必须是人身危险性较小者。如果罪犯的人身危险性很大，管制将难以达到预防犯罪的目的。

3. 管制的期限

管制作为一种限制人身自由的刑罚，其期限为3个月以上、2年以下，数罪并罚时最高不能超过3年。

管制的刑期，从判决执行之日起计算；判决执行前先行羁押的，羁押1日折抵刑期2日。之所以规定羁押1日折抵刑期2日，是因为判决执行以前先行羁押的属于剥夺自由，而管制只是限制自由。另外，对于经过批准离开所居住的市、县外出的罪犯，经许可外出的期间，应计入执行期，但超过许可的时间不得计入执行期；对于未被批准而擅自离开所在地域的罪犯，其外出期间，不得计入执行期。

4. 管制的执行

《刑法》第38条第3款规定："对判处管制的犯罪分子，依法实行社区矫正。"因此，被判处管制的犯罪分子属于社区矫正的服刑人员，按照社区矫正的规定进行管教。这里的"依法"主要是指依照《社区矫正法》的相关规定。

5. 禁止令

《刑法》第 38 条第 2 款规定："判处管制，可以根据犯罪情况，同时禁止犯罪分子在执行期间从事特定活动，进入特定区域、场所，接触特定的人。"第 38 条第 4 款规定："违反第二款规定的禁止令的，由公安机关依照《治安管理处罚法》的规定处罚。"通过对判处管制的犯罪分子适用禁止令，可以更为有效地对其进行约束、矫正和考察。人民法院根据犯罪情况，认为从促进犯罪分子教育矫正、有效维护社会秩序的需要出发，确有必要禁止其在管制执行期间从事特定活动，进入特定区域、场所，接触特定人的，可以在判处管制的同时，宣告禁止令。法院在适用禁止令时，应当根据犯罪分子的犯罪原因、犯罪性质、犯罪手段、犯罪后的悔罪表现、个人一贯表现等情况，充分考虑与犯罪分子所犯罪行的关联程度，有针对性地决定禁止其在管制执行期间"从事特定活动，进入特定区域、场所，接触特定的人"的一项或者几项内容。

最高人民法院、最高人民检察院、公安部、司法部《关于对判处管制、宣告缓刑的犯罪分子适用禁止令有关问题的规定（试行）》对上述禁止内容作出了详细规定。其一，被禁止从事特定活动，主要包括：个人为进行违法犯罪活动而设立公司、企业、事业单位或者在设立公司、企业、事业单位后以实施犯罪为主要活动的，禁止设立公司、企业、事业单位；实施证券犯罪、贷款犯罪、票据犯罪、信用卡犯罪等金融犯罪的，禁止从事证券交易、申领贷款、使用票据或者申领、使用信用卡等金融活动；利用从事特定生产经营活动实施犯罪的，禁止从事相关生产经营活动；附带民事赔偿义务未履行完毕，违法所得未追缴、退赔到位，或者罚金尚未足额缴纳的，禁止从事高消费活动；其他确有必要禁止从事的活动。其二，被禁止进入特定区域、场所，主要包括：禁止进入夜总会、酒吧、迪厅、网吧等娱乐场所；未经执行机关批准，禁止进入举办大型群众性活动的场所；禁止进入中小学校区、幼儿园园区及周边地区，确因本人就学、居住等原因，经执行机关批准的除外；其他确有必要禁止进入的区域、场所。其三，被禁止接触特定的人员，主要包括：未经对方同意，禁止接触被害人及其法定代理人、近亲属；未经对方同意，禁止接触证人及其法定代理人、近亲属；未经对方同意，禁止接触控告人、批评人、举报人及其法定代理人、近亲属；禁止接触同案犯；禁止接触其他可能遭受其侵害、滋扰的人或者可能诱发其再次危害社会的人。

禁止令的期限，既可以与管制执行期限相同，也可以短于管制执行期限，但是判处管制的，禁止令的期限不得少于 3 个月。判处管制的犯罪分子在判决执行以前先行羁押以致管制执行的期限少于 3 个月的，禁止令的期限不受前述最短期限的限制。禁止令的执行期限，从管制执行之日起计算。禁止令由司法行政机关指导管理的社区矫正机构负责执行。人民检察院对社区矫正机构执行禁止令的活动实行监督，发现有违反法律规定的情况，应当通知社区矫正机构纠正。判处管制的犯罪分子违反禁止令，由负责执行禁止令的社区矫正机构所在地的公安机关依照《治安管理处罚法》第60条的规定处罚。

（二）拘役

1. 拘役的特征

拘役，是剥夺犯罪人短期人身自由，就近实行强制劳动改造的刑罚方法。在我国刑罚体系中，拘役是介于管制与有期徒刑之间的一种主刑，具有以下特征。

（1）拘役是一种短期自由刑。拘役的刑期最短不少于1个月，最长不超过6个月，所以，拘役是我国对罪犯予以关押、实行强制劳动改造的三种自由刑中最轻的一种。

（2）拘役适用于罪行较轻但需要短期关押改造的罪犯。

2. 拘役的适用对象

从我国刑法分则有关拘役的规定可以看出，其适用对象具有以下特点。

（1）拘役一般只适用于犯罪性质比较轻微的犯罪。适用比例最高的是渎职罪，其次分别是妨害社会管理秩序罪、破坏社会主义市场经济秩序罪等。刑法分则中犯罪性质最严重的，如危害国家安全罪、危害公共安全罪等，也可以适用拘役，但所占比例最低。

（2）拘役多适用于社会危害性不大的犯罪。我国刑法分则中除过失致人死亡罪没有规定可以适用拘役外，绝大多数过失犯罪都规定可以适用拘役，约占全部过失犯罪的95%。在同一类犯罪中，能够适用拘役的也是一些社会危害性不大的犯罪。

（3）在我国刑法分则中，设置拘役刑的条文绝大多数是把拘役作为最低法定刑规定的。在这样的条文中，拘役既可适用于犯罪情节轻微、不需要判处有期徒刑的犯罪，也可以适用于本应判处短期徒刑，但具有从轻情节的犯罪。另外，在刑法分则中规定有管制刑的条文，大多规定有拘役。在这样的条文中，拘役介于管制与徒刑之间。所以，拘役除有上述两种用法外，还可以适用于本应判处管制，但具有从重情节的犯罪。此外，在以短期徒刑为最低法定刑的犯罪中，如果具体犯罪具有减轻处罚情节，也可以判处拘役。

3. 拘役的期限

根据《刑法》第 42 条和第 69 条的有关规定，拘役的期限为 1 个月以上、6 个月以下，数罪并罚时，最高不得超过 1 年。可见，拘役的上限刑期与有期徒刑的下限刑期（6 个月）相衔接。这一规定较好地体现了拘役的特点，使刑罚体系更为连贯和严密。

拘役的刑期从判决之日起计算。判决以前先行羁押的，羁押 1 日折抵刑期 1 日。

4. 拘役的执行

被判处拘役的犯罪分子，由公安机关就近执行。

被判处拘役的犯罪分子在执行期间享有两项待遇：探亲（每月可以回家一到两天）；参加劳动的，可以酌量发给报酬。

（三）有期徒刑

1. 有期徒刑的特征

有期徒刑，是剥夺犯罪分子一定期限的人身自由，实行强制劳动改造的刑罚方法。有期徒刑是自由刑的主体，其刑罚幅度变化较大，从较轻犯罪到较重犯罪都可以适用。所以，在我国刑罚体系中，有期徒刑居于中心地位。

有期徒刑与其他刑罚方法相比具有以下特征。

（1）它在一定期限内对罪犯实行关押，剥夺其人身自由。

（2）有期徒刑的刑期幅度大，具有广泛的适用性。有期徒刑的刑期上限与无期徒刑相接，下限与拘役相连，中间跨度很大，具有较大的可分性。它既可作为重刑，适用于严重的犯罪行为；也可作为中度刑罚，适用于危害居中的犯罪行为；还可以作为轻刑，适用于危害较小的犯罪行为。因此，有期徒刑在我国刑罚体系中是一种适用范围最广泛的刑罚方法。刑法分则中，凡是规定了法定刑的，都规定了有期徒刑。

（3）罪犯应强制接受教育和劳动改造。被判处有期徒刑的犯罪分子，凡是有劳动能力的，都应当参加劳动，接受教育和改造。这种劳动是强制性的，体现了我国对罪犯实行劳动和教育改造的政策。

2. 有期徒刑的期限及计算

《刑法》第 45 条规定：有期徒刑的期限为 6 个月以上、15 年以下。有三种情形例外。

（1）根据《刑法》第 50 条的规定，判处死刑缓期执行的，在死刑缓期执行期间，如果确有重大立功表现，2 年期满以后，减为 25 年有期徒刑。

（2）根据《刑法》第 69 条的规定，数罪并罚，有期徒刑总和刑期不满 35 年的，最高不能超过 20 年有期徒刑；总和刑期在 35 年以上的，最高不能超过 25 年有期徒刑。

（3）根据《刑法》第 71 条的规定，犯罪分子在服刑期间又犯罪，以前罪没有执行完毕的刑罚为基础来确定应当执行的刑罚，已执行的刑期不计算在新决定的刑期内，因而犯罪分子实际执行的刑期可能突破法定数罪并罚最高刑期的限制。

有期徒刑的刑期，刑法规定从判决执行之日起计算；判决执行以前先行羁押的，羁押 1 日折抵刑期 1 日。所谓"判决执行之日"，是指人民法院签发执行通知书之日。由于"先行羁押"也是剥夺人身自由，因而在计算有期徒刑的刑期时，应当予以折抵。如果被告人只是取保候审，并未剥夺人身自由，不能算作羁押。在实践中，有些罪犯在判决前曾经屡次被拘留，又屡次逃跑，并继续犯罪，最后逮捕判刑时，能够折抵刑期的只是最后一次被羁押的时间，在此之前多次羁押的时间，均不能折抵刑期。

3. 有期徒刑的执行

我国刑法对有期徒刑的执行场所和执行方式有明确规定。根据《刑法》第 46 条的规定，被判处有期徒刑的犯罪分子，在监狱或者其他执行场所执行。"其他执行场所"，是指少年犯管教所、拘役所等。凡是被判有期徒刑的罪犯，有劳动能力的，都应当参加劳动，接受教育和改造。

（四）无期徒刑

1. 无期徒刑的特征

无期徒刑是剥夺犯罪分子终身自由，并强制劳动改造的刑罚方法。

在我国刑法中，无期徒刑介于有期徒刑和死刑之间，是仅次于死刑的一种严厉的刑罚方法。它主要适用于那些罪行严重，又不必判处死刑，但需要与社会永久隔离的犯罪分子。在我国，目前还大量存在严重犯罪，在刑法还保留死刑的情况下，无期徒刑在刑法体系中占有十分重要的地位，是其他刑罚方法不可替代的。一方面，它是同严重危害国家安全的犯罪以及其他严重刑事犯罪作斗争的有效手段，在惩罚和预防这类犯罪时起着十分重要的作用。另一方面，它又是限制死刑适用、贯彻少杀方针的有效手段。它的存在在很大程度上可以替代死刑，减少死刑的适用。所以，无期徒刑是我国刑罚体系中的一个重要刑种。

无期徒刑的法律特征主要表现在以下三个方面。

（1）对犯罪分子进行关押。这体现了无期徒刑作为刑罚的惩罚性。

（2）剥夺犯罪分子终身自由。这就是说，罪犯如果在服刑期间没有得到减刑，将在监狱服刑终身。这体现了无期徒刑的严厉性。终身剥夺罪犯的人身自由是无期徒刑的最突出特征。

（3）在内容上表现为对犯罪分子进行强制劳动改造。这体现了无期徒刑矫正、教育罪犯，使之成为社会新人的积极作用。

2. 无期徒刑的适用对象

无期徒刑主要适用于那些不必判处死刑，而又需要与社会永久隔离，罪行严重的危害国家安全的犯罪分子和其他重大刑事犯罪分子，以及严重的经济犯罪分子。

3. 无期徒刑的执行

无期徒刑的执行场所和执行内容与有期徒刑的一样，都是在监狱内参加劳动，接受教育改造。根据刑法规定，被判处无期徒刑的犯罪分子在执行期间，认真遵守监规，接受教育改造，确有悔改或立功表现，可获得减刑，由无期徒刑减为有期徒刑；无期徒刑实际执行13年以上，如果认真遵守监规，接受教育改造，确有悔改表现，没有再犯罪的危险的，还可以获得假释，但累犯以及因故意杀人、强奸、抢劫、绑架、放火、爆炸、投放危险物质或者有组织的暴力性犯罪被判处无期徒刑的犯罪分子除外。无期徒刑减为有期徒刑的，刑期从人民法院裁定减刑之日起计算。

（五）死刑

1. 死刑的概念

死刑是剥夺犯罪分子生命的刑罚方法，是刑罚体系中最严厉的惩罚手段。

2. 死刑的适用对象

《刑法》第48条规定，死刑只适用于罪行极其严重的犯罪分子。

3. 死刑适用的限制

《刑法》第49条规定："犯罪的时候不满十八周岁的人和审判的时候怀孕的

妇女，不适用死刑。审判的时候已满七十五周岁的人，不适用死刑，但以特别残忍手段致人死亡的除外。"

根据本条规定，以下三种情况既不适用死刑，也不适用死刑缓期两年执行。

（1）犯罪的时候不满18周岁的人。所谓"犯罪的时候"，是指实施犯罪行为的时候，而不是指审判的时候。在年龄计算上，从18周岁生日的第二天起，才认为已满18周岁。之所以对于不满18周岁的人不适用死刑，主要是考虑到未成年人尚处于生理和心理的发育过程中，认识能力和控制能力还没有完全成熟，未至不堪改造的程度。

（2）审判的时候怀孕的妇女。所谓"审判的时候"，并不限于法院审理阶段，而是指从羁押到执行的整个诉讼过程。这主要是从保护胎儿和实行人道主义的角度考虑的。胎儿是无辜的，不能因为孕妇有罪而株连胎儿。为了实现对怀孕妇女全面、有效的保护，相关司法解释规定，怀孕的妇女无论其怀孕是否属于违反国家计划生育政策，也不论其是否自然流产或者人工流产，以及流产后移送起诉或者审判期间的长短，仍应视为审判时怀孕的妇女，同样不适用死刑；怀孕妇女因涉嫌犯罪在羁押期间自然流产后，又因同一事实被起诉，交付审判的，视为审判时怀孕的妇女，依法不适用死刑。

（3）审判的时候已满75周岁的人。这主要是考虑到以下几个方面的原因：老年人的刑事责任能力有所减弱；对老年人判处死刑难以达到特殊预防的刑罚目的；我国古代法律文化传统中向来有矜老恤幼的观念；大多数国家的刑法都对老年人犯罪有减免惩罚的特殊规定等。当然，对已满75周岁的老年犯罪人不适用死刑也有例外，那就是以特别残忍的手段致人死亡。对这里的特别残忍的手段，与《刑法》第234条故意伤害罪中的特别残忍的手段应该作同一理解。由于犯罪手段的残忍程度超出了一般人的心理承受能力，已经难以为社会所容忍，因而仍然可以对其适用死刑。

4. 死刑的判决、核准和执行

（1）死刑的判决、核准程序。我国刑事法律对死刑的判决和核准程序作了特别规定。根据刑法和刑事诉讼法的有关规定，判处死刑立即执行的案件，除依法由最高人民法院判决的以外，都应当报请最高人民法院核准；判处死刑缓期执行的案件，可以由高级人民法院判决或者核准。

（2）死刑的执行。最高人民法院判处或核准的死刑立即执行的判决，应当由最高人民法院院长签发执行死刑的命令。根据《刑事诉讼法》第263条第2款的规定，死刑采用枪决或者注射等方法执行。

5. 死刑缓期执行制度

(1) 死缓执行的含义。

《刑法》第48条第1款规定:"对于应当判处死刑的犯罪分子,如果不是必须立即执行的,可以判处死刑同时宣告缓期二年执行。"

死缓与缓刑都是有条件地不执行原判刑罚的刑罚制度,但是,二者有原则的区别。

一是性质不同。死缓是对判处死刑的罪犯有条件地不再执行原判死刑的一种刑罚制度,而缓刑是对判处拘役或3年以下有期徒刑的罪犯有条件地不执行原判刑罚的一种刑罚制度;死缓属于生命刑范畴的特殊刑罚制度,缓刑则属于自由刑范畴的普通刑罚制度。

二是适用的前提不同。死缓以判处死刑为前提,缓刑以判处拘役或3年以下有期徒刑为前提。

三是执行场所不同。宣告死缓的犯罪分子,必须关押在监狱,强制进行劳动改造;宣告缓刑的犯罪分子,则不予关押而放在社会上进行考验。

四是期限不同。死缓的期限,法定为2年。而缓刑的考验期限,如原判刑罚为拘役,为原判刑期以上、1年以下,但不能少于2个月;如果原判刑罚为有期徒刑,为原判刑期以上、5年以下,但不能少于1年。

五是法律后果不同。死缓期满,根据罪犯表现情况可以减刑或者执行死刑;而缓刑考验期满或者是不执行原判刑罚,或者是撤销缓刑,执行原判刑罚,或者是撤销缓刑,把前罪和后罪所判刑罚按数罪并罚原则决定执行。

(2) 死缓的适用条件。

根据《刑法》第48条的规定,适用死缓必须同时具备两个条件。

其一,罪该处死。这是适用死缓的前提条件,它表明适用死缓的对象和适用死刑的对象均是罪行极其严重的犯罪分子。如果罪行不应当被判处死刑,就不存在适用死缓的问题。

其二,不是必须立即执行。这是区分死刑缓期执行与死刑立即执行的原则界限,是适用死缓的本质条件。法律对这一条件没有明确、具体的规定,主要靠审判机关判断。

(3) 死缓的执行场所。

死缓可以由高级人民法院判决或者核准。被判处死缓的罪犯,根据《监狱法》第2条的规定,在监狱内执行。

(4) 死缓期满后的处理。

《刑法》第50条第1款规定:"判处死刑缓期执行的,在死刑缓期执行期间,如果没有故意犯罪，二年期满以后，减为无期徒刑；如果确有重大立功表现，二年期满以后，减为二十五年有期徒刑；如果故意犯罪，情节恶劣的，报请最高人民法院核准后执行死刑；对于故意犯罪未执行死刑的，死刑缓期执行的期间重新计算，并报最高人民法院备案。"

根据这一规定，对被判处死刑缓期执行的犯罪分子，在死缓期满后，有三种处理办法。

第一，在死刑缓期执行期间如果没有故意犯罪，2年期满后，减为无期徒刑。这里所说的故意犯罪，是指我国刑法规定的、在故意心理支配下所实施的犯罪行为。对于故意犯罪的性质、种类、轻重等，法律未作规定，只要行为人在死刑缓期执行期间没有故意犯罪的，2年期满后，必须减为无期徒刑。

第二，在死刑缓期执行期间如果确有重大立功表现，2年期满后，减为25年有期徒刑。这里的重大立功表现，是指在接受教育改造过程中，检举、揭发其他罪犯的罪行，从而破获重大案件；或者钻研技术，有发明创造。立功必须达到重大的程度，才可以减为25年有期徒刑，以保持刑罚适用上的平衡，避免出现死缓罪犯减刑后比判处无期徒刑者还要轻的不合理现象。

第三，在死刑缓期执行期间，如果故意犯罪，情节恶劣的，报请最高人民法院核准后执行死刑。这是死刑缓期执行变更为死刑立即执行的规定，变更的实体条件是有故意犯罪，且情节恶劣。刑法之所以规定故意犯罪，且情节恶劣的，才可以核准执行死刑，主要是为了在立法上为死缓罪犯执行死刑设定较高门槛，从而贯彻我国严格控制和限制死刑适用的刑事政策。这里的情节恶劣，主要是指被判处死缓的罪犯在死刑缓期执行期间所故意犯下的罪行，从客观上看，手段残忍、性质恶劣、后果严重，或者造成恶劣的社会影响。具体标准可掌握为被判处死缓的罪犯在死刑缓期执行期间故意犯罪，依据刑法规定应当判处3年以上有期徒刑的情形。对于故意犯罪情节尚不恶劣，未执行死刑的，死刑缓期执行的期间重新计算，并报最高人民法院备案。

（5）死缓期间的计算。

《刑法》第51条规定："死刑缓期执行的期间，从判决确定之日起计算。死刑缓期执行减为有期徒刑的刑期，从死刑缓期执行期满之日起计算。"

二、附加刑

附加刑，是补充主刑适用的刑罚方法。附加刑既可以附加于主刑适用，又可以独立适用。在附加适用时，可以同时适用两个以上附加刑。在独立适用时，主要是针对较轻的犯罪。根据《刑法》第 34 条和第 35 条的规定，附加刑有 4 种：罚金、剥夺政治权利、没收财产、驱逐出境。

（一）罚金

罚金是人民法院判处犯罪人向国家缴纳一定数额金钱的刑罚方法。罚金属于财产刑的一种，不同于行政罚罚款，但是，行政机关对被告人就同一事实已经处以罚款的，人民法院判处罚金时应当折抵，扣除行政处罚已执行的部分。

1. 罚金的裁量原则

关于罚金的裁量原则，《刑法》第 52 条规定，判处罚金，应当根据犯罪情节决定罚金数额。根据该条规定，罚金数额应当与犯罪情节相适应。也就是说，犯罪情节严重的，罚金数额应当多些；犯罪情节较轻的，罚金数额应当少些。这是罪刑均衡原则在罚金刑裁量上的具体体现。在裁量罚金数额时应否考虑犯罪人的经济状况，刑法没有明确规定，但在司法实践中，从有利于判决执行和对被判刑人的惩治与教育的角度来看，应当适当加以考虑。

2. 罚金的适用对象

罚金具有广泛的适用性，它既可适用于处刑较轻的犯罪，也可适用于处刑较重的犯罪。从犯罪性质上看，我国刑法中的罚金主要适用于三种犯罪。① 经济犯罪。在我国刑法中，经济犯罪主要是刑法分则第三章规定的破坏社会主义市场经济秩序罪，共有 90 多个条文，基本上都规定了罚金的独立或附加适用。② 财产犯罪。刑法分则第五章规定的侵犯财产罪，共有 15 个条文，其中 10 个法条规定了罚金，占条文总数的 50% 以上。③ 其他故意犯罪。主要是指刑法分则第六章规定的妨害社会管理秩序罪，共有 90 多个条文，其中约半数的法条规定了罚金。此外，刑法分则第四章侵犯公民人身权利、民主权利罪中的部分条文也规定了并处或者单处罚金。

3. 罚金的适用方式

根据我国刑法的规定，罚金的适用方式有以下四种。

（1）单科式。刑法规定的单科罚金主要适用于单位犯罪。例如，在《刑法》第 387 条规定的单位受贿罪和第 393 条规定的单位行贿罪中，都规定对单位判处罚金。在这种情况下，罚金只能单独适用。

（2）选科式。罚金作为附加刑，既可附加适用，又可单独适用。对于某些犯罪，刑法分则规定单独适用的罚金与其他刑种并列，可供选择适用。例如，根据《刑法》第275条的规定，犯故意毁坏财物罪的，处3年以下有期徒刑、拘役或者罚金。在这种情况下，罚金作为一种可选择的法定刑，只能单独适用，不能附加适用。

（3）并科式。我国刑法中的并科罚金，几乎都是必并制。也就是说刑法分则条文中明确规定判处自由刑时，必须同时并处罚金。例如，犯《刑法》第326条规定的倒卖文物罪的，处5年以下有期徒刑或者拘役，并处罚金；情节特别严重的，处5年以上10年以下有期徒刑，并处罚金。在这里，罚金只能附加适用，不能单独适用。

（4）复合式。复合式是指罚金的单处与并处同时规定在一个法条之内，以供选择适用。例如，《刑法》第216条规定，假冒他人专利，情节严重的，处3年以下有期徒刑或者拘役，并处或者单处罚金。在这种情况下，罚金既可以附加适用，也可以单独适用，究竟是并处还是单处，需根据犯罪分子所犯罪行的情节轻重确定。

4. 罚金的缴纳

根据《刑法》第53条的规定，罚金的缴纳分为五种情况。

（1）限期一次缴纳。主要适用于罚金数额不多，或者数额虽然较多，但缴纳并不困难的情况，罪犯应在指定的期限内将罚金一次缴纳完毕。

（2）限期分期缴纳。主要适用于罚金数额较多，罪犯无力一次缴纳的情况。这样在时间上有一定伸缩余地，在金额支付上可化整为零，有利于罚金的执行。

（3）强制缴纳。判决缴纳罚金，指定的期限届满，罪犯有缴纳能力而拒不缴纳，人民法院强制其缴纳，强制措施包括查封、扣押、冻结等。

（4）随时追缴。对于不能全部缴纳罚金的，人民法院在任何时候发现被执行人有可以执行的财产的，应当随时追缴。

（5）延期缴纳、减少缴纳或者免除。《刑法》第53条规定，如果罪犯遭遇不能抗拒的灾祸，如地震、水灾、火灾、车祸、家庭成员死亡等，缴纳罚金确实有困难的，经人民法院裁定，可以延期缴纳、酌情减少或者免除。

（二）剥夺政治权利

剥夺政治权利，是指剥夺犯罪人参加国家管理和政治活动权利的刑罚方法。

1. 剥夺政治权利的内容

根据《刑法》第54条的规定，剥夺政治权利是剥夺犯罪分子下列四项权利：① 选举权和被选举权；② 言论、出版、集会、结社、游行、示威自由的权利；

③ 担任国家机关职务的权利；④ 担任国有公司、企业、事业单位和人民团体领导职务的权利。

2. 剥夺政治权利的适用方式和对象

从刑法分则的规定看，剥夺政治权利的适用方式和对象都比较广泛。在适用方式上，既可以附加适用，也可以独立适用。在适用对象上，既包括严重的刑事犯罪，也包括一些较轻的犯罪。

(1) 剥夺政治权利附加适用的对象。

附加适用剥夺政治权利，是作为一种比较严厉的刑罚方法适用于重罪犯。根据《刑法》第56条和第57条的规定，附加适用剥夺政治权利的对象，主要是以下三种犯罪分子。① 危害国家安全的犯罪分子。② 故意杀人、强奸、放火、爆炸、投毒、抢劫等严重破坏社会秩序的犯罪分子。所谓"严重破坏社会秩序的犯罪"是个概括性的规定，不限于上述所列举的犯罪，也包括出于故意而实施了相当于上列各罪的严重危害社会秩序的其他犯罪。在司法实务中，对故意伤害、盗窃等其他严重破坏社会秩序的犯罪，犯罪分子主观恶性较深、犯罪情节恶劣、后果严重的，也可以依法附加剥夺政治权利。③ 被判处死刑和无期徒刑的犯罪分子。刑法规定对该类犯罪分子应当剥夺政治权利终身。

(2) 剥夺政治权利独立适用的对象。

独立适用剥夺政治权利，是作为一种不剥夺罪犯人身自由的轻刑，适用于罪行较轻、不需要判处主刑的罪犯。

3. 剥夺政治权利的期限

剥夺政治权利的期限，除独立适用的以外，依所附加的主刑不同而有所不同。

根据《刑法》第55条至第58条的规定，剥夺政治权利的期限有定期与终身之分，具体包括四种情况。① 判处管制附加剥夺政治权利的，剥夺政治权利的期限与管制的期限相等，同时执行，即3个月以上、2年以下。② 判处拘役、有期徒刑附加剥夺政治权利或者单处剥夺政治权利的期限，为1年以上、5年以下。③ 判处死刑、无期徒刑的犯罪分子，应当剥夺政治权利终身。④ 死刑缓期执行减为有期徒刑或者无期徒刑减为有期徒刑的，附加剥夺政治权利的期限改为3年以上、10年以下。

4. 剥夺政治权利刑期的计算

根据刑法和其他有关法律的规定，剥夺政治权利刑期的计算有以下四种情况。① 独立适用剥夺政治权利的，其刑期从判决确定之日起计算并执行。② 判处管制附加剥夺政治权利的，剥夺政治权利的期限与管制的期限相等，同时起算，同时执行。管制期满解除管制，政治权利也同时恢复。③ 判处有期徒刑、拘役附加剥夺政治权利的，剥夺政治权利的刑期从有期徒刑、拘役执行完毕之日或者从假释之日起计算。但是，剥夺政治权利的效力当然适用于主刑执行期间。也就是说，剥夺政治权利的刑期虽然不计入主刑的执行期间，但在主刑执行期间犯罪分子不享有政治权利。④ 判处死刑（包括死缓）、无期徒刑附加剥夺政治权利终身的，刑期从判决发生法律效力之日起计算。

（三）没收财产

1. 没收财产的概念

没收财产是将犯罪分子个人所有财产的一部或者全部强制无偿地收归国有的刑罚方法。没收财产属于一种财产刑，也是我国刑罚的附加刑中最重的一种。它与罚金不同，应当加以区别。

（1）刑罚的内容不同。罚金是较轻的财产刑，剥夺的只是一定数额的金钱。没收财产则是较重的财产刑，它剥夺的既可以是全部财产，也可以是一部分财产；既可以是金钱，也可以是其他财产（如房屋、家具等）。

（2）适用对象不同。罚金只适用于情节较轻的贪利性犯罪；没收财产则适用于危害国家安全的犯罪、走私罪以及其他严重破坏经济秩序罪、以营利为目的的妨害社会管理秩序罪。

（3）执行方法不同。罚金由人民法院执行，并且可以分期交纳，如果犯罪人遭遇不能抗拒的灾祸，还可以酌情减少或者免除。没收财产的执行无论附加适用还是单独适用，都应由人民法院执行，必要时也可以会同公安机关执行；同时，没收财产还具有一次性的特点，即没收财产一旦宣告，就一次性地没收犯罪人的财产的一部分或者全部，不存在减免的问题。

没收财产也不同于没收违禁品和供犯罪所用的本人财物。前者是刑罚方法，后者则是刑罚方法以外的对违法所得或者供犯罪所用的财物的处理。

刑法总则第三章第八节对没收财产作了一般性的规定；在刑法分则中，又对适用没收财产的具体犯罪作了规定。

2. 没收财产的适用对象

刑法分则规定没收财产的条文共50余个，主要适用于以下几类犯罪。

（1）危害国家安全罪。根据《刑法》第113条的规定，对所有的危害国家安全罪都可以并处没收财产。

（2）严重的经济犯罪。刑法分则第三章规定的破坏社会主义市场经济秩序罪中，对某些严重的经济犯罪可以没收财产。例如，《刑法》第140条规定，犯生产、销售伪劣产品罪，销售金额200万元以上的，处15年有期徒刑或者无期徒刑，并处罚金或者没收财产。

（3）严重的财产犯罪。刑法分则第五章规定的侵犯财产罪中，有6个条文规定适用没收财产。

（4）其他严重的刑事犯罪。例如，《刑法》第318条规定的组织他人偷越国（边）境罪，有特别严重情节的，可以适用没收财产；第383条规定的贪污罪等，也规定了适用没收财产的处罚方式。

3. 没收财产的范围

没收财产的范围，是指刑法规定犯罪人的哪些财产可以没收、哪些财产不能没收。《刑法》第59条运用肯定和排除的手法，对没收财产的范围进行了规定。根据这些规定，没收财产的范围应当从以下三个方面确定。

（1）没收财产是没收犯罪分子个人所有财产的一部分或者全部。所谓犯罪分子个人所有财产，是指属于犯罪分子本人实际所有的财产及与他人共有财产中依法应得的份额。应当严格区分犯罪分子个人所有财产与其家属或者他人财产的界限，只有依法确定为犯罪分子个人所有的财产，才能予以没收。至于没收财产的一部分还是全部，应考虑对犯罪分子所处主刑的轻重，以及犯罪分子家庭的经济状况和其人身危险性大小。

（2）没收全部财产的，应当对犯罪分子个人及其扶养的家属保留必需的生活费用，以维持犯罪分子个人和所扶养的家属的生活。

（3）在判处没收财产的时候，不得没收属于犯罪分子家属所有或者应有的财产。所谓家属所有财产，是指纯属家属个人所有的财产，如家属自己穿用的衣物、个人劳动所得财产。所谓家属应有的财产，是指犯罪分子与家属共同所有的财产中应当属于家属的那一份财产。对于犯罪分子与他人共有的财产中属于他人所有的部分，也不得没收。

4. 没收财产的方式

（1）选科式。刑法分则对某种犯罪或者某种犯罪的特定情节规定为并处罚金或者没收财产，也就是说既可以适用没收财产，也可以适用其他刑罚，由法官酌情选择适用。例如，《刑法》第267条规定，抢夺公私财物，数额特别巨大或者有其他特别严重情节的，处10年以上有期徒刑或者无期徒刑，并处罚金或者没收财产。在这里，没收财产与罚金可以选其一而判处。

（2）并科式，即在对犯罪人科处生命刑或自由刑的同时判处没收财产。我国刑法分则对没收财产在多数情况下作了并科规定。这种方式又可根据是否必须科处没收财产分为两种情况。一是必并制，是指在判处其他刑罚的同时必须并处没收财产。例如，《刑法》第383条规定，对犯贪污罪的，贪污数额特别巨大或者有其他特别严重情节的，处10年以上有期徒刑或者无期徒刑，并处罚金或者没收财产；数额特别巨大，并使国家和人民利益遭受特别重大损失的，处无期徒刑或者死刑，并处没收财产。二是得并制，是指在判处其他刑罚的同时可以并处没收财产。例如，《刑法》第113条第2款规定犯危害国家安全罪的，可以并处没收财产。在这里，可以适用，也可以不适用没收财产。

5. 没收财产的执行

根据《刑事诉讼法》的规定，没收财产的判决，无论附加适用还是独立适用，都由人民法院执行；在必要的时候，可以会同公安机关执行。

关于需要以没收的财产偿还债务的问题，《刑法》第60条规定，没收财产以前犯罪分子所负的正当债务，需要以没收的财产偿还的，经债权人请求，应当偿还。根据这一规定，只有同时具备以下三个条件，才能以没收的财产偿还债务：① 必须是没收财产以前犯罪分子所欠债务，包括所负国家、集体和个人的债务。② 必须是正当的债务。非正当的债务，如赌债、高利贷超出合法利息部分的债务，不在此列。③ 必须经债权人提出请求。偿还犯罪分子所负债务，仅限于没收财产的范围内并按我国民事诉讼法规定的清偿顺序偿还。

（四）驱逐出境

驱逐出境，是强迫犯罪的外国人离开我国国（边）境的刑罚方法。在我国的法律体系中，驱逐出境包括两种：一是作为行政处罚手段的驱逐出境。《出境入境管理法》第81条第2款规定："外国人违反本法规定，情节严重，尚不构成犯罪的，公安部可以处驱逐出境。"二是作为刑罚种类的驱逐出境。

驱逐出境作为一种刑罚方法，只适用于犯罪的外国人，而不适用于犯罪的本国人，不具有普遍适用的性质。

驱逐出境既可以独立适用，又可以附加适用。具体适用时，要考虑犯罪的性质、情节和犯罪分子本人的情况，以及外交斗争的需要。一般的掌握标准是：罪行较轻，不宜判处有期徒刑，而又需要驱逐出境的，可以单独判处驱逐出境；对于罪行严重，应判处有期徒刑的，必要时也可以附加判处驱逐出境。

单独判处驱逐出境的,从判决确定之日起执行;附加判处驱逐出境的,从主刑执行完毕之日起执行。

如本章案例中,首先,王某不能判处死刑立即执行,正确的表述是"被告人王某犯故意杀人罪,判处死刑,剥夺政治权利终身",因为死刑立即执行需层报到最高人民法院核准。二审的判决是正确的,可以直接改判。其次,本案涉及三个刑种,即死刑、无期徒刑、剥夺政治权利。

第三节　非刑罚处罚措施

一、非刑罚处罚措施的概念

非刑罚处罚措施,是指人民法院根据案件的不同情况,对犯罪分子直接适用或建议主管部门适用的刑罚以外的其他处理方法的总称。非刑罚处罚措施虽然由《刑法》第37条所明文规定,但就其性质而言不是刑种,不具有刑罚的性质、作用和后果,而是刑罚的必要补充或替代措施,是强制犯罪分子实际承担其刑事责任的具体表现方式。

非刑罚处罚措施的适用前提是对罪犯免予刑事处罚。所谓免予刑事处罚,是指对犯罪情节轻微不需要判处刑罚的行为作有罪宣告,但对行为人不给予刑罚处罚。免予刑事处罚事由与《刑法》第13条但书所规定的"情节显著轻微危害不大的,不认为是犯罪"之间存在区别:前者以构成犯罪为前提,后者不构成犯罪,因此,对于后者,既不能给予刑罚处罚,也不能给予非刑罚处罚措施。

二、非刑罚处罚措施的种类

根据《刑法》第37条的规定,非刑罚处罚措施主要包括以下类型。

(一)教育性措施

(1)训诫。即人民法院以口头的方式对犯罪人当庭公开批评、谴责和训教,责令其改正,不再犯罪的教育方法。训诫多以口头方式进行。对于训诫,记录在案即可,可不载于判决书中。

(2)具结悔过。即人民法院责令犯罪人用书面方式保证悔过,以后不再重新犯罪的教育方法。悔罪书应当庭宣读。

（3）赔礼道歉。即人民法院责令犯罪人公开向被害人当面承认罪行，表示歉意，请求谅解的教育方法。这种非刑罚处罚措施，具有教育罪犯和安抚被害人的双重功能。

（二）民事性处罚措施

责令赔偿损失，是民事性质的非刑罚处罚措施，是指人民法院对免予刑事处罚的犯罪人，责令其向被害人支付一定数额的金钱的处理方法。作为犯罪的法律后果，责令赔偿并不以被害人提起民事诉讼为前提，被害人没有提起民事诉讼的，人民法院也可以根据案件的具体情况，责令犯罪人赔偿损失。

（三）行政性处罚措施

（1）行政处罚。人民法院根据案件的情况，向特定的主管部门提出司法建议，由主管部门给予犯罪人行政制裁的方法。

（2）行政处分。人民法院根据案件的情况，向特定的主管部门提出司法建议，由主管部门给予犯罪人内部纪律处分的行政惩戒措施。

（四）职业禁止

《刑法》第37条之一规定："因利用职业便利实施犯罪，或者实施违背职业要求的特定义务的犯罪被判处刑罚的，人民法院可以根据犯罪情况和预防再犯罪的需要，禁止其自刑罚执行完毕之日或者假释之日起从事相关职业，期限为三年至五年。被禁止从事相关职业的人违反人民法院依照前款规定作出的决定的，由公安机关依法给予处罚；情节严重的，依照本法第三百一十三条的规定定罪处罚。其他法律、行政法规对其从事相关职业另有禁止或者限制性规定的，从其规定。"

1. 职业禁止的概念

职业禁止，是指人民法院对于行为人利用职业便利实施犯罪，或者实施违背职业要求的特定义务的犯罪，依法除判处相应刑罚之外，还可以根据犯罪情况和预防再犯罪的需要，禁止其自刑罚执行完毕之日或者假释之日起从事相关职业。例如，对于利用证券从业者、教师、会计等职业便利实施操纵证券市场、强制猥亵儿童、职务侵占等犯罪，或者实施违背职业要求的特定义务的背信运用受托财产、挪用资金等犯罪，可以根据犯罪情况，尤其是特别预防的需要，禁止行为人自刑罚执行完毕之日起，在一定期限内从事相关职业。

2. 职业禁止的期限

职业禁止，自罪犯刑罚执行完毕之日或者假释之日起开始执行，期限为3年至5年。其他法律、行政法规对其从事相关职业另有禁止或者限制性规定的，从其规定。例如，《食品安全法》第135条第2款规定，因食品安全犯罪被判处有期徒刑以上刑罚的，终身不得从事食品生产经营管理工作，也不得担任食品生产经营企业食品安全管理人员。其立场比刑法规定更为严厉。该规定相对于刑法的职业禁止规定而言，是特别法条。换言之，在运用刑法规定的职业禁止措施时，如果刑法和其他法律、行政法规同时有规定的，其他法律、行政法规的规定优先适用。根据《种子法》第75条第2款的规定，因生产经营劣种子犯罪被判处有期徒刑以上刑罚的，种子企业或者其他单位的法定代表人、直接负责的主管人员自刑罚执行完毕之日起5年内不得担任种子企业的法定代表人、高级管理人员；第76条第2款规定，被吊销种子生产经营许可证的单位，其法定代表人、直接负责的主管人员自处罚决定作出之日起5年内不得担任种子企业的法定代表人、高级管理人员。

需要注意的是，"其他法律、行政法规对其从事相关职业另有禁止或者限制性规定的，从其规定"，意味着其他法律、行政法规对其从事相关职业另有禁止或者限制性规定属于特别法条，即便其限制或者禁止规定的年限比刑法上的职业禁止期限短，也必须从其规定。这是对法条竞合法理的运用。例如，《广告法》第69条规定，因发布虚假广告，或者有其他本法规定的违法行为，被吊销营业执照的公司、企业的法定代表人，对违法行为负有个人责任的，自该公司、企业被吊销营业执照之日起3年内不得担任公司、企业的董事、监事、高级管理人员。此时，特别法条优先的原理必须坚持，而不能以刑法规定的职业禁止期限为3年至5年，对被告人处罚重而适用重法优于轻法的原则。

3. 职业禁止的执行

职业禁止由公安机关负责执行，即对于违反人民法院作出的职业禁止决定的，由公安机关给予行政治安处罚；情节严重的，以拒不执行判决、裁定罪追究刑事责任。

4. 职业禁止与禁止令的关系

禁止令，是对非监禁刑执行的保证措施，即对被判处管制或者缓刑的罪犯，人民法院可以同时禁止其在刑罚执行期间从事特定活动，进入特定区域、场所，接触特定的人（保安处分）。职业禁止与禁止令相比，相同之处是两者都不是一种新的刑罚，不同之处在于：禁止令是一种刑罚执行上的监管措施，即对管制犯、缓刑犯具体执行的监督、管控手段，其主要目的是落实监管；职业禁止是一种刑罚执行完毕或者假释后的非刑罚性处置措施，即对于因利用职业便利实施犯罪或者实施违背职业要求的特定义务的犯罪而被判处刑罚的犯罪分子，在其刑满释放或者假释后的一种再犯预防措施。

每章一练

一、单项选择题

1. 下列关于刑罚与其他法律制裁方法的区别，表述错误的是（　　）。
   A. 刑罚仅适用于犯罪人；其他法律制裁方法既适用于犯罪人，也适用于尚未构成犯罪的人
   B. 刑罚是一种最严厉的法律制裁方法，它包括对犯罪人的生命、自由、财产和资格的限制或剥夺；其他法律制裁方法绝对排除对违法者生命的剥夺
   C. 刑罚只能由国家审判机关的刑事审判部门适用；其他法律制裁方法则由国家审判机关的民事审判、经济审判等部门以及国家行政机关依法适用
   D. 对犯罪人适用刑罚，必须以刑法为根据并依照刑事诉讼法规定的刑事诉讼程序进行；其他法律制裁方法以民法、经济法、行政法等实体法为根据，并依照民事诉讼法、行政诉讼法和行政程序法律规范所规定的程序进行

2. 关于刑罚的目的，下列说法正确的是（　　）。
   A. 刑罚的报应观念主要存在于古代刑法，在现代刑法中没有任何意义
   B. 刑罚的特殊预防，就是通过刑罚适用，预防准备犯罪的人实施犯罪
   C. 刑罚的一般预防，是用刑罚的威力震慑有可能犯罪的人，促使其放弃犯罪
   D. 在对犯罪分子判处刑罚时，为了预防的目的，应当一律从重处罚

3. 关于管制，下列说法正确的是（　　）。
   A. 管制属于剥夺自由刑
   B. 被判处管制如未宣告禁止令，也没有被剥夺政治权利，即可以行使言论、出版、集会、结社、游行、示威的权利
   C. 禁止令的期限可以与管制期限相同，也可短于管制期限
   D. 管制的禁止令由公安机关负责执行

4. 关于刑罚的执行，下列说法正确的是（　　）。
   A. 被判处拘役的罪犯每月可以回家1至5天
   B. 有期徒刑的期限为1年以上、25年以下
   C. 被判处拘役的犯罪分子由公安机关就近执行
   D. 被判处无期徒刑的罪犯必须强制劳动改造

5. 下列选项中，关于死刑的说法正确的是（　　）。
   A. 犯罪时怀孕的妇女不适用死刑
   B. 对于不适用死刑的人可以判处死刑缓期执行

C. 死刑应当由高级人民法院核准

D. 对于在死刑缓期执行期间故意犯罪未执行死刑的，死刑缓期执行的期间重新计算，并报最高人民法院备案

6. 关于禁止令，下列说法正确的是（　　）。

   A. 甲犯信用卡诈骗罪被宣告缓刑，法院可以同时宣告禁止其使用信用卡

   B. 乙被判处管制，同时被禁止接触被害人，禁止令的期限从管制执行完毕之日起计算

   C. 丙因放火罪被判5年有期徒刑，在执行3年后被假释，法院裁定假释时，可以对甲宣告禁止令

   D. 丁在公共厕所猥亵儿童被判处缓刑，法院可以同时宣告禁止其进入公共厕所

7. 禁止令的内容不包括（　　）。

   A. 禁止从事特定活动

   B. 禁止进入特定区域、场所

   C. 禁止从事特定职业

   D. 禁止接触特定的人

8. 关于剥夺政治权利，下列说法错误的是（　　）。

   A. 对于危害国家安全的犯罪分子，应当附加剥夺政治权利终身

   B. 对于抢劫罪情节严重的犯罪分子，可以附加剥夺政治权利

   C. 对于被判处无期徒刑的犯罪分子，应当附加剥夺政治权利终身

   D. 剥夺政治权利可以独立适用

9. 关于驱逐出境，下列说法错误的是（　　）。

   A. 驱逐出境只能对犯罪的外国人适用

   B. 驱逐出境属于附加刑

   C. 驱逐出境可以独立适用或者附加适用，而不是必须适用

   D. 判处驱逐出境的，从判决生效之日起执行

10. 下列关于刑罚的执行机关的说法，错误的是（　　）。

    A. 管制的执行机关是社区矫正机构

    B. 剥夺政治权利的执行机关是社区矫正机构

    C. 死刑立即执行的执行机关是法院

    D. 拘役的执行机关是公安机关

11. 下列情形中，属于没收财产刑的是（　　）。

    A. 甲贩卖毒品100克被当场查获，对其100克毒品予以没收

B. 甲是用自己的汽车进行盗窃犯罪活动，被法院予以没收

C. 甲犯走私毒品罪获得非法利益500万元，法院予以没收

D. 甲犯贪污罪，法院没收属于其个人所有的全部财产

12. "以牙还牙，以眼还眼"体现的是刑罚目的中的（　　）。

　　A. 刑罚报应观念

　　B. 预防犯罪

　　C. 特殊预防

　　D. 一般预防

13. 下列有关刑罚体系的说法，不正确的是（　　）。

　　A. 刑罚体系是各种刑罚方法的总和

　　B. 刑罚体系中的刑罚方法既包括刑法规定的方法，也包括学理上的方法

　　C. 刑罚体系通常按照一定次序将各种刑罚编排起来

　　D. 我国刑法体系宽严相济、目标统一、方法人道、内容合理

14. 宣告缓刑的，禁止令的期限不得少于（　　）。

　　A. 1个月

　　B. 2个月

　　C. 3个月

　　D. 6个月

二、多项选择题

1. 关于附加刑，下列说法正确的是（　　）。

　　A. 罚金属于财产刑

　　B. 对于危害国家安全的犯罪分子，应当附加驱逐出境

　　C. 主刑是有期徒刑、拘役、管制，附加剥夺政治权利的，期限为1年以上、5年以下

　　D. 没收全部财产应当为犯罪分子个人及其扶养的家属保留必要的生活费用

2. 下列选项中，属于应当附加剥夺政治权利的是（　　）。

　　A. 危害国家安全犯罪

　　B. 抢劫致人死亡

　　C. 被判处死刑的

　　D. 被判处无期徒刑的

3. 下列关于剥夺政治权利的说法，正确的是（　　）。

　　A. 剥夺选举权和被选举权

　　B. 剥夺言论、出版、集会、结社、游行、示威自由的权利

C. 剥夺担任国家机关、国有公司、企业、事业单位和人民团体职务的权利

D. 剥夺政治权利由社区矫正机构执行

4. 关于我国刑罚的种类和体系，说法正确的是（　　）。

A. 管制的执行期间，即使没有被剥夺政治权利，未经执行机关批准也不得行使言论、出版、集会、结社、游行、示威的权利

B. 被判处拘役的犯罪分子，由监狱就近执行

C. 因贪污贿赂犯罪被判处无期徒刑的犯罪分子，不得减刑、不得假释，终身监禁

D. 没收财产以前犯罪分子所负的正当债务，需要以没收的财产偿还的，经债权人请求，应当偿还

5. 罚金的执行方式有（　　）。

A. 一次缴纳

B. 分期缴纳

C. 强制缴纳

D. 减免缴纳

6. 下列刑罚属于附加刑的是（　　）。

A. 管制

B. 罚金

C. 驱逐出境

D. 没收财产

7. 刑法分则中规定的没收财产的适用方式有（　　）。

A. 并处没收财产

B. 可以并处没收财产

C. 并处罚金或者没收财产

D. 单处没收财产

8. 刑罚与其他法律制裁方法的区别体现在（　　）。

A. 适用对象不同

B. 严厉程度不同

C. 适用机关不同

D. 法律后果不同

9. 以刑罚所剥夺或者限制犯罪分子的权利和利益的性质为标准，刑罚在学理上分为（　　）。

A. 生命刑

B. 自由刑

C. 财产刑

D. 资格刑

10. 下列选项中，可以适用禁止令的是（　　）。

    A. 管制

    B. 缓刑

    C. 有期徒刑

    D. 无期徒刑

11. 下列关于剥夺政治权利的期限的说法，正确的是（　　）。

    A. 独立适用剥夺政治权利的，期限为1年以上、5年以下

    B. 判处管制附加剥夺政治权利的，期限与管制期限相等

    C. 判处死刑、无期徒刑的，应当剥夺政治权利终身

    D. 死刑缓期执行减为有期徒刑或者无期徒刑减为有期徒刑的，应当把附加剥夺政治权利的期限相应地改为1年以上、5年以下

12. 下列关于非刑罚处理方法的说法，正确的是（　　）。

    A. 适用非刑罚处理方法，意味着行为人的行为不构成犯罪

    B. 赔礼道歉、赔偿损失属于非刑罚处理方法

    C. 从业禁止的期限为1年至3年

    D. 非刑罚处理方法的适用主体是人民法院

13. 下列刑罚方法中，属于自由刑的是（　　）。

    A. 死刑

    B. 无期徒刑

    C. 剥夺政治权利

    D. 拘役

14. 下列关于剥夺政治权利附加刑刑期计算的说法，正确的是（　　）。

    A. 被判处管制的罪犯，附加剥夺政治权利的，剥夺政治权利的刑期与管制的刑期相等，同时起算

    B. 被判处拘役的罪犯，附加剥夺政治权利的，剥夺政治权利的刑期从拘役执行完毕或假释之日起计算

    C. 被判处有期徒刑的罪犯，附加剥夺政治权利的，剥夺政治权利的刑期从有期徒刑执行完毕之日或假释之日起计算

    D. 被判处无期徒刑的罪犯，一般要剥夺政治权利，其刑期与主刑同时起算

15. 郭某（76周岁）因生活琐事与妻子万某发生矛盾。某日凌晨，郭某用擀面杖将睡梦中的万某砸晕，之后连捅万某十余刀，并将其碎尸后分散抛弃。对于郭某（　　）。

    A. 可以适用死刑
    B. 不能适用死刑
    C. 可以从轻或减轻处罚
    D. 应当从轻或减轻处罚

第十四章

刑罚的裁量

◆ 知识目标

1. 了解刑罚裁量的概念、原则以及酌定量刑情节。
2. 掌握法定量刑的情节,累犯与自首的成立条件。
3. 掌握立功的表现形式,缓刑的适用条件及法律后果,数罪并罚的适用。

◆ 能力目标

掌握累犯、自首与立功的成立条件,以及数罪并罚与缓刑的适用,并运用原理分析实际问题。

◆ **案例导入**

甲（男）曾因抢劫罪被判处有期徒刑 5 年。2002 年 1 月 1 日，在有期徒刑执行 3 年（没有执行完毕的刑期为 2 年）时被假释。之后甲与乙（女）结婚。2003 年春节，甲、乙手头紧，没钱准备年货。于是二人商量一起抢劫。2003 年 2 月 1 日深夜，甲、乙共同在偏僻路段抢劫了经过的丙。由于丙激烈反抗，甲、乙将丙杀死后拿走其身上所有的财物。公安机关接到路人报案后立案，但并未破获该案。2007 年，乙怀孕，胎位不正，乙怀疑是因抢劫杀人的事受到报应，于是前往公安机关投案。甲逃往外地。乙因怀有身孕被公安机关监视居住，后乙趁去医院做产检途中逃匿。乙在外逃途中流产，经母亲劝说，准备回乡向村委会投案，在回乡途中被公安机关抓获。乙如实供述了与甲抢劫杀人的事实，并且向公安机关提供了甲逃跑后在外地的手机号码。但公安机关赶到时，甲已闻风逃跑。

问：

(1) 乙是否构成自首、立功？

(2) 对乙是否可适用死刑？

(3) 甲是否构成累犯？应如何处理？

第一节 刑罚裁量概述

量刑与定罪是人民法院刑事审判活动中两个紧密相连的重要部分。定罪是量刑的必要前提,量刑是定罪的必然归宿。没有定罪,量刑无从谈起;定罪不准,量刑必然不当。前者运用的是犯罪构成理论,后者适用的是量刑原则。准确定罪,适当量刑,是正确适用刑法的必然要求。

一、刑罚裁量的概念

刑罚裁量,即量刑,是指人民法院对犯罪分子依法裁量决定刑罚的一种审判活动。刑罚的主体是人民法院,对象只能为犯罪人,裁量的前提是定罪,其内容是依据刑事法律的规定决定是否对犯罪分子判处刑罚,决定判处何种刑罚和刑度以及决定所判处的刑罚是否立即执行。

定罪是人民法院通过对某一案件的审理,确定某种危害行为是否构成犯罪以及构成何种犯罪的审判活动。它解决的是犯罪事实是否存在、是何种性质的犯罪等问题。量刑则是定罪之后的后续环节,它和定罪共同构成刑事审判活动的全部内容。在以往的司法实践中,存在重定罪而轻量刑的现象,这是一种错误的倾向,因为定罪过程不能取代量刑活动,定罪准确并不必然产生量刑恰当的结果。司法实践中有时存在犯罪性质认定准确,但是量刑畸轻畸重,甚至错误适用死刑的现象。这不仅会使法院准确定罪工作前功尽弃,而且严重违背罪刑均衡原则。所以,正确量刑和准确定罪一样重要。

量刑经历了一个从擅断到依法裁量的演变过程。在古代刑法中,由社会性质所决定,刑罚擅断风行,量刑没有严格的法律根据与事实根据,只是以法官个人之好恶为转移。因此,刑之轻重、人之生杀予夺,完全取决于法官的自由裁量权。到了 18 世纪末期,刑罚擅断的量刑制度遭到了启蒙思想家的猛烈抨击,尤其是刑事古典学派所宣扬的罪刑法定主义上升为刑法原则,主宰着近代西方的刑事立法。出于对刑罚擅断的矫枉过正,实行绝对罪刑法定原则,法官的任务只是确认一个公民是有罪还是无罪。无罪则不存在刑罚裁量的问题,有罪同样不存在法官任意的刑罚裁量,因为刑法已经规定了唯一可供适用的法定刑,法官毫无选择斟酌之余地。绝对罪刑法定主义虽有保障人权的积极意义,但剥夺了法官的自由裁量权,因此存在明显弊端。近代刑罚运用制度,是与相对罪刑法定主义相关联的。根据相对罪刑法定主义，法定刑相对确定，法官在法定的量刑幅度内有选择科处之余地。相对罪刑法定，使法官的裁量成为可能，使刑罚个别化成为现实，因而为各国刑法所采纳。中国刑罚制度的发展，大体上也遵循了这一规律。

二、量刑的主要内容

量刑作为一种刑事司法活动，主要包括以下内容。

1. 决定是否对犯罪人判处刑罚

量刑的基础是行为人的行为构成犯罪。而犯罪的基本特征之一是行为应当受到刑罚处罚，即具有应受刑罚处罚性。对于绝大多数犯罪人而言，其被判处刑罚是其行为必然产生的后果。但是，我国刑法规定有多种免除刑罚的情节，对于具有某种情节的罪犯应当或者可以免除刑罚处罚。所以，量刑首先要解决是否有必要对犯罪人判处刑罚的问题。

2. 决定对犯罪人判处何种刑罚和多重的刑罚

我国刑法所规定的法定刑多为相对确定的法定刑，不仅有较大的量刑幅度，而且相当数量的法定刑规定了两种以上的主刑或者两种以上的主刑和附加刑，可供审判人员选择的余地很大。在这种情况下，量刑活动就必须决定具体应判处的主刑刑种及刑罚的轻重程度，以及是否判处附加刑。

3. 决定对犯罪人所判处的刑罚是否立即执行

对绝大多数犯罪人而言，所判刑罚一旦产生法律效力就应当立即交付执行。但是我国刑法规定了缓刑制度，在符合法定条件的情况下，对犯罪人所判处的刑罚可以暂缓执行。因此，在刑罚裁量中，自然包括决定所判处的刑罚是否立即执行的内容。

4. 将数个宣告刑合并为执行刑

在一人犯数罪的情况下，量刑还包括将因犯数罪而判处的刑罚依照数罪并罚的原则合并为执行刑，从而宣告执行刑的问题。

三、量刑的意义

在很多情况下，被告人并不关心审判机关对自己定何种罪名，而更关注量刑。量刑作为人民法院运用刑罚的一项活动，在刑事审判中具有重要的作用。

一方面，从刑事司法的过程性来看，量刑是在认定行为人的行为构成犯罪即定罪的基础上进行的一项刑事诉讼活动，同时，它又是刑罚执行的先决条件，所以，在国家刑事司法活动的三个环节即定罪、量刑、行刑中，量刑处于中心地位，有承上启下的作用。

另一方面，从量刑活动的功能来看，量刑是使法定的罪刑关系变成实在的罪刑关系的必要要件，因为只有通过量刑，才能切实发挥刑罚的特殊预防功能和一般预防功能，进而为刑罚目的的实现奠定不可缺少的基础。量刑的偏差或者失当，都会对刑罚目的的实现造成不良影响；相反，量刑正确，就可以有效地实现预防犯罪的刑罚目的。

四、量刑情节及其适用

（一）量刑情节的概念

量刑情节是指由法律规定或认可的，在定罪事实以外，能够体现犯罪行为的社会危害性程度和犯罪人的人身危险性大小，进而在决定是否处刑以及处刑轻重时必须予以考虑的各种具体事实情况。

量刑情节既包括犯罪实施过程中体现行为社会危害性程度的主客观事实，也包括反映犯罪人的人身危险性大小的事实。如我国刑法规定对累犯从重处罚，对自首、立功者从轻、减轻或者免除处罚，其原因即在于此类犯罪人具有不同于一般犯罪人的人身危险性。所以，在量刑时考虑犯罪人的人身危险性大小也是刑罚目的的必然要求。换言之，体现社会危害性和人身危险性的事实情况都能成为量刑情节。不过，需要注意的是，把量刑情节局限于犯罪行为的主观方面或客观方面的具体表现并不可取，但也不能认为可能影响量刑的一切事实情况都可以成为量刑情节。如审判人员的刑罚价值观念等情况，虽然在客观上确实可能影响量刑，但其既与犯罪行为无关，也与犯罪人无关，因而不属于量刑情节的范围。

（二）量刑情节的适用

1. 从重、从轻处罚情节

从重处罚与从轻处罚是刑法所规定的一种量刑制度，即在法定刑幅度以内调整刑之轻重以得出宣告刑。从重处罚是指在法定刑幅度内选择比没有这个情节的类似犯罪相对重一些的刑种或刑期；从轻处罚是指在法定刑幅度内选择比没有这个情节的类似犯罪相对轻一些的刑种或刑期。

从重、从轻处罚都不能超越法定刑的限度。我国刑法对少数犯罪只规定了单一刑种与一个法定刑幅度，此时该幅度即为法定刑限度，具有单一性和对应性。但是在多数情况下，立法者在确定法定刑时，总是将其划分为几个档次，使之有两个以上的法定刑幅度。此时，对法定刑限度的理解就不能限定于整个条文的法定刑范围，而是指与具体案件情节（犯罪事实）相适应的法定刑幅度。循此思路先确定法定刑限度，然后在此幅度内考虑从重或者从轻，才是正确的操作步骤。

2. 减轻处罚情节

减轻处罚，是指对于犯罪人因其具有某种特定之原因而使法定刑降格。减轻处罚有法定减轻与特殊减轻之分。

（1）法定减轻。减轻处罚是在法定最低刑以下判处刑罚。从我国刑法分则条文来看，某些罪只规定了一个量刑幅度，有些罪根据不同情况规定了两个以上的量刑幅度，对于后一种犯罪来说，减轻处罚不是低于整个条文中的最低刑，而是低于与具体犯罪情况相适应的量刑幅度的最低刑。如根据《刑法》第232条的规定，犯故意杀人罪，情节较轻的，其最低刑为3年有期徒刑，如需减轻处罚，则应判处低于3年有期徒刑的刑罚；犯故意杀人罪，情节较重的，其最低刑为10年有期徒刑，如需减轻处罚，则宣告刑必须低于10年有期徒刑。显然，减轻处罚必须将行为人实施的具体犯罪的法定刑所包括的具体量刑幅度的最低刑作为法定最低刑。

（2）特殊减轻。按照《刑法》第63条第2款的规定，犯罪分子虽然不具有本法规定的减轻处罚情节，但是根据案件的特殊情况，经最高人民法院核准，也可以在法定刑以下判处刑罚。因此，特殊减轻，是指人民法院根据案件的特殊情况决定对犯罪分子减轻处罚。这里的"案件的特殊情况"，主要是指案件涉及政治、外交等重大事项，以及不予减轻处罚会导致罪刑关系明显失衡的情形。

第二节　累犯

一、累犯的概念

累犯，是指因犯罪而受过一定的刑罚处罚，在刑罚执行完毕或者赦免以后，在法定期限内又犯一定之罪的罪犯。

我国刑法规定的累犯，可分为一般累犯、特别累犯两类。其中，一般累犯，也称普通累犯，是指年满18周岁因故意犯罪被判处有期徒刑以上刑罚并在刑罚执行完毕或者赦免以后，在5年内再犯应当判处有期徒刑以上刑罚的故意犯罪之人。特别累犯，是指曾犯一定之罪，刑罚执行完毕或者赦免以后，又再犯一定之罪的。即除两次以上犯某种特定罪者外，犯其他罪不构成特别累犯。这两种累犯在构成条件上存在差别。

二、累犯的成立条件

（一）一般累犯的成立条件

根据《刑法》第65条第1款的规定，被判处有期徒刑以上刑罚的犯罪分子，刑罚执行完毕或者赦免以后，在5年以内再犯应当判处有期徒刑以上刑罚之罪的，是累犯，应当从重处罚，但是过失犯罪和不满18周岁的人犯罪的除外。据此，一般累犯的构成条件为：

（1）前罪与后罪必须是故意犯罪。这是成立一般累犯的罪质条件。如果行为人实施的前后罪均为过失犯罪，或者前后罪其中之一是过失犯罪，则不能构成累犯。这是我国刑法对构成一般累犯主观罪过条件的限制。

（2）犯前罪时必须年满18周岁，这是构成一般累犯的主体条件。如果犯前罪时不满18周岁，即使是故意犯罪，或者犯后罪是故意犯罪且年满18周岁的，也不构成累犯。

（3）前罪被判处有期徒刑以上刑罚，后罪应当被判处有期徒刑以上刑罚，这是成立一般累犯的刑度条件。如果前罪所判处的刑罚和后罪应当判处的刑罚均低于有期徒刑，或者其中之一低于有期徒刑，不构成累犯。这里所谓的有期徒刑，均指宣告刑而言。

（4）后罪发生在前罪的刑罚执行完毕或者赦免以后5年之内，这是构成一般累犯的时间条件。所谓刑罚执行完毕，是指主刑执行完毕，不包括附加刑在内。主刑执行完毕5年内又犯罪，即使附加刑未执行完毕，仍构成累犯。所谓赦免，是指特赦减免而言。我国刑法以刑满或赦免后5年内再犯罪，作为构成一般累犯的时间条件。若后罪发生在前罪的刑罚执行期间，则不构成累犯，而应适用数罪并罚；若后罪发生在前罪的刑罚执行完毕或者赦免5年以后，也不构成累犯。被假释的犯罪分子，如果在假释考验期内又犯新罪，不构成累犯，而应撤销假释，适用数罪并罚。被假释的犯罪分子，如果在假释考验期满5年以内又犯新罪，则构成累犯。被判处有期徒刑宣告缓刑的犯罪分子，如果在缓刑考验期满后又犯罪，不构成累犯，因为缓刑是附条件的不执行所宣告的刑罚，考验期满原判的刑罚就不再执行了，而不是刑罚已经执行完毕，因而不符合累犯的构成条件。

（二）特别累犯的成立条件

根据《刑法》第66条的规定，特别累犯是指因犯危害国家安全犯罪、恐怖活动犯罪、黑社会性质的组织犯罪受过刑罚处罚，在刑罚执行完毕或者赦免以后，在任何时候再犯上述任一类罪的情形。我国刑法对特别累犯的规定，体现了刑法对危害国家安全犯罪、恐怖活动犯罪、黑社会性质的组织犯罪从严惩处的精神。

特别累犯的成立条件有四个方面。

1. 罪质条件

前罪与后罪均必须是危害国家安全犯罪、恐怖活动犯罪、黑社会性质的组织犯罪。① 危害国家安全犯罪的范围是《刑法》"危害国家安全罪"一章的所有罪名。② 恐怖活动犯罪的范围。《刑法》直接规定恐怖活动的罪名有组织、领导、参加恐怖组织罪，帮助恐怖活动罪等7个，但是第66条中的"恐怖活动犯罪"并不仅指这7个罪名，还包括恐怖组织实施的各种犯罪，例如杀人、爆炸、绑架等犯罪。③ 黑社会性质组织犯罪的范围。《刑法》直接规定黑社会性质组织犯罪的罪名有3个：组织、领导、参加黑社会性质组织罪（第294条第1款），入境发展黑社会组织罪（第294条第2款），包庇、纵容黑社会性质组织罪（第294条第3款）。但是第66条中的"黑社会性质的组织犯罪"并不仅指这3个罪名，还包括黑社会性质组织实施的各种犯罪。实施的犯罪中不仅包括杀人、爆炸、绑架等暴力性犯罪，也包括其他非暴力性犯罪，如洗钱罪、寻衅滋事罪等。

值得注意的问题是，根据《刑法》第66条的规定，特别累犯的前罪可以是危害国家安全犯罪、恐怖活动犯罪、黑社会性质的组织犯罪这三类中的任何一类，后罪也可以是三类犯罪中的任何一类，不要求保持一致，不要求后罪的种类与前罪相同。换言之，如果前罪是恐怖活动犯罪、后罪是黑社会性质的组织犯罪，也可以构成特别累犯。这实际上在很大程度上扩大了特别累犯的成立范围。

2. 主观条件

前罪和后罪都必须为故意犯罪，因为危害国家安全犯罪、恐怖活动犯罪、黑社会性质的组织犯罪均只能由故意构成，不存在过失犯罪的问题。

3. 刑度条件

前罪被判处的刑罚和后罪应判处的刑罚的种类及轻重不受限制。即使前后两罪或者其中一罪被判处管制、拘役，甚至单处附加刑，也不影响特别累犯的成立。

4. 时间条件

后罪可以发生在前罪刑罚执行完毕或者赦免后的任何时候，不受两罪相隔时间长短的限制。

三、累犯的刑事责任

1. 对于累犯必须根据一定的标准从重处罚

无论对于具备一般累犯的构成条件者，还是对于具备特别累犯的构成条件者，都必须在法定刑的限度以内，对其判处相对较重的刑罚，即适用较重的刑种或较长的刑期。

一方面，对于累犯应当比照不构成累犯的初犯或其他犯罪人进行从重处罚。具体而言，就是当累犯所实施的犯罪行为与某一不构成累犯者实施的犯罪行为在性质、情节、社会危害程度等方面基本相似时，应比照对不构成累犯者应判处的刑罚再予以从重处罚。虽然我国刑法并未明文规定对于累犯应当比照不构成累犯者从重处罚，但基于刑法设置累犯制度的宗旨和累犯制度的基本精神，应对累犯采用从重处罚原则。

另一方面，对累犯从重处罚，必须根据其所实施的犯罪行为的性质、情节和社会危害程度，确定具体应判处的刑罚，切忌毫无事实根据地对累犯一律判处法定最高刑。在司法实践中，有个别审判人员习惯于对累犯不问情况一律判处法定最高刑，似乎对"从重处罚"的理解就是一律判"满贯刑"。这种理解显然是不妥当的。

2. 对累犯"应当"从重处罚，而不是"可以"从重处罚

"可以"是选择性规范，即适用者可以选择从重，也可以不选择从重。"应当"则是命令性规范，法官没有灵活选择的余地，即凡是符合累犯成立条件而构成累犯的，审判人员就必须对犯罪人在法定刑的幅度内处以较重的刑罚，否则就有悖于罪责刑相适应的刑法原则。

3. 对累犯不适用缓刑、不得假释

这是《刑法》第74条、第81条第2款所明确规定的。因为缓刑和假释的适用，都要求以犯罪人不致再危害社会为条件，而累犯属于屡教不改，具有较大人身危险性的人。对累犯适用缓刑和假释，不利于对累犯的教育、改造，起不到预防犯罪的刑罚目的，更不能保证社会的安全。

第三节　自首、坦白与立功

一、自首

（一）自首的概念

自首，是指犯罪以后自动投案，如实供述自己罪行的行为，或者被采取强制措施的犯罪嫌疑人、被告人和正在服刑的罪犯，如实供述司法机关还未掌握的本人其他罪行的行为。

自首的本质在于犯罪分子悔罪，自动供述其犯罪事实并承担相应法律后果。这在一定程度上表明了自首犯人身危险性的减小，因此，将自首作为刑法中一项重要的量刑制度，以体现惩办与宽大相结合的刑事政策，就是必要的。正确适用自首制度，一方面，可以鼓励和引导犯罪人主动归案，改过自新，争取宽大处理；另一方面，可以尽可能地降低司法成本，提高破案效率，有效地实现刑罚目的。我国刑法设置的自首制度及所确立的对自首犯从宽处罚的原则，对于分化、瓦解犯罪势力，迅速侦破刑事案件，感召犯罪分子主动投案，激励犯罪分子改过自新，减少社会不安定因素，及时打击和预防犯罪具有积极意义。

（二）自首的种类及条件

根据《刑法》第67条的规定，自首分为一般自首和特别自首两种。一般自首是指犯罪分子犯罪以后自动投案，如实供述自己罪行的行为。

特别自首，亦称准自首，是指被采取强制措施的犯罪嫌疑人、被告人和正在服刑的罪犯，如实供述司法机关还未掌握的本人其他罪行的行为。

1. 一般自首的成立条件

一般自首是指犯罪分子犯罪以后自动投案,如实供述自己罪行的行为。一般自首的成立条件包括:

(1) 自动投案。

自动投案,是指犯罪分子在犯罪之后、归案之前,出于本人的意志而自愿置于司法机关的控制之下,接受审判的行为。对此,可以从下几个方面加以把握。

第一,投案时间。投案行为必须发生在犯罪人尚未归案之前,这是对自动投案的时间限定。投案行为通常实行于犯罪分子犯罪之后、犯罪事实未被司法机关发觉以前;或者犯罪事实虽然已被司法机关发觉,但犯罪人尚未被发觉以前;或者犯罪事实和犯罪分子均已被发觉,但司法机关尚未对犯罪分子进行讯问或者采取强制措施以前。此外,犯罪分子的罪行尚未被司法机关发觉,仅因形迹可疑被有关组织、部门询问、教育后,自动投案;经查实犯罪分子确已准备去投案,或者正在去投案的途中,被公安机关逮捕的,也应视为自动投案。至于犯罪后被群众扭送归案的,或被公安机关逮捕归案的,或在追捕过程中走投无路当场被捕的,或经司法机关传讯、采取强制措施后归案的,均不能认为是自动投案。

第二,投案对象。投案对象是指犯罪分子必须自动投向有关机关与有关个人。这里的有关机关,主要是指司法机关,也包括其他非司法机关,例如犯罪人所在单位、城乡基层组织等。因为自首的本质是主动将自己交付司法机关处理,向司法机关以外的其他机关投案,最终也必将移送给司法机关处理,符合自首特征,应以自首论处。投案对象除有关机关以外,还可以是有关个人。这里的个人,法律和司法解释都未作限制,包括有关单位负责人、被害人等。

第三,投案方式。投案方式是指以何种形式向有关机关或者个人投案的问题。应当指出,法律对于投案方式并无限制,因此,无论以何种方式投案都应被视为自首。

投案方式,一般可以分为以下几种。

① 亲首。亲首是指犯罪人在犯罪以后亲自向有关机关或有关个人投案自首。亲首是投案自首的一般形式,绝大部分案件的犯罪人都是亲首。当然,在亲首的情况下,并不排除犯罪人利用电话、传真、信件、电子邮件等通信方式向有关机关投案,要求司法机关尽快派员将自己捕获归案。

② 代首。代首是指犯罪人在犯罪以后,只有投案自首的诚意,但由于种种原因不能亲自前往司法机关,而明确委托他人代为投案。代首的特点是委托他

人代替自己向司法机关投案。之所以委托他人去投案，往往存在某种客观原因，例如，犯罪人因病、因伤，犯罪人为将被害人送往医院抢救而无暇亲赴司法机关投案，犯罪人为排除犯罪所造成的物质损害而无法及时自动投案等。

③送首。在行为人犯罪后，亲友经过规劝送其到司法机关投案的，可以成立自首。1998年《最高人民法院关于处理自首和立功具体应用法律若干问题的解释》第1条规定："并非出于犯罪嫌疑人主动，而是经亲友规劝、陪同投案的；公安机关通知犯罪嫌疑人的亲友，或者亲友主动报案后，将犯罪嫌疑人送去投案的，也应当视为自动投案。"这里的"并非出于犯罪嫌疑人主动"，不是指即使犯罪嫌疑人毫无投案意愿而被强制投案也视为自动投案，而是指犯罪嫌疑人的投案意愿不是自发产生的，而是经亲友规劝产生的。也就是说，这一司法解释没有改变自首的基本要件，而只是一种提示性规定。之所以需要提示，是因为在亲友送首的情形下，犯罪人的投案意愿不容易确定。但犯罪嫌疑人强烈反抗的，就不能认为其有投案意愿。因此，犯罪嫌疑人被亲友采用捆绑等手段送到司法机关，或者在亲友带领侦查人员前来抓捕时有拒捕行为，即便如实供认犯罪事实的，也不能认定为自动投案，但可以参照法律对自首的有关规定酌情从轻处罚。

④陪首。陪首是指犯罪人犯罪以后，在他人的陪同下投案自首。这里的他人，一般是指朋友、邻居、同学、同事、单位领导等。在陪首的情况下，犯罪人也到司法机关去投案，但与亲首的不同之处在于他不是一个人前去投案，而是在他人的陪同下前去司法机关投案。

⑤首服。首服是指犯罪人在实施了告诉才处理的犯罪以后，向有告诉权的人告知自己的犯罪事实，并同意其告知司法机关的情形。

实务中还可能出现其他一些情形。一是行为人犯罪后自动投案，未表明自己是作案人，但也没有逃离，在警察询问时交代了自己的罪行。对这种情形能否认定为如实供述？对此，2010年《最高人民法院关于处理自首和立功若干具体问题的意见》规定，"犯罪后主动报案，虽未表明自己是作案人，但没有逃离现场，在司法机关询问时交代自己罪行的"，应当视为自动投案。二是明知他人报案而在现场等待，抓捕时无拒捕行为，供认犯罪事实的，应当视为自动投案。

第四，投案意愿。投案必须是自动的，即犯罪分子的归案，并不是由违背其本意的原因所造成的，而是"出于本人的意志"。从这一要求出发，对于那些在犯罪后被抓获、被强行扭送公安机关而归案的犯罪分子，即使如实交代自己的罪行，也不能认定为自首。

把握犯罪分子归案行为的自动性，需要注意：一方面，自动投案的动机是多种多样的，有的出于真诚悔罪，有的慑于法律的威严，有的是为了争取宽大处理，有的因潜逃在外而生活无着落，有的经亲友规劝而醒悟，等等。但不同的动机，都并不影响归案行为的自动性。另一方面，投案自动性并不要求犯罪分子完全基于自己的意志选择。是否属于"出于本人的意志"，应从设立自首制度的宗旨的角度作广义的解释，凡是到有关机关或向有关人员投案，而又不明显抗拒控制或处理的，都可以认定为自动投案。换言之，在一些特殊情况下，投案的自动性也是不容否认的。例如，在强制戒毒、行政拘留、民事拘留期间，主动交代司法机关尚未掌握的他种罪行的，相当于自动投案，也应视为自首。此外，对于那些并非主动，甚至在某种程度上带有一定的被迫性，而在亲友规劝、陪同下，或者由亲友主动送交投案的，均应认为具有"自动性"，不能因为犯罪分子本人并不悔罪，而投案又是迫于亲友的压力所为，就否定其自动投案的性质。因为这些情况下所发生的归案行为，虽然在一定程度上有别于典型的自动归案，但如果离开犯罪人本人的意志是难以实现或根本不可能实现的。所以，在本质上，这些归案行为仍是基于犯罪人的意志而发生的。

第五，投案彻底性。投案彻底性是指犯罪分子投案后必须将自己自愿置于司法机关的控制之下，接受审查和裁判。审查，主要是指公安机关、检察机关和人民法院针对刑事案件而进行的审理、查明证据等诉讼活动；裁判，是指人民法院在审查的基础上对犯罪人定罪量刑所作的判决和裁定。犯罪分子自动投案、如实交代自己的犯罪事实后，必须听候、接受司法机关的侦查、起诉和审判，不能逃避司法追究，才能最终成立自首。犯罪分子将自己的人身置于司法机关的现实控制之下，是其悔罪的具体表现，也是国家对其从宽处理的重要根据。犯罪人归案之后，无论是在刑事诉讼的侦查阶段、起诉阶段还是审判阶段，逃避司法机关现实控制的，都是不接受国家审查、裁判的行为，不能成立自动投案。

(2) 如实供述罪行。

如实供述自己的罪行，是指犯罪嫌疑人自动投案后，如实交代自己的主要犯罪事实。犯罪分子自动投案之后，只有如实供述自己的罪行，才足以证明其悔罪，为司法机关追诉其所犯罪行提供客观依据，使追究犯罪人刑事责任的刑事诉讼活动得以顺利进行。因此，如实供述自己的罪行是自首成立的重要条件。把握自首成立的这一条件，须注意以下几个问题。

第一，投案人的供述必须如实。这里的"如实"是指犯罪人对自己犯罪事实的表述与自己的记忆、与客观存在的犯罪事实相一致。通说一般强调犯罪人的供述与客观事实相一致，但是这可能有失偏颇。实践中，犯罪人自动投案，出于真诚悔悟的动机，对案件主要事实进行陈述，但是其供述与案件客观事实有重大出入，是否属于"如实"供述？应该说，在行为人按照自己的记忆进行供述，而其记忆与客观事实有冲突时，只要犯罪人基于真诚悔悟的动机进行交代，就应当承认供述的"如实性"。所以，这里的"如实"，首先是指供述符合犯罪人的记忆（主观说），其次才是符合案件客观事实（客观说）。一味地坚持客观说可能有悖于自首制度设立的初衷。当然，供述与犯罪人的记忆和客观事实相一致不是绝对的等同或者同一，而只能是近似或者相似。由于主、客观条件的限制，犯罪人在供述自己罪行的时候不可能保证所作供述与犯罪事实所有细节都相同，只要其所供述的罪行与客观存在的基本犯罪事实相一致，就可以视为如实供述。

第二，供述是指交代、陈述自己的罪行，也就是通常所说的坦白。关于坦白，在刑法理论上存在广义与狭义之分。广义上的坦白指主动交代司法机关尚未掌握的罪行，因而这里的坦白包括自首。可以说，自首是坦白的最高形式。狭义上的坦白是指除自首以外如实供述司法机关尚未掌握的罪行。由此可见，自首包括坦白的内容，是投案以后的坦白。

第三，在自首的情况下，犯罪人自动投案以后应当如实供述自己的罪行。那么，如何理解这里的罪行呢？这里的罪行是指犯罪事实。所谓犯罪事实，是指客观存在的犯罪实际情况的总和，既包括故意犯罪，也包括过失犯罪。当然，某一具体罪行的范围应当以犯罪人的所知为限，是与犯罪人记忆相一致的犯罪主要事实，只要这一事实足以使司法机关查明犯罪真相就可以成立自首。

2. 特别自首的成立条件

根据《刑法》第67条第2款的规定，特别自首的成立条件包括：

（1）特别自首的主体必须是被采取强制措施的犯罪嫌疑人、被告人和正在服刑的罪犯。这里的强制措施是指我国刑事诉讼法所规定的拘传、取保候审、监视居住、拘留和逮捕等措施。所谓正在服刑的罪犯，是指已经人民法院判决，正在被执行所判刑罚的人。只有上述三种人，才能构成特别自首的主体。

（2）必须如实供述司法机关还未掌握的本人其他罪行。

（三）自首犯的处罚

《刑法》第67条第1款规定，对于自首的犯罪分子，可以从轻或者减轻处罚。其中，犯罪较轻的，可以免除处罚。根据立法的精神，在对自首犯进行处罚时，应当注意以下问题。

（1）对自首犯要根据其主观恶性的大小和自首的具体情节（如投案早晚、投案动机、对罪行交代的程度等）来决定是从轻还是减轻处罚。对于主观恶性较小、悔改表现明显的，可以考虑减轻处罚；对于其他的自首犯，则可以从轻处罚。

（2）对于犯罪较轻的自首犯，主观恶性较小、悔改表现十分明显的，可以免除处罚。

（3）对于犯有数罪的人，投案后仅供述其中一罪的，只对其所供述的罪按自首从轻或者减轻处罚。但是，如果供述了数罪的主要罪行的，也可以对全案按自首处理。

二、坦白

（一）坦白的概念

坦白，是指犯罪分子被动归案之后，如实供述自己罪行的行为。例如，贪污、贿赂犯罪的嫌疑人被办案机关采取调查谈话、讯问、采取调查措施或者强制措施期间，如实交代办案机关掌握的线索所针对的事实的，不能认定为自首，但属于坦白。

《刑法》第67条第3款将坦白规定为法定从宽处罚情节，主要有以下考虑：① 坦白表明犯罪分子有心悔悟，说明其人身危险性有所降低。② 犯罪分子坦白有利于侦查机关更顺利地结案，有利于节约司法资源，有时甚至能够及时避免特别严重后果的发生。③ 坦白从宽一直是我国的刑事政策，将该项刑事政策上升为刑法规定，有利于侦查机关开展讯问工作，尽最大可能减少刑讯逼供的发生。④ 具体司法实务以及有关司法解释历来都认可对坦白应酌情从宽处罚的原则，立法只是将司法惯例成文化。

（二）坦白的认定

坦白的成立条件是如实供述自己的罪行。

如实供述，意味着行为人按照自己的记忆供述自己的犯罪行为，而不是作虚假供述。如实供述的内容，除自己的主要犯罪事实外，还应包括姓名、年龄、职业、住址、前科等情况。犯罪嫌疑人在交代罪行的过程中隐瞒主要事实或关键情节，掩盖真相，企图蒙混过关，属于未如实供述罪行，不能成立坦白；犯罪嫌疑人如实供述自己的罪行后，又翻供的，也不能认定为坦白。

（三）坦白与自首的区别

自首与坦白的相同之处为：① 均以行为人实施了犯罪行为为前提；② 犯罪人在归案之后都是如实交代自己的犯罪事实；③ 犯罪人都有接受国家审查和裁判的行为；④ 都是从宽处罚情节。

然而，自首与坦白之间的区别更为重要。一般自首与坦白的区别在于，一般自首是犯罪人自动投案后如实供述自己的罪行，坦白是犯罪人被动归案后如实供述自己的罪行。特别自首与坦白的区别在于，特别自首是如实供述司法机关尚未掌握的本人其他罪行，坦白是如实供述司法机关已经掌握的本人罪行。实际上，自首与坦白所反映出的罪犯人身危险性程度不同，自首犯的人身危险性相对较低，坦白者的人身危险性相对较高。

（四）坦白的处罚

依据《刑法》第 67 条第 3 款的规定，犯罪嫌疑人有坦白情节的，可以从轻处罚；因其如实供述自己罪行，避免特别严重后果发生的，可以减轻处罚。这表明，如果是普通坦白，可以从轻处罚。因坦白而避免特别严重后果发生的，可以减轻处罚。对此存在两项条件：① 避免特别严重后果发生。例如，被害人被及时抢救、犯严重犯罪的犯罪人被及时抓获、赃物及时起获、避免了重大财产损失等。② 避免特别严重后果发生与坦白要具有因果关系。这是指因为犯罪人的坦白而避免了特别严重后果发生，否则不能减轻处罚。由此可见，即使将坦白视为法定从宽处罚情节，其从宽程度通常也要低于自首。

三、立功

（一）立功的概念和条件

立功，是指犯罪分子揭发他人的犯罪行为，查证属实的，或者提供重要线索，从而得以侦破其他案件的行为。

立功的条件主要包括：① 主体是犯罪分子，即被采取强制措施的犯罪嫌疑人、被告人和正在服刑的罪犯。② 所揭发、检举的行为都同犯罪密切相关，属于他人的犯罪行为或者他人犯罪的重要线索。③ 揭发、检举的内容真实，对破案有效，其内容经查证属实或者据以侦破了其他犯罪案件。

我国刑法所确立的立功制度和对立功犯从宽处罚的原则，具有重大的意义：一方面，这一制度可以激励犯罪分子改过自新，重新做人，使其能以较为积极的态度协助司法机关工作，提高司法机关办案的效率；另一方面，这一制度可以有效地瓦解犯罪势力，促使其他犯罪分子主动归案，减少因犯罪而对社会造成的不安定。

(二)立功的表现形式

根据《最高人民法院关于办理减刑、假释案件具体应用法律的规定》的规定,立功包括一般立功和重大立功。

1. 一般立功的表现形式

(1) 阻止他人实施犯罪活动的;
(2) 检举、揭发监狱内外犯罪活动,或者提供重要的破案线索,经查证属实的;
(3) 协助司法机关抓捕其他犯罪嫌疑人的;
(4) 在生产、科研中进行技术革新,成绩突出的;
(5) 在抗御自然灾害或者排除重大事故中,表现积极的;
(6) 对国家和社会有其他较大贡献的。

2. 重大立功表现形式

(1) 阻止他人实施重大犯罪活动的;
(2) 检举监狱内外重大犯罪活动,经查证属实的;
(3) 协助司法机关抓捕其他重大犯罪嫌疑人的;
(4) 有发明创造或者重大技术革新的;
(5) 在日常生产、生活中舍己救人的;
(6) 在抗御自然灾害或者排除重大事故中,有突出表现的;
(7) 对国家和社会有其他重大贡献的。

(三)立功犯的刑事责任

《刑法》第 68 条规定,犯罪分子有立功表现的,可以从轻或者减轻处罚。有重大立功表现的,可以减轻或者免除处罚。具体决定是否从轻、减轻或者免除处罚以及从轻、减轻处罚的幅度时,应当根据犯罪的事实、性质、情节和对于社会的危害程度,结合立功表现所起作用的大小、所破获案件的罪行轻重、所抓获犯罪嫌疑人可能判处的法定刑,以及立功的时机等具体情节加以考虑。

第四节 数罪并罚

一、数罪并罚的概念和特征

数罪并罚，是指人民法院对于行为人在法定时间界限内所犯数罪分别定罪、量刑后，按照法定的并罚原则及刑期计算方法决定其应执行的刑罚的制度。

依照我国刑法的规定，数罪并罚具有以下特征。

1. 一人犯数罪

数罪并罚的前提是一人犯有数罪。如果一个人的行为不构成数罪，则不能为了对其加重处罚而适用数罪并罚。此处的数罪，是指实质上的数罪或独立的数罪。换言之，一行为人犯有一罪，或者非共犯的数行为人犯有数罪，都不产生数罪并罚的问题。同种数罪，原则上不并罚。

2. 数罪发生在法定的时间界限之内

根据我国刑法的规定，并非任何时候的实质数罪都需并罚，适用数罪并罚只限于以下三种情况的数罪：① 判决宣告以前一人犯数罪；② 刑罚执行过程中发现被判刑的犯罪分子在判决宣告以前还有其他罪没有判决；③ 判决宣告以后、刑罚执行完毕以前，被判刑的犯罪分子又犯新罪。司法实践中，在处理被告人刑满释放后又犯罪的案件时，发现他在前罪判决宣告以前，或者在前罪判处的刑罚执行期间，犯有其他罪行，未经过处理，并且依照刑法的规定应当追诉的，如果漏罪与新罪属于不同种的罪行，则应对漏罪与刑满释放后又犯的新罪分别量刑，并依照《刑法》第69条的规定，实行数罪并罚。如果漏罪与新罪属于同一种罪，可以判处一罪从重处罚，不必实行数罪并罚。

3. 根据一定方法进行并罚

数罪并罚必须在对数罪分别定罪、量刑的基础上，依照法定的并罚原则、范围与方法，决定执行的刑罚。

数罪并罚不是对数罪所判刑罚的简单相加，而是对犯罪分子所犯数罪，依照刑法分则的相关规定，逐个地确定其罪名，量定刑罚，然后根据数罪并罚所应遵循的法定原则，决定执行的刑罚。在审判实践中，对于数罪中有一罪或者数罪应当判处无期徒刑或死刑（含死缓）的案件，同样应当对各罪分别量刑，然后决定执行其中最高的刑罚。对附加刑也应当分别量刑，这样才能看出附加刑是针对何罪适用的。只有数罪中有判处附加刑的，决定执行的刑罚中才能有附加刑。

二、数罪并罚的原则

所谓数罪并罚的原则，是指对一人所犯数罪合并处罚所依据的原则，简单地说，就是对数罪如何实行并罚。各国刑法基于不同的刑事政策规定了不同的数罪并罚原则，大致可归纳为以下几种。

1. 并科原则

并科原则，是指将一人所犯数罪分别宣告的各罪刑罚绝对相加、合并执行的合并处罚原则。

并科原则在某种程度上是报应论刑罚思想的产物，罪犯被合并执行的刑罚直观地展示了其犯罪的危害程度，国家对罪犯的严厉谴责态度也充分地得到了展示。但该原则实际弊端很多，动辄对罪犯判刑数十年甚至上百年，既难以执行，又使刑罚显得过于严酷。因此，世界上单纯采纳并科原则的国家并不多见。

2. 吸收原则

吸收原则，是指在对数罪分别宣告的刑罚中，选择其中最重的刑罚为执行的刑罚，其余较轻的刑罚为最重的刑罚所吸收，不予执行的合并处罚原则。

吸收原则虽然对于死刑、无期徒刑等刑种的并罚较为适宜，且适用颇为便利，但若普遍采用，即适用于其他刑种（如有期徒刑、财产刑等），则弊端较为明显。

3. 限制加重原则

限制加重原则，是指以一人所犯数罪中法定（应当判处）或已被判处的最重刑罚为基础，再在一定的限度之内对其予以加重作为执行刑罚的合并处罚原则。

三、数罪并罚的适用

根据《刑法》第 69 条、第 70 条、第 71 条的规定，适用数罪并罚有以下三种情况。

1. 判决宣告前一人犯数罪的并罚

《刑法》第 69 条第 1 款规定：判决宣告以前一人犯数罪的，除判处死刑和无期徒刑的以外，应当在总和刑期以下、数刑中最高刑期以上，酌情决定执行的刑期，但是管制最高不能超过 3 年，拘役最高不能超过 1 年，有期徒刑总和刑期不满 35 年的，最高不能超过 20 年，总和刑期在 35 年以上的，最高不能超过 25 年。

需要注意的是，如果判决宣告以前发现的数罪为同种数罪，是否应当并罚？对此，立法上并未作出明确规定，通行的见解是，对于判决宣告以前发现的同种数罪，原则上无须并罚，只要在特定犯罪的法定刑范围内作为一罪从重处罚即可以实现罪责刑相适应的刑法原则。但是，当特定犯罪的法定刑过轻，且不并罚就难以使处罚结果与罪责刑相适应原则符合，在法律未明文禁止时，也可以有限制地对同种数罪实行并罚。

2. 判决宣告后发现漏罪的并罚

《刑法》第 70 条规定：判决宣告以后，刑罚执行完毕以前，发现被判刑的犯罪分子在判决宣告以前还有其他罪没有判决的，应当对新发现的罪作出判处，把前后两个判决所判处的刑罚，依照本法第 69 条的规定，决定执行的刑罚。已经执行的刑期，应当计算在新判决决定的刑期以内。

依照该条规定，对新发现的漏罪的合并处罚具有以下几个特点。

（1）必须在判决宣告以后、刑罚执行完毕以前发现漏罪。其中，"判决宣告以后"，具体是指判决业已宣告并发生法律效力之后。如果漏罪被发现的时间不是在判决宣告以后至刑罚执行完毕以前的期限内，而是在刑罚执行完毕之后，或者所发现的漏罪不是在判决宣告之前实施，而是在刑罚执行期间实施的，则不得适用第 70 条进行合并处罚。

（2）对于新发现的漏罪，不论与前罪的性质是否相同，亦即无论是异种数罪还是同种数罪，都应当单独作出判决。

（3）应当把前后两个判决所判处的刑罚，即前罪所判处的刑罚与漏罪所判处的刑罚，按照相应的数罪并罚原则，决定执行的刑罚。

（4）在计算刑期时，应当将已经执行的刑期，计算在新判决决定的刑期之内。也就是说，前一判决已经执行的刑期，应当从前后两个判决所判处的刑罚合并而决定执行的刑期中扣除。这种刑期计算方法，称为"先并后减"。例如，甲犯贪污罪，判处有期徒刑 12 年，在刑罚执行 5 年以后，发现他在判决宣告以前还犯有受贿罪没有处理。这时应当对新发现的受贿罪作出判决，如果可判处有期徒刑7年，则应在12年以上、19年以下决定执行的刑期。假设决定执行的刑期为16年，应将已经执行的5年计算在16年之内。也就是说，甲只需再执行11年刑期就届满。

3. 判决宣告后又犯新罪的并罚

《刑法》第71条规定：判决宣告以后，刑罚执行完毕以前，被判刑的犯罪分子又犯罪的，应当对新犯的罪作出判处，把前罪没有执行的刑罚和后罪所判处的刑罚，依照本法第69条的规定，决定执行的刑罚。

依照该条规定，对判决宣告后又犯新罪的合并处罚具有以下特点。

（1）必须在判决宣告以后、刑罚执行完毕以前，被判刑的犯罪分子又犯新罪，即在刑罚执行期间犯罪分子又实施了新的犯罪。其中，"判决宣告以后"具体应指判决已经宣告并发生法律效力之后。

（2）对于罪犯所实施的新罪，不论与前罪的性质是否相同，也即无论是异种数罪还是同种数罪，都应当单独作出判决。

（3）应当把前罪没有执行的刑罚和后罪所判处的刑罚，依照刑法规定的相应原则，决定执行的刑罚。也就是说，首先应从前罪判决决定执行的刑罚中减去已经执行的刑罚，然后将前罪未执行的刑罚与后罪所判处的刑罚并罚，决定执行的刑罚。此种计算刑期的方法被称为"先减后并"。例如，甲犯抢劫罪被判处有期徒刑12年，在服刑5年后，又犯了强奸罪，应被判处有期徒刑8年。裁量刑罚时要将甲抢劫罪没有执行完毕的刑罚7年有期徒刑同强奸罪所判的刑罚8年有期徒刑合并，总和刑期是15年，并罚时应在8年以上、15年以下决定应执行的刑期。假设决定执行有期徒刑12年，由于前罪刑罚已执行有期徒刑5年不计算在新判决决定的刑期内，所以该罪犯实际上可能会被执行有期徒刑17年。

在本章案例中，首先，乙对抢劫罪成立自首，但不成立立功。因为乙先投案，逃跑被通缉后又投案，在投案途中被抓，仍属自动投案。乙如实供述抢劫犯罪事实，对该罪成立自首。乙向公安机关提供了犯罪后其知悉的同案犯的手机号码，系供述同案犯的基本信息，但对抓捕犯罪人没有起到实际作用，不构成立功。其次，不能对乙适用死刑。刑法规定，审判的时候怀孕的妇女不能适用死刑，怀孕包括此期间有过怀孕状态，也包括自然流产和人工流产。最后，甲不构成累犯，应当撤销假释，数罪并罚。因为假释考验期间犯新罪，不属刑罚执行完毕后犯罪，而属刑罚执行期间内犯新罪，不构成累犯。故对甲应当撤销假释，按先减后并原则数罪并罚。

第五节　缓刑

一、缓刑的概念和意义

缓刑，是指对犯罪人判处刑罚，但在一定时间内暂缓执行刑罚的制度。

缓刑的基本特点是：判处刑罚，同时宣告暂缓执行，但又在一定期限内保持执行的可能性。缓刑只适用于罪行较轻、社会危害性和人身危险性较小，具有悔罪表现，认为暂缓执行刑罚不致再危害社会的犯罪分子。

我国刑法除规定了一般缓刑制度外，还规定了特殊缓刑制度，即战时缓刑制度。根据《刑法》第449条的规定，战时缓刑是指在战时，对被判处3年以下有期徒刑没有现实危险宣告缓刑的犯罪军人，允许其戴罪立功，确有立功表现时，可以撤销原判刑罚，不以犯罪论处的制度。战时缓刑制度适用于特定时间和特定对象，其法律效果与一般缓刑制度也有所不同，即可以撤销原判刑罚，不以犯罪论处。

二、缓刑的适用条件

根据《刑法》第72条、第74条的规定，适用一般缓刑必须具备以下条件。

1. 对象条件

一般缓刑的对象必须是被判处拘役或3年以下有期徒刑的犯罪人。被判处3年以下有期徒刑的罪犯，其罪行较轻，法益侵害程度较小；相反，被判处3年以上有期徒刑的犯罪分子，一般地说罪行较重，无论是法益侵害性还是人身危险性，都比较大，因此，缓刑的适用对象只能是罪行较轻和人身危险性小而被判较轻刑罚的犯罪分子。这里的3年以下有期徒刑是指宣告刑而不是法定刑。即使犯罪分子所犯之罪的法定最低刑是3年以上有期徒刑，但若具有减轻处罚的情节，宣告刑是3年以下有期徒刑，也可以适用缓刑。犯罪分子犯一罪还是数罪并不是决定能否适用缓刑的关键，即使其犯有数罪，只要总刑期符合缓刑条件，就可以适用缓刑。至于罪行相对更轻的被判管制的犯罪分子，由于管制刑对犯罪人不予关押，仅限制其一定自由，无适用缓刑之必要。根据审判实践经验，缓刑一般适用于交通肇事、责任事故、重婚、虐待、伤害、妨害公务、销赃等较为轻微的犯罪。对于强奸、抢劫等严重刑事犯罪，一般不宜适用缓刑。

2. 实质条件

对于被判处拘役或 3 年以下有期徒刑的犯罪分子，同时符合下列条件的，可以宣告缓刑：犯罪情节较轻；有悔罪表现；没有再犯罪的危险；宣告缓刑对所居住社区没有重大不良影响。换言之，有些犯罪分子虽然被判处拘役或 3 年以下有期徒刑，但犯罪情节恶劣，没有悔罪的表现，不能表明不予关押不致再危害社会的，也不能宣告缓刑。只有确认犯罪分子符合上述各项条件，留在社会上不致再危害社会，才能适用缓刑。犯罪人的人身危险性的有无及其强弱应当从犯罪情节和悔罪表现两个方面加以判断：一方面，从犯罪动机或目的是否卑鄙、手段是否恶劣残忍、危害后果是否严重等属于已然之罪的范畴，对犯罪情节加以考察；另一方面，从犯罪人犯罪后是否真诚认罪悔过，是否如实、坦白交代自己的全部罪行，是否积极退赃，是否检举、揭发同伙的罪行，以及犯罪人的一贯表现、有无前科、年龄与个性、境遇与犯罪原因等范畴，对悔罪表现加以考察。只有犯罪情节（法益侵害性）和悔罪表现（人身危险性）都较小的犯罪分子，才可以适用缓刑。尤其值得注意的是，《刑法修正案（八）》特别体现了对特殊群体的关照，规定对符合法定条件的不满 18 周岁的人、怀孕的妇女和已满 75 周岁的人，应当宣告缓刑。

3. 禁止条件

对于累犯和犯罪集团的首要分子，不适用缓刑。主要原因是累犯和犯罪集团的首要分子的人身危险性较大，适用缓刑难以防止其再犯。因此，对于累犯和犯罪集团的首要分子，即使其所判处的刑罚为拘役或者 3 年以下有期徒刑，也不能适用缓刑。

三、缓刑的考验期

缓刑考验期，是指对被宣告缓刑的犯罪分子进行考察的一定期间。

缓刑的考验期，是缓刑制度的重要组成部分。设立考验期的目的在于，考察被判缓刑的人是否接受改造、弃旧图新，以使缓刑制度发挥积极的效用。人民法院在宣告缓刑的同时，应当确定适当的考验期。确定缓刑考验期长短的基本原则应当是既能激发缓刑犯改造的积极性，又能满足对其教育和考察的需要。

《刑法》第 73 条第 1 款、第 2 款规定，拘役的缓刑考验期限为原判刑期以上，1 年以下，但是不能少于 2 个月；有期徒刑的缓刑考验期限为原判刑期以上、5 年以下，但是不能少于 1 年。可见，我国刑法设置的缓刑考验期具有以下几个特点。① 按判处拘役和有期徒刑分别规定不同的缓刑考验期限。也即所犯罪行的轻重程度不同，考验期限也相应不同。② 以原判刑期为考验期限的起点。如果不以原判刑期为起点，就有可能出现考验期限短于原判刑期、考验期已满而刑期未满的情况。③ 明确规定了缓刑考验期的最高限和最低限。这就为审判机关在具体确定缓刑考验期限时提供了明确的界限，但又给审判机关留下了一定程度的裁量余地。④ 缓刑考验期不得延长或缩短。

根据《刑法》第 73 条第 3 款的规定，缓刑考验期限，从判决确定之日起计算。所谓"判决确定之日"，是指判决发生法律效力之日。根据《刑事诉讼法》的规定，从接到第一审人民法院判决书的第二日起 10 日内，被告人没有提起上诉，人民检察院没有提出抗诉的，该判决即发生法律效力。对于已提起上诉或抗诉的案件，如果二审法院维持原判，则应从二审法院的判决或裁定确定之日起计算。判决前先行羁押的日期，不予折抵缓刑考验期，因为羁押期与缓刑考验期的性质不同。

四、缓刑考察

缓刑考察，是指对被宣告缓刑的犯罪分子进行观察、教育，帮助他改过自新。考察的内容，是考察被宣告缓刑的犯罪分子，在缓刑考验期限内，是否具有《刑法》第 77 条规定的情形，即是否再犯新罪或者被发现漏罪，以及是否违反法律、行政法规或国务院有关部门有关缓刑的监督管理规定，或者违反人民法院判决中的禁止令，且情节严重。

1. 缓刑考察的主体

按照《刑法》第 76 条的规定，对宣告缓刑的犯罪分子，在缓刑考验期限内，依法实行社区矫正。如果没有本法第 77 条规定的情形，缓刑考验期满，原判的刑罚就不再执行，并公开予以宣告。据此，缓刑的考察机关是社区矫正机构。

2. 缓刑考察的内容

根据《刑法》第 75 条的规定，被宣告缓刑的犯罪分子应当遵守下列规定：① 遵守法律、行政法规，服从监督；② 按照考察机关的规定报告自己的活动情况；③ 遵守考察机关关于会客的规定；④ 离开所居住的市、县或者迁居，应当报经考察机关批准。

五、禁止令

根据《刑法》第72条第2款的规定，对犯罪分子宣告缓刑，可以根据犯罪情况，同时禁止犯罪分子在缓刑考验期限内从事特定活动，进入特定区域、场所，接触特定的人。人民法院在适用禁止令时，应当根据犯罪分子的犯罪原因、犯罪性质、犯罪手段、犯罪后的悔罪表现、个人一贯表现等情况，充分考虑与犯罪分子所犯罪行的关联程度，有针对性地决定禁止其在缓刑考验期限内"从事特定活动，进入特定区域、场所，接触特定的人"中的一项或者几项内容。禁止令的期限，既可以与缓刑考验的期限相同，也可以短于缓刑考验的期限，但是宣告缓刑的，禁止令的期限不得少于2个月。禁止令的执行期限，从缓刑执行之日起计算。被宣告缓刑的犯罪分子违反禁止令尚未达到情节严重程度的，由负责执行禁止令的社区矫正机构所在地的公安机关依照《治安管理处罚法》第60条的规定处罚。被宣告缓刑的犯罪分子违反禁止令，情节严重的，应当撤销缓刑，执行原判刑罚。原作出缓刑裁判的人民法院应当自收到当地社区矫正机构提出的撤销缓刑建议书之日起1个月内依法作出裁定。人民法院撤销缓刑的裁定一经作出，立即生效。

六、缓刑撤销

根据《刑法》第77条的规定，被宣告缓刑的犯罪分子，在缓刑考验期限内犯新罪或者发现判决宣告以前还有其他罪没有判决的，应当撤销缓刑，对新犯的罪或者新发现的罪作出判决，把前罪和后罪所判处的刑罚，依照本法第69条的规定，决定执行的刑罚。被宣告缓刑的犯罪分子，在缓刑考验期限内，违反法律、行政法规或者国务院有关部门关于缓刑的监督、管理规定，或者违反人民法院判决中的禁止令，情节严重的，应当撤销缓刑，执行原判刑罚。

每章一练

一、单项选择题

1. 关于量刑情节，说法正确的是（　　）。
   A. 量刑情节是指人民法院对犯罪分子定罪时应当考虑的各种情况
   B. 从轻处罚意味着在法定刑中间线以下判处刑罚
   C. 减轻处罚既包括刑种的减轻，也包括刑期的减轻
   D. 免除处罚意味着单纯的宣告有罪

2. 甲因交通肇事罪被判处3年有期徒刑，刑满释放后不久，又因参加黑社会性质组织贩卖毒品被逮捕。甲属于（　　）。
   A. 一般累犯
   B. 特别累犯
   C. 再犯
   D. 毒品犯罪的再犯

3. 关于累犯的从重处罚，下列选项中理解正确的是（　　）。
   A. 对于累犯应当根据犯罪情节决定是否从重处罚
   B. 累犯的从重处罚指的是在法定刑以上判处刑罚
   C. 累犯应当一律判处法定最高刑
   D. 累犯的从重处罚指的是判处相对较重的刑种或较长的刑期

4. 2007年甲因犯煽动分裂国家罪，被单处剥夺政治权利1年，2016年又犯参加恐怖组织罪。对于甲（　　）。
   A. 应当从重处罚
   B. 应当附加驱逐出境
   C. 由于甲未从事任何恐怖活动，可以酌情宣告缓刑
   D. 由于甲是少数民族，为了民族团结，在执行刑罚过程中，可以酌情从宽适用假释

5. 甲是某市民政局局长，在某个项目中受贿30万元，甲受贿后日夜不安，在家人的劝说下主动向监察委员会投案并如实供述自己的罪行。在调查过程中，甲发现监察委员会没有调取到自己受贿的证据，于是翻供。后来甲忍受不了良心的谴责，在一审法庭调查过程中，又如实供述了自己的犯罪事实。甲的行为（　　）。
   A. 成立一般自首
   B. 成立特别自首

C. 成立坦白

D. 成立立功

6. 张某深夜盗窃 10 辆电动车后，藏于面包车内，当其驾车逃离现场时，遇到巡警，巡警觉其可疑，便进入车辆检查。巡警发现 10 辆电动车后，张某觉得无从抵赖便交代了全部犯罪事实。张某的行为构成（   ）。

   A. 一般自首

   B. 坦白

   C. 特别自首

   D. 立功

7. 关于数罪并罚，下列说法正确的是（   ）。

   A. 甲犯两罪分别被判处没收财产和罚金，没收财产吸收罚金，只执行没收财产

   B. 乙犯两罪分别被判处管制和有期徒刑，有期徒刑执行完毕之后，再执行管制

   C. 丙犯两罪分别被判处有期徒刑和拘役，有期徒刑执行完毕之后，再执行拘役

   D. 丁犯两罪分别被判处有期徒刑 10 年和有期徒刑 15 年，应在 15 年以上、25 年以下确定刑罚

8. 关于缓刑，下列说法正确的是（   ）。

   A. 缓刑是犯罪分子在缓刑考验期内没有发生法定撤销缓刑的情形，原判刑罚就视为执行完毕的制度

   B. 缓刑的考验期从判决执行之日起计算

   C. 根据犯罪具体情况，缓刑考察机关可以同时禁止被宣告缓刑的犯罪分子在缓刑考验期内从事特定活动，进入特定区域、场所，接触特定的人

   D. 被宣告缓刑的犯罪分子，在缓刑考验期内，违反法律、行政法规及国务院有关部门关于缓刑的监督管理规定，违反人民法院的禁止令，情节严重的，即使缓刑考验期满后，仍应当撤销缓刑，执行原判刑罚

9. 下列情形中，应当适用吸收原则进行数罪并罚的是（   ）。

   A. 甲犯两罪分别被判处无期徒刑和罚金

   B. 乙犯两罪分别被判处无期徒刑和有期徒刑

   C. 丙犯两罪分别被判处拘役和管制

   D. 丁犯两罪各被判处有期徒刑 5 年

10. 甲因走私武器被判处 15 年有期徒刑，剥夺政治权利 5 年；因组织他人偷越国境被判处 14 年有期徒刑，并处没收财产 5 万元，剥夺政治权利 3 年；因

犯骗取出口退税罪被判处 10 年有期徒刑，并处罚金 20 万元；因招摇撞骗罪被判处管制 1 年。关于数罪并罚，下列符合刑法规定的是（　　）。

A. 决定判处甲有期徒刑 40 年，没收财产 25 万元，剥夺政治权利 8 年

B. 决定判处甲有期徒刑 25 年，管制 1 年，没收财产 5 万元，罚金 20 万元，剥夺政治权利 6 年

C. 决定判处甲有期徒刑 23 年，没收财产 5 万元，罚金 20 万元，剥夺政治权利 8 年

D. 决定判处甲有期徒刑 17 年，管制 1 年，没收财产 5 万元，罚金 20 万元，剥夺政治权利 8 年

11. 关于缓刑，下列说法错误的是（　　）。

A. 对于累犯不适用缓刑

B. 对于危害国家安全的犯罪分子，不适用缓刑

C. 对于数罪并罚但宣告刑为 3 年以下有期徒刑的犯罪分子，可以适用缓刑

D. 虽然故意杀人罪的法定最低刑为 3 年有期徒刑，但只要符合缓刑条件，仍然可以适用缓刑

12. 下列选项中，不成立累犯的是（　　）。

A. 甲犯故意伤害罪被判处有期徒刑 3 年，缓刑 3 年，缓刑期满后的第三年又犯盗窃罪，被判处有期徒刑 10 年

B. 乙犯强奸罪被判处有期徒刑 5 年，刑满释放后的第四年，又犯妨害公务罪，被判处有期徒刑 6 个月

C. 丙犯抢夺罪被判处有期徒刑 4 年，执行 3 年后被假释，于假释期满后的第五年又犯故意杀人罪，被判处无期徒刑

D. 丁犯叛逃罪被判处管制 2 年，管制期满后 20 年又犯为境外刺探国家秘密罪，被判处拘役 6 个月

13. 甲因交通肇事被判 2 年有期徒刑，缓刑 2 年。2 年考验期满后公安机关才发现甲在缓刑考验期内又犯故意伤害罪。则对甲应（　　）。

A. 以故意伤害罪处罚，原交通肇事罪所判刑法不再执行

B. 构成累犯，应以故意伤害罪从重处罚

C. 对其所犯故意伤害罪和交通肇事罪按先减后并的原则并罚

D. 先对后罪作出判决，再将所处刑罚与前罪判处的 2 年有期徒刑实行并罚

14. 甲因涉嫌盗窃罪被公安机关逮捕后，在公安机关调查期间，主动供述自己曾抢夺他人财产。甲供述抢夺的行为属于（　　）。

A. 立功

B. 重大立功

C. 坦白

D. 特别自首

15. 甲因涉嫌诈骗被逮捕，在受讯问时如实供述了其诈骗罪行，并向公安机关提供一起强奸杀人案的重要线索，经查证属实。下列选项中，正确的是（　　）。

    A. 甲具有自首情节，对其可以从轻处罚

    B. 甲具有坦白情节，对其可以从轻处罚

    C. 甲具有一般立功情节，对其可以免除处罚

    D. 甲具有重大立功情节，对其应当免除处罚

16. 甲因犯故意伤害罪被判处有期徒刑7年，在刑罚执行4年后，又发现他在判决宣告前还犯有抢劫罪，应判处有期徒刑8年。经数罪并罚决定执行13年。对甲还需要继续执行的刑期是（　　）。

    A. 8年

    B. 13年

    C. 7年

    D. 9年

二、多项选择题

1. 下列选项中，属于酌定量刑情节的有（　　）。

    A. 犯罪的动机

    B. 犯罪的时间

    C. 犯罪后的态度

    D. 到案后如实供述罪行

2. 下列情形中，应认定为自首的有（　　）。

    A. 犯罪分子在深夜盗窃后，因形迹可疑被巡警拦住盘问，主动交代自己盗窃的罪行

    B. 受贿罪的犯罪分子，在办案机关调查谈话期间，如实交代办案机关掌握线索的罪行

    C. 因抢劫罪被羁押的犯罪嫌疑人又交代公安机关未掌握的抢劫银行的犯罪事实

    D. 单位没有自首，直接责任人员自动投案并如实交代自己知道的犯罪事实

3. 关于数罪并罚，下列说法正确的是（　　）。

    A. 甲在刑罚执行完毕以前发现漏罪的，应当按照先并后减的原则实行数罪并罚

B. 乙在刑罚执行完毕以前再犯新罪的，应当按照先减后并的原则实行数罪并罚

C. 丙在刑罚执行完毕以前再犯新罪，同时发现漏罪的，应当先将漏罪与原判决的罪实行先并后减，再对新罪与前一并罚后尚未执行完毕的刑期实行先减后并

D. 先减后并在一般情况下使犯罪人受到的实际处罚比先并后减轻

4. 下列关于从重处罚的表述正确的是（　　）。

   A. 从重处罚是指应当在犯罪所适用刑罚幅度的中线以上判处刑罚

   B. 从重处罚是在法定刑以上判处刑罚

   C. 从重处罚是指在法定刑的限度以内判处刑罚

   D. 从重处罚不一定判处法定最高刑

5. 下列犯罪行为，应按数罪并罚原则处理的是（　　）。

   A. 拐卖妇女又奸淫被拐卖妇女

   B. 司法工作人员枉法裁判又构成受贿罪

   C. 参加黑社会性质组织又杀人

   D. 组织他人偷越国（边）境又强奸被组织人

6. 下列选项中，可以从轻或者减轻处罚的是（　　）。

   A. 自首

   B. 一般立功

   C. 教唆犯，被教唆的人没有犯被教唆的罪

   D. 从犯

7. 下列选项中，属于量刑制度的是（　　）。

   A. 缓刑

   B. 累犯

   C. 减刑

   D. 假释

8. 下列不属于量刑原则的是（　　）。

   A. 以犯罪事实为根据的量刑原则

   B. 以法律为准绳的量刑原则

   C. 上诉不加刑的量刑原则

   D. 罪责刑相适应的量刑原则

9. 所谓犯罪事实是指客观存在的犯罪的一切实际情况的总和，具体包括（　　）。

   A. 犯罪性质

   B. 犯罪事实

C. 犯罪情节

D. 犯罪对社会的危害程度

10. 在特别累犯的成立条件中，前罪和后罪必须是（　　）。

    A. 黑社会性质的组织犯罪

    B. 恐怖活动犯罪

    C. 危害公共安全罪

    D. 危害国家安全罪

第十五章

刑罚执行制度

◆ 知识目标

1. 了解刑罚执行的概念和特征。
2. 理解刑法执行的原则。
3. 掌握减刑的条件及适用限度。
4. 掌握假释的概念、条件、考验期限和法律后果。

◆ 能力目标

1. 掌握刑罚执行制度的相关规定。
2. 准确把握和应用减刑、假释的法律制度。

◆ **案例导入**

王某因受贿被判处无期徒刑,在狱中服刑期间表现良好,积极接受改造,在遵守监规、参加劳动方面都表现突出。监狱方面准备为其向法院提请减刑。

问:

(1) 法院可否对其进行减刑?减刑适用条件有哪些?

(2) 如果减刑后王某仍一贯表现良好,将来还可否被假释?王某即使先后被减刑、假释,其在狱中最少要实际执行多少年?

第一节　刑罚执行的概述

刑罚执行，是指法定的刑罚执行机关，依法将发生法律效力的刑事裁判所确定的刑罚执行内容付诸实施的刑事司法活动。

一、刑罚执行的特征

1. 执行机关的法定性

刑罚的执行机关只能由法律规定的刑罚执行机关执行。根据我国法律规定，法院、检察院、公安机关、司法行政机关（监狱）都是特定的刑罚执行机关。

死刑立即执行、没收财产、罚金由人民法院执行，拘役、剥夺政治权利由公安机关执行，死刑缓期二年执行、无期徒刑、有期徒刑由监狱执行。要注意的是，检察机关虽然是执行的监督机关，但不属于刑罚的执行机关。

2. 执行对象的特定性

刑罚的执行对象是因犯罪而受刑罚处罚的人，只能是被人民法院生效裁判认定其行为构成犯罪且被判处刑罚的自然人和单位犯罪的主体。

3. 执行内容的特定性

刑罚执行的前提必须是已经生效的法院刑事判决。只有在刑事判决和裁定发生法律效力之后，刑罚执行机关才可以对犯罪人执行刑罚。尚未发生法律效力的刑事判决和裁定不得执行刑罚。

根据《刑事诉讼法》第259条第2款规定，发生法律效力的判决和裁定有：① 已过法定期限没有上诉、抗诉的判决和裁定；② 终审的判决和裁定；③ 最高人民法院核准的死刑判决和高级人民法院核准的死刑缓期二年执行的判决。

二、刑罚执行的原则

1. 合法性原则

刑罚执行的合法性原则包含三层含义：执行机关必须是拥有刑罚执行权的

机关；刑罚执行的依据必须是法院作出的已经发生法律效力的刑事判决与裁定；刑罚执行的程序必须符合刑事诉讼法的规定。

2. 教育性原则

刑罚执行的目的必须从实现预防犯罪的目的出发，对罪犯进行积极的教育，采用潜移默化和善意劝导的模式，不得单纯采用强制压服的方式，使罪犯的思想及行为逐渐良性化。在刑罚执行中，要坚持惩罚与改造相结合、教育与劳动相结合，将教育贯穿刑罚执行的全过程。

3. 个别化原则

在刑罚执行的过程中，刑罚执行机关要根据罪犯的人身危险性、再犯可能性的大小以及犯罪的性质和严重程度，以及罪犯的性别、年龄等具体情况采取分类教育、分类改造的原则，以达到提高教育改造质量的目的。如在教育改造中，监狱专门设置未成年监狱、女子监狱等。监狱还根据罪犯的犯罪类型、刑期、刑罚的类型、改造表现等对罪犯进行分类关押、分类管理等。

4. 人道主义原则

在刑罚执行过程中，必须尊重罪犯的人格，关心罪犯的实际困难，要坚持文明监管的原则，禁止使用残酷的、违法人道主义的刑罚手段。《刑法》将殴打、体罚虐待被监管人的行为规定为独立犯罪。《监狱法》规定罪犯的人格不受侮辱，罪犯的人身安全、合法财产和辩护、申诉、控告、检举以及其他未被剥夺或限制的权利不受侵犯。

5. 效益性原则

刑罚的执行要坚持以较少的实际执行获得最大的执行效果。

第二节　减刑

一、减刑的概念和意义

根据《刑法》78条规定，减刑是指被判处管制、拘役、有期徒刑、无期徒刑的犯罪分子，在执行期间，如果认真遵守监规，接受教育改造，确有悔改表现的,或者有立功表现的,可以将其原判刑罚予以适当减轻的一种刑罚执行制度。

根据《刑法》第78条的规定,减刑分为两种:一种是应当减刑,当罪犯有重大立功表现时,法院应当减刑;另一种是可以减刑,当罪犯具备一定条件时,法院可以裁定减刑。从减刑的效果看,减刑也可分两种情况:一种是刑期的减少,主要是指罪犯的管制、拘役、有期徒刑的刑期减少,刑罚的种类不变;另一种是从无期徒刑变为有期徒刑,刑罚的种类发生了变化。

在刑罚执行过程中,根据罪犯教育改造的相关情况,对罪犯进行减刑,体现了惩办与宽大相结合、惩罚与教育相结合的刑事政策,对鼓励罪犯增强改造信心、加速改造、巩固改造成果、实现刑罚的目的具有积极意义。

二、减刑的特征

(1)减刑以判处并执行一定刑罚为前提,犯罪分子被判处一定刑罚,刑罚付诸执行,即行刑过程开始。

(2)减刑以受刑人悔罪为基础,并非所有受刑人都能享受减刑待遇。减刑以受刑人在行刑期间的悔罪表现为基础,减刑制度体现了教育刑的理念。

(3)减刑有一定限度。减刑只是对原刑罚的一种调整,而不是对原刑罚的否定。

三、减刑的条件

根据《刑法》第78条规定,减刑必须符合两个条件。

1. 对象条件

减刑的对象只能是被判处管制、拘役、有期徒刑、无期徒刑的罪犯。

2. 实质条件

(1)可以减刑的实质条件。

罪犯在刑罚执行期间,认真遵守监规,接受教育改造,确有悔改表现,或有立功表现的。根据2017年1月1日起实施的《最高人民法院关于办理减刑、假释案件具体应用法律的规定》第3条、第4条的规定,同时结合现实情况,主要有两种情况。

一是罪犯在刑罚执行期间，认真遵守监规，积极接受教育改造，确有悔改表现的。即同时具备以下四个情形：一是认罪悔罪；二是遵守法律法规及监规，接受教育改造；三是积极参加思想、文化、职业技术教育；四是积极参加劳动，努力完成劳动任务。

对于未成年（减刑时不满18周岁）罪犯减刑，可对照成年罪犯依法适当从宽。未成年犯若能认罪悔罪，遵守法律及监规，积极参加学习劳动，应视为确有悔改表现，减刑幅度可适当放宽，起始时间、间隔时间可相应缩短。

对于老年人、身体残疾（不包括自残）、患有严重疾病的罪犯，必须要注重悔罪的实际表现；其中基本丧失劳动能力、生活难以自理的，能够认真遵守法律法规及监规，接受教育改造，应视为确有悔改表现，减刑幅度可适当放宽，起始时间、间隔时间可相应缩短。

二是具有立功表现的。主要有六种情形：① 阻止他人实施犯罪活动的；② 检举、揭发监狱内外犯罪活动，或者提供重要的破案线索，经查证属实的；③ 协助司法机关抓捕其他犯罪嫌疑人的；④ 在生产、科研中进行技术革新，成绩突出的；⑤ 在抗御自然灾害或者排除重大事故中，表现积极的；⑥ 对国家和社会有其他较大贡献的。在这里要注意的是，第四项、第六项中的技术革新或者其他较大贡献应当由罪犯在刑罚执行期间独立或者为主完成，并经省级主管部门确认。

（2）应当减刑的实质条件。

罪犯在刑罚执行期间，有重大立功表现的应当减刑。根据《最高人民法院关于办理减刑、假释案件具体应用法律的规定》，下列情形应当认定为有"重大立功表现"：① 阻止他人实施重大犯罪活动的；② 检举监狱内外重大犯罪活动，经查证属实的；③ 协助司法机关抓捕其他重大犯罪嫌疑人的；④ 有发明创造或者重大技术革新的；⑤ 在日常生产、生活中舍己救人的；⑥ 在抗御自然灾害或者排除重大事故中，有突出表现的；⑦ 对国家和社会有其他重大贡献的。

在这里注意的是，此七类重大立功表现不以其他悔改表现为前提。

四、减刑后的刑期计算

1. 减刑的限度

为了贯彻罪责刑相适应的原则和精神，维护司法权威，防止减刑制度的滥用，同时也为了考虑公平正义，减刑要有一定的限度。《刑法》第78条及相关司法解释对具体的限度作出了明确规定：被判处管制、拘役、有期徒刑的，其减刑后实际执行的刑期不能少于原判刑期的 1/2；被判处无期徒刑的，其减刑后实际执行的刑期不能少于 13 年。人民法院依照《刑法》第 50 条第 2 款规定限制减刑的死刑缓期执行的犯罪分子，缓期执行期满后依法减为无期徒刑的，不能少于 25 年，缓期执行期满后依法减为 25 年有期徒刑的，不能少于 20 年。

2. 减刑的起始时间、幅度和间隔

（1）有期徒刑罪犯的减刑起始时间、幅度和间隔。

有期徒刑罪犯的减刑起始时间和间隔时间为：被判处 5 年以上有期徒刑的罪犯，一般在执行 1 年 6 个月以上才可减刑，两次减刑的间隔应当在 1 年以上。不足 5 年的罪犯，可以比对上述规定，适当缩短起始和间隔时间。

有期徒刑减刑的幅度为：确有悔改表现，或有立功表现的，一次减刑一般不超过 1 年，确有悔改表现且有立功表现的，或有重大立功表现的，一次减刑一般不超过 2 年。确有重大立功表现的，可以不受上述减刑起始和间隔时间限制。有期徒刑的减刑起始时间从判决执行之日起计算。

（2）无期徒刑罪犯的减刑起始时间、幅度和间隔。

无期徒刑的罪犯在刑罚执行期间，确有悔改表现或者有立功表现的，服刑 2 年后，可以减刑。减刑幅度为：确有悔改表现或有立功表现的一般可以减为 20 年以上、22 年以下有期徒刑；有重大立功表现的可以减为 15 年以上、20 年以下有期徒刑。

无期徒刑的罪犯经过一次或两次以上的减刑后，其实际执行的刑罚不得少于 13 年，起始时间应当从判决确定之日起计算。死刑缓期执行的罪犯减为无期徒刑后，确有悔改表现或者有立功表现的，服刑 2 年以后可以减为 25 年有期徒刑；有重大立功表现的，服刑 2 年后，可以减为 23 年有期徒刑。死刑缓期执行的罪犯经过一次或两次以上的减刑后，其实际执行的刑罚不得少于 15 年，死刑缓期执行的期间不包括在内。

五、减刑的程序

根据《刑法》第 79 条的规定，对于罪犯的减刑，由执行机关向中级以上人民法院提出减刑建议书。人民法院应当组成合议庭进行审理。对确有悔改或者立功表现的，裁定予以减刑。非经法定程序不得减刑。关于减刑案件的审理程序，应适用《最高人民法院关于减刑、假释案件审理程序的规定》。

第三节 假释

一、假释的概念和意义

根据《刑法》第81条的规定，所谓假释，是指对于被判处有期徒刑、无期徒刑的部分犯罪人，认真遵守监规，接受教育改造，确有悔改表现，没有再犯罪的危险，经过执行一定刑罚之后，附条件地予以提前释放的制度。

附条件，是指被假释的犯罪人，如果遵守一定条件，就认为原判刑罚已经执行完毕；倘若没有遵守一定条件，就收监执行原判刑罚乃至数罪并罚。

假释既不同于缓刑，也不同于释放。一方面，与缓刑相比，假释属于之后给罪犯改过自新的机会。另一方面，假释是附条件地提前释放，但不同于释放。释放既可能是无罪释放，也可能是刑罚执行完毕而释放，还可能是赦免释放，但都是无条件释放，不存在再执行的可能性。

假释是我国刑法规定的一项行之有效的刑罚执行的制度。正确适用假释，把一些经过一定服刑期间，改造效果好、确有悔改表现、没有必要继续关押的罪犯放在社会上改造，使之早日回归社会，有利于化消极因素为积极因素，鼓励罪犯积极、广泛参与社会生活。

二、假释的条件

1. 对象条件

假释适用于被判处无期徒刑、有期徒刑的犯罪分子。对被判处管制、拘役的，不能假释。被判处死缓的罪犯2年执行期满转为无期徒刑或者有期徒刑的，也可以适用假释的规定。

（1）不得假释。

对累犯以及因故意杀人、强奸、抢劫、绑架、放火、爆炸、投放危险物质或者有组织的暴力性犯罪被判处10年以上有期徒刑、无期徒刑的犯罪分子，不得假释。

（2）可以假释。

被判处有期徒刑的犯罪分子，执行原判刑期1/2以上，被判处无期徒刑的犯罪分子，实际执行13年以上，如果认真遵守监规，接受教育改造，确有悔改表现，没有再犯罪的危险的，可以假释。如果有特殊情况，经最高人民法院核准，可以不受上述执行刑期的限制。

2. 刑期执行条件

对被判处有期徒刑的罪犯，必须执行原判刑期的1/2以上，才可适用假释。由于有期徒刑判决执行前的羁押日期可以折抵刑期，所以执行刑期的1/2，应包括判决前的羁押时间。

对于被判处无期徒刑的罪犯，实际执行13年以上，才可对其适用假释。由于无期徒刑判决前羁押的时间无法折抵刑期，在无期徒刑判决宣告当时，刑期并不确定，所以实际执行不包括判决前的羁押时间。对于无期徒刑罪犯的实际执行的刑期不少于13年，应从无期徒刑判决确定之日起计算。

3. 实质条件

假释只适用于在刑罚执行期间，认真遵守监规，接受教育改造，确有悔改表现，没有再犯罪的危险的犯罪人。判断罪犯有无再犯罪的危险，应当看其对社会有无危险性，具体而言就是看其对所居住的社区有无危险性。提请假释的罪犯，还应附有社区矫正机构关于罪犯假释后对其所居住社区的影响的调查评估报告。

三、假释的考验

根据《刑法》第82条规定，对于犯罪人假释的，由执行机关向中级以上人民法院提出假释建议书。人民法院应当组成合议庭进行审理，对符合假释条件的，裁定予以假释。非经法定程序不得假释。

根据《刑法》第83条规定：有期徒刑的假释考验期为没有执行完毕的刑期，无期徒刑的假释考验期为10年。假释的考验期从假释之日起计算。

对于假释的罪犯，在假释考验期内，依法实行社区矫正。被假释的罪犯，必须遵守下列规定：① 遵守法律、行政法规，服从监督；② 按照监督机关的规定报告自己的活动情况；③ 遵守监督机关关于会客的规定；④ 离开所居住的市、县或者迁居，应当报经监督机关批准。

四、假释的法律后果

（1）被假释的罪犯，在假释考验期内没有出现《刑法》第86条规定的情形，既没有再犯新罪或者发现漏罪,也没有违反法律、行政法规关于假释的管理规定的行为,假释考验期满,就认为原判刑罚已经执行完毕。

(2)在假释考验期内又犯新罪的,撤销假释,对犯新罪作出判决,将判处刑罚与前罪没有执行完的刑罚按《刑法》第71条规定的先减后并的方法实行数罪并罚。

(3)发现被假释的犯罪分子在判决宣告以前还有其他的犯罪没有判决,应当撤销假释,对新发现的漏罪作出判决,把前后两个罪按《刑法》第70条规定的先并后减的方法实行并罚。

(4)被假释的罪犯,在假释考验期内,有违反法律、行政法规有关部门关于假释的监督管理规定的行为,尚未构成新的犯罪的,应当依照法定程序撤销假释,收监执行未完毕的刑罚。此时,不存在数罪并罚问题。

(5)犯罪分子被撤销假释,原判附加刑的,附加刑仍需继续执行。原判有附加剥夺政治权利的。附加剥夺政治权利的刑期从假释之日计算。

在本章案例中,根据《刑法》第78条规定,法院可以对被判处无期徒刑的王某减刑。如果减刑后仍一贯表现良好,根据《刑法》第81条的规定,王某可以被假释。不过即使先后被减刑、假释,其在狱中最少要实际执行13年。

每章一练

一、单项选择题

1. 下列人员,不得假释的是( )。
   A. 甲是累犯
   B. 乙是犯罪集团的首要分子
   C. 丙因强奸罪被判处 8 年有期徒刑
   D. 丁因放火罪被判处 5 年有期徒刑,因抢劫罪被判处 6 年有期徒刑,数罪并罚,执行 9 年有期徒刑

2. 甲因强奸罪被判处 10 年有期徒刑,执行 3 年后,因表现较好被裁定减刑 1 年,刚作出减刑裁定第二天就将另一罪犯打成轻伤。关于本案,说法正确的是( )。
   A. 因故意杀人、强奸、抢劫、绑架、放火、爆炸、投放危险物质或有组织的暴力性犯罪被判处 10 年以上有期徒刑、无期徒刑的犯罪分子,不得减刑。所以对甲的减刑不合法
   B. 甲又犯罪表明尚未悔改,应当撤销减刑
   C. 甲构成累犯,应当对故意伤害罪从重处罚
   D. 甲以后还可以减刑

3. 下列选项中,属于减刑的是( )。
   A. 死刑缓期执行的减刑
   B. 罚金刑的酌情减少
   C. 无期徒刑减为有期徒刑 14 年
   D. 主刑刑种的性质改变而引起的附加刑的相应改变

4. 关于减刑的限度条件,下列选项中正确的是( )。
   A. 判处管制的,减刑后的实际执行刑期不得少于 3 个月
   B. 判处拘役的,减刑后的实际执行刑期不得少于原判刑期的 1/2
   C. 判处无期徒刑的,减刑后的实际执行刑期不得少于 10 年
   D. 判处死缓的,减刑后的实际执行刑期不得少于 25 年

5. 下列选项中,可以假释的是( )。
   A. 累犯
   B. 毒品犯罪的再犯
   C. 强奸被判处 10 年有期徒刑
   D. 有组织的暴力性犯罪被判处无期徒刑

6. 关于假释，下列选项中错误的是（　　）。

   A. 甲系被假释的犯罪分子，即便其在假释考验期内再犯新罪，也不构成累犯

   B. 乙系危害国家安全的犯罪分子，对乙不得假释

   C. 丙因犯罪被判处有期徒刑2年，缓刑3年。缓刑考验期满后，发现丙在缓刑考验期内的第7个月犯有抢劫罪，应当判处有期徒刑8年，数罪并罚决定执行9年。丙服刑6年时，因有悔罪表现而被裁定假释

   D. 丁犯抢劫罪被判处有期徒刑6年，犯寻衅滋事罪被判处有期徒刑4年，数罪并罚后，决定执行有期徒刑8年。对丁可以假释

7. 关于假释，下列选项正确的是（　　）。

   A. 被假释的犯罪分子，未经执行机关批准，不得行使言论、出版、集会、结社、游行、示威自由的权利

   B. 对于犯杀人、爆炸、抢劫、强奸、绑架等暴力性犯罪的犯罪分子，即使被判处10年以下有期徒刑，也不得适用假释

   C. 对于累犯，只要被判处的刑罚为10年以下有期徒刑，均可适用假释

   D. 被假释的犯罪分子，在假释考验期间再犯新罪的，不构成累犯

8. 关于假释的撤销，下列说法错误的是（　　）。

   A. 被假释的犯罪分子，在假释考验期内犯新罪的，应撤销假释，按照先减后并的方法实行并罚

   B. 被假释的犯罪分子，在假释考验期内严重违反假释监督管理规定，即使假释考验期满后才被发现，也应撤销假释

   C. 在假释考验期内，发现被假释的犯罪分子在判决宣告前还有同种罪未判决的，应撤销假释

   D. 在假释考验期满后，发现被假释的犯罪分子在判决宣告前有其他罪未判决的，应撤销假释，数罪并罚

9. 甲因在学校食堂投毒被判处有期徒刑8年。服刑期间，甲认真遵守监规，接受教育改造，确有悔改表现。关于甲的假释，下列说法正确的是（　　）。

   A. 可否假释，由检察机关决定

   B. 可否假释，由执行机关决定

   C. 服刑4年以上才可以假释

   D. 不得假释

10. 关于减刑，下列说法不正确的是（　　）。

    A. 减刑的范围要受犯罪性质的限制

    B. 减刑的对象是判决后的已决犯

C. 被判处死刑立即执行的犯罪分子不能适用减刑

D. 被判处无期徒刑的犯罪分子减刑后应当实际执行的最低刑期不能少于13年

11. 有权裁定对犯罪分子予以减刑的最低级别的法院是（　　）。

    A. 基层人民法院

    B. 中级人民法院

    C. 高级人民法院

    D. 最高人民法院

12. 无期徒刑的假释考验期限为（　　）。

    A. 没有执行完毕的刑期期

    B. 10 年

    C. 15 年

    D. 终身

13. 甲是累犯，因再次犯盗窃罪被判处有期徒刑 5 年。入狱后，甲认真遵守监规，接受教育改造，确有悔改表现。根据刑法规定，对甲（　　）。

    A. 既可以减刑，也可以假释

    B. 可以假释，但不能减刑

    C. 可以减刑，但不能假释

    D. 既不能减刑，也不能假释

二、多项选择题

1. 下列情形中，依法须报经最高人民法院核准是（　　）。

    A. 判处死刑立即执行的死刑复核案件

    B. 犯罪分子没有法定减轻处罚情节，但可以在法定刑以下判处刑罚的案件

    C. 因有特殊情况，可以不受实际执行刑期的限制决定假释的案件

    D. 追诉时效经过 20 年以后，仍有必要追诉的案件

2. 关于减刑、假释的适用，下列说法错误的是（　　）。

    A. 对所有未被判处死刑的犯罪分子，如认真遵守监规，接受教育改造，确有悔改表现，或者有立功表现的，均可减刑

    B. 无期徒刑减为有期徒刑的刑期，从裁定被执行之日起计算

    C. 被宣告缓刑的犯罪分子，不符合"认真遵守监规，接受教育改造"的减刑条件，不能减刑

    D. 在假释考验期限内犯新罪，假释考验期满后才发现的，不能撤销假释

3. 下列人员中,既可能获得减刑也可能获得假释的是（　　）。
   A. 甲绑架赵某后又将赵某杀害,被法院判处死刑
   B. 乙犯信用卡诈骗罪,被法院判处有期徒刑5年
   C. 丙虐待其年老母亲,被法院判处拘役3个月
   D. 丁犯贪污罪,贪污数额特别巨大,被法院判处无期徒刑

第十六章

刑罚的消灭制度

◆ 知识目标

1. 了解时效、赦免的概念和意义。
2. 掌握追诉时效的期限和计算。

◆ 能力目标

1. 掌握刑罚消灭制度的规定。
2. 准确把握和应用时效法律制度。

◆ **案例导入**

甲于2007年3月5日犯A罪,该罪的法定最高刑为10年。2012年11月21日张某又犯B罪,B罪的法定最高刑为7年。

问:A罪的追诉期限的结束时间是何时?

第一节 刑罚消灭概述

一、刑罚消灭的概念

刑罚消灭,是指由于法定或者事实的原因,国家对犯罪人的刑罚权归于消灭。刑罚消灭是对刑罚权的一种限制,它表明刑罚权不是无限的,而是具有一定限制的。基于法定或者事实的原因,刑罚权可能会归于消灭。

二、刑罚消灭的特征

1. 刑罚消灭以行为构成犯罪且适用刑罚为前提

"无犯罪则无刑罚",因此,只有在行为构成犯罪的情况下,才有刑罚消灭可言。在这个意义上说,行为构成犯罪乃是刑罚消灭的必要前提。

2. 刑罚消灭以刑罚权的消灭为内容

刑罚消灭实际上是刑罚权的消灭,因此,刑罚权的消灭是刑罚消灭的基本内容。在刑法理论上,刑罚权消灭存在广义说与狭义说之争。广义说认为,刑罚权消灭既包括刑罚请求权消灭,也包括刑罚执行权消灭。狭义说认为,刑罚权消灭仅指刑罚执行权消灭,而不包括刑罚请求权消灭。

通说认为,对刑罚权消灭应从广义上理解,其包括刑罚请求权消灭和刑罚执行权消灭。刑罚请求权的消灭使得对事实上发生的犯罪不再追究刑事责任,因而定罪权、量刑权同时消灭,而执行权是请求权的后续,自然也就不存在刑罚执行的问题。刑罚执行权的消灭使得已经判处的刑罚不再实际执行,所以也是刑罚消灭的重要内容。

3. 刑罚消灭以一定事由的出现为根据

刑罚消灭是刑罚权归于消灭的一种结果,这种结果是由一定事由引起的,没有这种事由的存在,就不产生刑罚消灭的结果。因此,一定的事由是刑罚消灭的根据。刑罚消灭事由可以分为两种情形:① 法定事由,即法律明文规定的刑罚消灭原因，如时效、赦免等；②事实事由，即客观上使刑罚自然消灭的原因，如犯罪人死亡、刑罚执行完毕等。

刑罚消灭的事由具体来说，可以分为以下五类：①刑罚创制权的消灭事由；②刑罚请求权的消灭事由（如犯罪人死亡、追诉时效完成、大赦等）；③刑罚裁量权的消灭事由；④刑罚执行权的消灭事由；⑤刑罚后遗效果的消灭事由，这些事由主要涉及追诉时效完成，自诉案件无人告诉或撤回告诉，犯罪后、起诉或判决前法律废止其刑，大赦、特赦、前科消灭等。我国刑法的刑罚消灭事由只对时效和赦免制度作了规定。

第二节 追诉时效

一、时效的概念

时效是指经过一定期限，对犯罪不得再行追诉或者对原判刑罚不得再执行的一项制度。它分为追诉时效和行刑时效两种。

追诉时效，是指依法对犯罪分子追究刑事责任的有效期限。在法定的期限内，司法机关有权追究犯罪分子的刑事责任；超过期限规定，除法定最高刑为无期徒刑、死刑，并经最高人民法院特别核准必须追诉的以外，都不得再追究犯罪分子的刑事责任；已经追究的，应当撤销案件，或者不起诉，或者终止审理。

行刑时效，是指法律规定对被判处刑罚的犯罪分子执行刑罚的有效期限，即判处刑罚而未执行，超过法定执行期限刑罚就不得再执行。追诉时效一般消灭的是求刑权、量刑权，行刑时效一般消灭的是行刑权。我国刑法只规定了追诉时效而未规定行刑时效。

二、追诉时效

追诉时效是刑法规定的追究犯罪人刑事责任的有效期限，在此期限内，司法机关有权追究犯罪人的刑事责任；超过了此期限，司法机关就不能再追究刑事责任。刑法设立追诉时效制度的目的在于：

（1）能够使一些企图逃避刑罚处罚的犯罪分子，在追诉时效期限内及时受到刑事制裁。

（2）对已经超过追诉时效规定期限的犯罪分子不再追究刑事责任，体现了我国刑罚改造罪犯和警戒他人的目的。犯罪分子在追诉期限内没有再犯新罪，说明其已有改恶从善的表现，不致再危害社会。在这种情况下，追究其刑事责任就失去了实际意义。

（3）有利于集中力量打击现行犯罪活动，提高办案效率，有效地发挥司法机关的作用；同时也避免因陈年旧案难以查清，给侦查、起诉和审判工作带来困难，影响对现行犯罪的打击。

（4）有利于安定团结，稳定社会，使改过自新的罪犯放下包袱，安心工作。

三、追诉时效的起算

我国刑法根据罪刑均衡原则，以犯罪的法定最高刑为标准，规定了四个档次的追诉时效。根据《刑法》第 87 条的规定，犯罪经过下列期限不再追诉：① 法定最高刑为不满 5 年有期徒刑的，经过 5 年；② 法定最高刑为 5 年以上不满 10 年有期徒刑的，经过 10 年；③ 法定最高刑为 10 年以上有期徒刑的，经过 15 年；④ 法定最高刑为无期徒刑、死刑的，经过 20 年，如果 20 年以后认为必须追诉的，须报请最高人民检察院核准。在实践中，分为下列情形。

第一，一般犯罪的追诉时效的计算，从犯罪成立之日起计算。

第二，连续犯或继续犯的计算，从犯罪行为终了之日起计算。理论上认为，对于惯犯，也应从最后一次犯罪之日起计算。

第三，共同犯罪的不同犯罪人，结合其自身的法定刑，分别计算追诉时效。

第四，追诉时效的延长。追诉时效的延长，是指在追诉时效进行期间，因发生法律规定的事由，致使追诉期限暂时停止执行。法律规定的事由包括：① 司法机关立案或受理后，行为人逃避侦查或者审判；② 被害人在追诉期限内提出控告，司法机关应当立案而不予立案的，不受追诉期限的限制。

第五，追诉时效的中断。追诉时效的中断是指在追诉时效进行期间，因发生了法律规定的事由而使以前经过的时效期间归于无效，法定的事由终了之时，追诉时效重新开始计算。

在追诉期限以内又犯新罪的，前罪追诉的期限从犯后罪之日起重新计算。再犯的新罪的追诉时效，结合自身的法定刑来适用追诉时效。

如本章案例中，根据《刑法》第 89 条，在追诉期限以内又犯罪的，前罪追诉的期限从犯新罪之日起计算。所以本案中 A 罪的追诉期限的结束时间是 2022 年 11 月 20 日。

第三节 赦免

一、赦免的概念

赦免，是指国家以政令的形式，免除或者减轻犯罪人的罪责或者刑罚的一种制度。

（1）大赦。它是指国家元首或者国家最高权力机关，对某一范围内的罪犯一律予以赦免的制度。

大赦的效力很高，它不仅免除刑罚的执行，而且使犯罪归于消灭。经过大赦之人，其刑事责任完全归于消灭。尚未追诉的，不再追诉；已经追诉的，撤销追诉；已受罪刑宣告的，宣告归于无效，不再执行。

（2）特赦。它是指国家元首或者最高国家权力机关对已受罪刑宣告的特定犯罪人免除其全部或部分刑罚的制度。

特赦与大赦的主要区别在于：① 特赦的对象是特定的；而大赦的对象是不特定的。② 特赦仅赦刑而不赦罪；大赦既赦刑又赦罪。③ 特赦后再犯罪的，有可能构成累犯；而大赦后行为人再犯罪不存在累犯问题。④ 特赦往往公布被赦人的名单；大赦一般不公布被赦人的名单。

我国1954年宪法曾有大赦和特赦的规定，但大赦没有实行过。后来的几部宪法没有再规定大赦，都只规定了特赦。因此，《刑法》第65条和第66条所说的"赦免"都是指特赦。

二、我国的特赦制度及其特点

根据我国现行宪法第67条和第80条的规定，特赦经全国人大常委会决定，由国家主席发布特赦令。

新中国成立以来，我国共实行了9次特赦。

第一次特赦是1959年在中华人民共和国成立10周年庆典前夕，对在押的确已改恶从善的蒋介石集团和伪满洲国战争罪犯、反革命犯和普通刑事犯实行特赦。

第二次、第三次特赦分别于1960年、1961年实行，都是对蒋介石集团和伪满洲国战争罪犯中确有改恶从善表现者进行特赦。

第四次、第五次、第六次分别于1963年、1964年、1966年实行，与第二次、第三次相比，只是在特赦对象上增加了伪蒙疆自治政府的战争罪犯，其他内容完全相同。

第七次是1975年，对全部在押战争罪犯实行特赦释放，给予其公民权。

第八次为2015年8月29日，为纪念中国人民抗日战争暨世界反法西斯战争胜利70周年，体现依法治国理念和人道主义精神，根据全国人大常委会的决定，对依据2015年1月1日前人民法院作出的生效判决正在服刑、释放后不具有现实社会危险性的下列罪犯实行特赦：① 参加过中国人民抗日战争、中国人民解放战争的；② 中华人民共和国成立以后，参加过保卫国家主权、安全和领土完整对外作战的，但犯贪污受贿犯罪，故意杀人、强奸、抢劫、绑架、放火、爆炸、投放危险物质或者有组织的暴力性犯罪，黑社会性质的组织犯罪，危害国家安全犯罪，恐怖活动犯罪的，有组织犯罪的主犯以及累犯除外；③ 年满75周岁、身体严重残疾且生活不能自理的；④ 犯罪的时候不满18周岁，被判处3年以下有期徒刑或者剩余刑期在1年以下的，但犯故意杀人、强奸等严重暴力性犯罪，恐怖活动犯罪，贩卖毒品犯罪的除外。

第九次为2019年6月29日，为庆祝中华人民共和国成立70周年，对依据2019年1月1日前人民法院作出的生效判决正在服刑的下列罪犯实行特赦：① 参加过中国人民抗日战争、中国人民解放战争的；② 中华人民共和国成立以后，参加过保卫国家主权、安全和领土完整对外作战的；③ 中华人民共和国成立以后，为国家重大工程建设作过较大贡献并获得省部级以上"劳动模范""先进工作者""五一劳动奖章"等荣誉称号的；④ 曾系现役军人并获得个人一等功以上奖励的；⑤ 因防卫过当或者避险过当，被判处3年以下有期徒刑或者剩余刑期在1年以下的；⑥ 年满75周岁、身体严重残疾且生活不能自理的；⑦ 犯罪的时候不满18周岁，被判处3年以下有期徒刑或者剩余刑期在1年以下的；⑧ 丧偶且有未成年子女或者有身体严重残疾、生活不能自理的子女，确需本人抚养的女性，被判处3年以下有期徒刑或者剩余刑期在1年以下的；⑨ 被裁定假释已执行1/5以上假释考验期，或者被判处管制的。全国人大常委会的决定同时规定，上述九类对象中，具有某些特殊情形的，不得特赦。

从已实行的多次特赦中，可以看出我国特赦制度有以下几个特点。

（1）特赦对象。前七次特赦，主要针对战争罪犯（其中，第一次特赦的对象还包括反革命罪犯和普通刑事罪犯），第八次、第九次为依据人民法院作出的生效判决正在服刑、释放后不再具有现实社会危险性的某些特定类型的罪犯。

（2）特赦范围。仅限于全国各地某类罪犯中的一部分人，而不是对某类罪犯全部实行特赦，更不是对特定个人实行特赦。

（3）特赦条件。罪犯经过服刑改造，确已改恶从善。对于尚未宣告刑罚，或者刑罚虽已宣告但尚未开始执行的罪犯，不予赦免。

（4）特赦效力，只及于刑罚，并不消灭罪行。

（5）特赦程序。一般由中共中央或国务院提出建议，经全国人大常委会审议决定，由国家主席发布特赦令，并经人民法院依法作出裁定后，对被特赦的罪犯予以释放。

每章一练

一、单项选择题

1. 甲自 2012 年 5 月 1 日长期虐待妻子张某（法定刑为 2 年以下有期徒刑、拘役或者管制），张某到公安机关报案，公安机关以属于夫妻内部纠纷为由，不予立案。对甲的虐待罪（　　）。

   A. 追诉期限为 2 年

   B. 追诉期限为 5 年

   C. 不受追诉期限限制

   D. 追诉期限自 2012 年 5 月 1 日起算

2. 1996 年初，甲持枪抢劫并因被害人反抗将其杀害。2010 年又盗窃他人财物 3000 元。两案于 2016 年初被发现。关于甲的犯罪行为，下列说法正确的是（　　）。

   A. 应当以抢劫罪、故意杀人罪、盗窃罪追究刑事责任，数罪并罚

   B. 应当以抢劫罪、故意杀人罪追究刑事责任，数罪并罚

   C. 应当以抢劫罪追究刑事责任

   D. 应当以盗窃罪追究刑事责任

3. 甲于 1998 年 1 月犯盗窃罪（盗窃金额 5000 元），在公安机关立案侦查后逃亡外地，又于 2004 年 4 月犯抢劫罪。关于甲的行为，下列说法正确的是（　　）。

   A. 盗窃 5000 元，最高法定刑为 3 年，经过 5 年不再追诉，因此已经超过追诉时效

   B. 抢劫罪的基本法定刑是 3 年以上、10 年以下有期徒刑，追诉时效是 15 年

   C. 盗窃罪的追诉时效自犯抢劫罪之日起中断，追诉期限到 2009 年 4 月

   D. 由于甲逃避侦查，所以盗窃罪和抢劫罪均不受追诉时效限制

4. 关于特赦，下列说法正确的是（　　）。

   A. 一经特赦的犯罪分子，则不认为其曾经犯过罪

   B. 特赦是针对一类或几类犯罪分子

   C. 特赦由国家主席决定

   D. 特赦应由犯罪分子本人或者家属提出申请

5. 甲从 2000 年 1 月 1 日将乙非法拘禁至 2000 年 5 月 1 日，下列说法正确的是（　　）。

   A. 对甲非法拘禁罪的追诉时效从 2000 年 1 月 1 日起算

   B. 乙在 2000 年 1 月 1 日至 2000 年 5 月 1 日期间均可进行正当防卫

C. 若丙于 2000 年 4 月 20 日起帮助甲看守乙,则甲和丙不是共同犯罪

D. 如果 2000 年 3 月 1 日颁布了一个新法律,对非法拘禁的处罚重于旧法律,则对甲的行为不能适用新法

6. 下列关于刑法时效制度的内容,我国刑法没有规定的是( )。

   A. 追诉时效

   B. 行刑时效

   C. 追诉时效的延长

   D. 追诉时效的中断

7. 按照刑法的规定,追诉时效中断的条件之一是在追诉期限内( )。

   A. 犯罪分子还有其他违法行为

   B. 犯罪分子又犯新罪

   C. 犯罪分子逃避侦查或者审判

   D. 犯罪分子阻止被害人向公、检、法机关提出控告 15 年

二、多项选择题

1. 关于追诉时效,下列选项正确的是( )。

   A. 甲犯劫持航空器罪,即便经过 30 年,也可能被追诉

   B. 乙于 2013 年 1 月 10 日挪用公款 5 万元用于结婚,7 月 10 日归还。对乙的追诉期限应从 2013 年 1 月 10 日起计算

   C. 丙于 2000 年故意轻伤李某,直到 2008 年李某才报案,但公安机关未立案。2014 年,丙因他事被抓。不能追诉丙故意伤害的刑事责任

   D. 丁与王某共同实施合同诈骗犯罪。在合同诈骗罪的追诉期届满前,王某单独实施抢夺罪。对丁合同诈骗罪的追诉时效,应从王某犯抢夺罪之日起计算

2. 关于追诉期限,下列说法正确的是( )。

   A. 法定最高刑为不满 5 年有期徒刑的,经过 5 年

   B. 法定最高刑为 5 年以上、10 年以下有期徒刑的,经过 10 年

   C. 法定最高刑为 10 年以上有期徒刑的,经过 15 年

   D. 法定最高刑为无期徒刑、死刑的,经过 20 年

3. 关于大赦和特赦,下列说法正确的是( )。

   A. 大赦既可赦其刑,又可赦其罪

   B. 特赦只赦其刑,不赦其罪

   C. 特赦后再犯罪的,不构成累犯

   D. 特赦由全国人大常务委员会决定,国家主席发布特赦令

4. 根据2015年8月29日第十二届全国人民代表大会常务委员会第十六次会议通过的《全国人民代表大会常务委员会关于特赦部分服刑罪犯的决定》，对下列人员中实行特赦的是（   ）。

   A. 参加过中国人民抗日战争、中国人民解放战争的

   B. 中华人民共和国成立以后，参加过保卫国家主权、安全和领土完整对外作战，犯故意伤害罪的

   C. 年满75周岁、身体严重残疾且生活不能自理的

   D. 犯罪的时候不满18周岁，被判处5年以下有期徒刑的

5. 下列选项中，会导致刑罚消灭的有（   ）。

   A. 刑罚执行完毕

   B. 缓刑考验期满

   C. 犯罪人死亡

   D. 赦免

6. 下列关于我国刑法设立时效制度的意义，说法正确的是（   ）。

   A. 有利于实现刑罚的目的

   B. 有利于司法机关集中打击现行犯罪

   C. 有利于社会安定团结

   D. 有利于震慑犯罪分子、教育群众

参考文献

[1] 高铭暄，马克昌．刑法学［M］．10版．北京：北京大学出版社、高等教育出版社，2022．

[2] 周光权．刑法总论［M］．4版．北京：中国人民大学出版社，2021．

[3] 高铭暄．刑法专论（上下编）［M］．北京：高等教育出版社，2002．

[4] 张明楷．刑法学（上下册）［M］．6版．北京：法律出版社，2021．

[5] 陈兴良．规范刑法学［M］．3版．北京：中国人民大学出版社，2022．

[6] 潘家永．刑法原理与实务［M］．北京：中国政法大学出版社，2019．

[7] 黄京平．刑法［M］．8版．北京：中国人民大学出版社，2021．

[8] 李立众．刑法一本通：中华人民共和国刑法总成［M］．15版．北京：法律出版社，2021．

[9] 罗翔．罗翔讲刑法［M］．北京：中国政法大学出版社，2021．

[10] 齐文远．刑法学［M］．3版．北京：北京大学出版社，2016．

[11] 王作富．刑法练习题集［M］．7版．北京：中国人民大学出版社，2022．

[12] 马克昌．犯罪通论［M］．武汉：武汉大学出版社，2019．

[13] ［日］大塚仁．刑法概说（总论）［M］．3版．冯军，译．北京：中国人民大学出版社，2003．

[14] ［英］史密斯 J C，霍根 B．英国刑法［M］．李贵方，等译．北京：法律出版社，2000．

与本书配套的二维码资源使用说明

本书部分课程及与纸质教材配套数字资源以二维码链接的形式呈现。利用手机微信扫码成功后提示微信登录，授权后进入注册页面，填写注册信息。按照提示输入手机号码，点击获取手机验证码，稍等片刻收到4位数的验证码短信，在提示位置输入验证码成功，再设置密码，选择相应专业，点击"立即注册"，注册成功。（若手机已经注册，则在"注册"页面底部选择"已有账号？立即注册"，进入"账号绑定"页面，直接输入手机号和密码登录。）接着提示输入学习码，需刮开教材封面防伪涂层，输入13位学习码（正版图书拥有的一次性使用学习码），输入正确后提示绑定成功，即可查看二维码数字资源。手机第一次登录查看资源成功以后，再次使用二维码资源时，只需在微信端扫码即可登录进入查看。